Kohlhammer

Der Autor

Dr. Jens-Uwe Martens, Dipl.-Psychologe, leitet das 1967 von ihm gegründete Institut für wissenschaftliche Lehrmethoden (IWL) in München. Er war lange Zeit
Lehrbeauftragter an der Ludwig-Maximilians-Universität (LMU) und an der Universität der Bundeswehr in München. Er ist heute als Buchautor, persönlicher
Coach und Vortragender aktiv.

Korrespondenzanschrift des Autors:
Post@jens-uwe-martens.de

Jens-Uwe Martens

Das kleine Glück und die großen Fragen

Über den Zusammenhang von Zufriedenheit,
Verantwortung und Zukunft

Verlag W. Kohlhammer

Umschlagabbildung: RizArt – stock.adobe.com

1. Auflage 2025

Alle Rechte vorbehalten
© W. Kohlhammer GmbH, Stuttgart
Gesamtherstellung: W. Kohlhammer GmbH, Heßbrühlstr. 69, 70565 Stuttgart
produktsicherheit@kohlhammer.de

Print:
ISBN 978-3-17-045578-8

E-Book-Formate:
pdf: ISBN 978-3-17-045579-5
epub: ISBN 978-3-17-045580-1

Für meine Enkelkinder
Stephanie und Levi,
Nora, Julian und Caspar sowie
Róisin.
Möge ihnen ihr Leben gelingen.

Inhalt

Teil IV – Anhang

Einführung

„Die Neunte", die Freude und das Glück

In meiner Familie wurde ich früh mit klassischer Musik konfrontiert. So lernte ich auch die Neunte Symphonie von Beethoven kennen. Ich hörte sie zum ersten Mal im Alter von etwa 14 Jahren und ich war sofort begeistert. Meine Eltern hatten damals 1954 schon einen Plattenspieler, auf dem man Schelllackplatten abspielen konnte. Maximale Laufzeit einer Plattenseite: sechs Minuten. Für den Genuss klassischer Musik eigentlich völlig ungeeignet – von dem permanenten Rauschen ganz abgesehen. Trotzdem war mein größter Wunsch zu Weihnachten 1955 „die Neunte" auf Schallplatten. Ich rechnete mir aus, wie oft ich die Platten wechseln musste, um die ganze, über eine Stunde dauernde Symphonie hören zu können.

Unter dem Weihnachtsbaum erwartete mich eine große Überraschung – ein unvergesslicher Moment des Glücks: Da lag für mich ein elektrischer Plattenspieler für Vinyl-Platten, den sogenannten Langspielplatten (LP). Ich wusste von dieser neuen Erfindung noch gar nichts. Die Laufzeit einer dieser neuen Platten betrug bis zu 30 Minuten pro Seite. Ich konnte den vierten Satz der Symphonie ohne Unterbrechung anhören!!![1]

Die „Ode an die Freude", ein Gedicht von Schiller, das Beethoven in seiner letzten Symphonie vertont hat, konnte ich natürlich mitsingen:

> *Freude, schöner Götterfunken,*
> *Tochter aus Elisium,*
> *Wir betreten feuertrunken,*
> *Himmlische, dein Heiligthum.*
> *Deine Zauber binden wieder,*
> *Was die Mode streng getheilt,*
> *Alle Menschen werden Brüder,*
> *Wo dein sanfter Flügel weilt.*

Obwohl ich den Text oft sang, habe ich damals nie über den Inhalt dieser Zeilen nachgedacht. Aber ich habe mich zu dieser Zeit in meinem Tagebuch gefragt, was das mit meinem Leben eigentlich soll? Warum war ich geboren, was sollte, was wollte ich auf diesem Planeten, wenn ich ihn doch nach ein paar Jahren wieder verlassen muss?

Diese Fragen haben mich sehr umgetrieben. Ich hatte damals niemanden, mit dem ich darüber sprechen konnte. Schließlich glaubte ich, für mich eine Antwort gefunden zu haben, und ich habe ihr eine Doppelseite meines Tagebuches gewidmet. In großen Lettern hielt ich fest:

Ich möchte glücklich werden!

Dass diese „Erkenntnis" etwas mit der Ode an die Freude zu tun haben könnte, ist mir damals nicht in den Sinn gekommen. Erst viele, viele Jahre später ist mir die inhaltliche Verwandtschaft aufgefallen. Ich bin heute überzeugt davon, dass mein Unbewusstes diesen Zusammenhang schon damals gesehen hat, dass ich hier zum ersten Mal eine besondere Fähigkeit der Menschen erfahren hatte: Wir können intuitiv Erkenntnisse haben und Zusammenhänge erkennen, deren Entstehen das bewusste Denken nicht erreicht. Das ist mir später noch öfter passiert und davon wird auch in diesem Buch zu berichten sein.

Heute, ca. sieben Jahrzehnte später, komme ich auf dieses Thema zurück: In diesem Buch möchte ich ausführen, dass durch Freude und

Glücklichsein nicht nur „alle Menschen Brüder werden". Ich werde auch auf andere Aussagen Schillers zurückkommen, die er in seiner „Ode an die Freude" so meisterhaft in Worte fasst:[2]

→ Wie wichtig Freunde oder (Ehe-)Partner dabei sind:
  Wem der große Wurf gelungen,
  eines Freundes Freund zu seyn;
  wer ein holdes Weib errungen,
  mische seinen Jubel ein!

→ Wie wichtig der Glaube an einen Schöpfer ist:
  Ihr stürzt nieder, Millionen?
  Ahndest du den Schöpfer, Welt?
  Such' ihn überm Sternenzelt,
  über Sternen muss er wohnen.

→ Dass Freude und Glück einer der wichtigsten Motivatoren sind:
  Freude heißt die starke Feder
  in der ewigen Natur.
  Freude, Freude treibt die Räder
  in der großen Weltenuhr.

→ Dass Freude und Wohlbefinden die Kreativität der Forscher fördern:
  Aus der Wahrheit Feuerspiegel
  lächelt sie den Forscher an.

→ Dass Freude eine wichtige Quelle für die Überwindung von Rache, Groll, Vergeltung und Reue darstellt:
  Groll und Rache sei vergessen,
  unserm Todfeind sei verziehn.

Keine Thräne soll ihn pressen,
keine Reue nage ihn.
Unser Schuldbuch sei vernichtet!
ausgesöhnt die ganze Welt!

Auf diese schon in der „Ode" angesprochenen Themen werde ich zurückkommen und sie durch viele positive Eigenschaften ergänzen, die sich durch Freude, Glück und Wohlbefinden verstärken oder vermehren lassen. Allerdings werde ich mich nicht auf Dichterahnungen verlassen, werde nicht nur die Denker und Poeten, die Philosophen und Schriftsteller zu Worte kommen lassen, sondern ich werde mich vor allem auf die empirische Wissenschaft stützen. Welche Wirkungen der Freunde und des Glücklichseins können durch wissenschaftlich kontrollierte Versuche untermauert oder sogar bewiesen werden? Sie werden überrascht sein, welche Wirkungen die im Herzen getragene, tief empfundene Freude und das Glück auf Körper und Seele, auf Einstellungen und Verhalten haben.

Aber ich werde hier auch untersuchen, warum diese Erkenntnis so selten umgesetzt wird, warum es so viele Menschen gibt, die Glück und Freude offensichtlich eher zu vermeiden suchen. Um ein Bild aus der Mythologie der indigenen Völker Nordamerikas zu verwenden: Wir haben zwei Seelen (in der Geschichte der indigenen Völker: zwei Wölfe) in uns. Der eine ist auf Sorgen, Probleme, Kummer und seine oft aggressive Abwehr spezialisiert, der andere sieht die Schönheit der Welt, sieht die Liebe und die Freude, die wir auf Erden erleben dürfen. Es kommt darauf an, welchen „Wolf wir füttern", welcher Seele wir mehr Beachtung schenken. Wir haben es in der Hand, die „richtige" Seele in den Vordergrund unseres Bewusstseins zu rücken und damit glücklich zu sein.

Sind wir unseres Glückes Schmid?

Viele Menschen, mit denen ich über dieses Buchprojekt gesprochen habe, sind sich sicher, dass ein glückliches, zufriedenes Leben etwas ist, dass man von seinem Schicksal oder einem höheren Wesen geschenkt bekommt, dass man „Glück haben muss", um ein glückliches Leben zu führen. Doch Arthur Rubinstein, dieser bemerkenswerte Pianist und Denker, hat uns einen anderen Weg aufgezeigt: „Genieße das Leben, ohne Bedingungen zu stellen!"[3] Was für ein schöner Gedanke! Er erinnert uns daran, dass das Glück nicht in äußeren Umständen steckt, sondern in uns selbst – und genau das entspricht meiner Erfahrung.

Ich will damit nicht sagen, dass das Schicksal, in das man hineingeboren wird, dass die vielen glücklichen Umstände oder Schicksalsschläge keinen Einfluss auf das Glücksempfinden haben. Aber ich folge in diesem Punkt dem Zitat von Rubinstein und werde in diesem Buch aufzeigen, dass die zufälligen Umstände, denen wir im Leben begegnen, nur eine untergeordnete Rolle dabei spielen, wie wir das Leben empfinden.

Ich habe Menschen getroffen, die mit ihrem Verhalten mir und ihrer Umgebung vermittelten, dass sie ihr Leben genießen, oder die auf Befragen versicherten, dass sie glücklich sind, obwohl sie in Umständen lebten, die nicht dazu geeignet waren, Wohlbefinden, Erfüllung oder andere gute Gefühle auszulösen. Hier zwei Beispiele für solche Menschen:

I. In Kapstadt, Südafrika, habe ich ein Seminar für die Bewohner der riesigen Slums durchgeführt.[4] Dabei habe ich zwei dunkelhäutige, etwa 20-jährige Mädchen kennengelernt, die mit ihrer positiven, fröhlichen Stimmung die ganze Seminargruppe über mehrere Tage bei Laune gehalten haben. Ob die beiden Schwestern oder enge Freundinnen waren, habe ich sie nicht gefragt. Sie waren beide behindert, hatten wahrscheinlich Kinderlähmung durchgemacht und konnten nur mit Krücken gehen. Dunkelhäutig, behindert, in Slums großgeworden und lebend: und trotzdem glücklich, das konnte ich mir bisher nicht vorstellen.

2. Das zweite Beispiel kennen Sie vielleicht: Stephen Hawking. Der weltberühmte Astrophysiker, bei dem im Alter von 21 Jahren ALS (Amyotrophe Lateralsklerose) diagnostiziert wurde. Die Ärzte prophezeitem ihm damals, dass er in einigen Jahren keinen Muskel mehr bewegen könne und wenige Jahre später daran sterben werde. Mit der ersten Diagnose hatten die Ärzte Recht, mit der zweiten nicht. Als er erfuhr, dass sein Kopf nicht betroffen sein würde, verlegte er sich aufs Denken. Von 1979 bis 2009 war er Inhaber des renommierten Lucasischen Lehrstuhls für Mathematik an der Universität Cambridge. Er lieferte bedeutende Arbeiten zur Kosmologie, zur allgemeinen Relativitätstheorie und zu Schwarzen Löchern und wurde auch durch seine Bücher weltberühmt[5]. Stephen Hawking behauptete in einem Interview 1993, dass er „heute glücklicher sei als vor seiner Krankheit"[6].

Andererseits bin ich Multimillionären begegnet, die gesund sind, eine Familie haben, die sich alles leisten können und die trotzdem nicht nur keinen glücklichen Eindruck machten, sondern die es als eine Zumutung empfinden, wenn man sie ehrlich danach fragt, ob es ihnen gut geht. Ich werde hier keine konkreten Beispiele nennen. Ich würde Persönlichkeitsrechte verletzen. Die Betroffenen würden sich (zu Recht) beschweren. Auch Goethe war überzeugt: „Unser Herz allein macht unser Glück." Es ist fast so, als ob er uns zuruft, dass wir die Bedingungen für unser Glück selbst schaffen müssen. Das wahre Glück liegt in der Fähigkeit, unser Herz zu öffnen und das Leben in seiner Fülle zu genießen. In seinem Buch „Die Leiden des jungen Werthers" schreibt Werther an seinen Freund Wilhelm:

> „Ich könnte das beste, glücklichste Leben führen, wenn ich nicht so ein Tor wäre. So schöne Umstände vereinigen sich nicht leicht, eines Menschen Seele zu ergötzen, als die sind, in denen ich mich jetzt befinde. Ach so gewiss ist's, dass unser Herz allein sein Glück macht."[7]

Müssen wir also in unserem Leben nur vermeiden, ein Tor zu sein und unser Herz empfänglich machen?

Wir sollten das Glück nicht länger als etwas betrachten, das uns widerfährt, sondern als eine Kunst, die wir erlernen können. Lassen wir uns darauf ein – ohne Bedingungen, mit vollem Herzen! Vielleicht kann Ihnen dieses Buch dabei ein „Wegweiser" sein.

Warum schreibe ich ein Buch zum Thema Glück?

Ich wäre heute nicht so glücklich,
wenn ich gestern nicht so unglücklich gewesen wäre.
Heinrich Pestalozzi[8]

Der „Todestrieb"[9] über den Freud schreibt, sollte man in Beziehung setzen zu seinem bösartigen Tumor im Gaumen. Das moralische Konzept von Kant[10] sollte man auf dem Hintergrund seiner Lebensumstände und seiner Disziplin sehen. Die Aphorismen von Nietzsche sollte man im Zusammenhang mit seiner Erkrankung interpretieren.[11] Jedes psychologische und philosophische Konzept, das sich auf das Leben oder diese Welt bezieht, ist auch von der individuellen Lebensgeschichte des

Autors abhängig und kann auch nur bezogen auf diese Geschichte vollständig verstanden und beurteilt werden.

Das heißt nicht, dass die Konzepte der erwähnten Autoren „nur" subjektiv und damit falsch bzw. auf das eigene Leben nicht anwendbar seien. Man sollte sich aber der Entstehungsgeschichte bewusst sein und sie bei der Beantwortung der Frage berücksichtigen, in welchem Ausmaß die Ausführungen für einen persönlich relevant sein könnten.

Auch meine intensive Beschäftigung mit dem Thema Glücklichsein hat mit meinem Schicksal zu tun. Zwar habe ich mich natürlich nach Kräften bemüht, in diesem Buch objektiv zu sein und Erkenntnisse zum Thema Glück darzustellen, die von meiner subjektiven Sichtweise unabhängig sind, aber sie bleiben subjektiv.

Meine persönlichen Erlebnisse, die ich in dieses Buch immer wieder einstreue, sollen das Dargestellte konkreter, nacherlebbarer machen. Ich wünschte mir, dass Sie sich in dem einen oder anderen Erlebnis wiederfinden, dass Sie meine Schlüsse nachempfinden und auf Ihr eigenes Leben beziehen können. So könnte ich vielleicht dazu beitragen, dass Ihr eigenes Leben in dem einen oder anderen Punkt glücklicher und zufriedener wird.

Das ist auch der Grund, warum ich mit meiner Lebensgeschichte beginne, denn ohne Zweifel hat sie etwas damit zu tun, dass ich dem „Glücklichsein" einen so hohen Stellenwert einräume – und wie alle Geschichten, die ich hier erzähle, offenbart sie uns einiges über das Glücklichsein, über Zufriedenheit und Freude.

Mein persönlicher Weg zu den Theorien des Glücks:

Mit dem Thema Glück beschäftige ich mich inzwischen seit über 70 (!) Jahren.

In meiner frühen Jugend, an meinem siebten Geburtstag litt ich an immer schlimmer werdenden Schmerzen in der linken Hüfte. Ich humpelte nur noch.

1947, kurz nach dem Zweiten Weltkrieg, suchten meine Eltern mit mir zahlreiche Ärzte auf, bis wir schließlich auf Professor Max Lange in Bad Tölz trafen. Er war international anerkannt und als einziger überzeugt, eine Diagnose stellen zu können: „Knochentuberkulose". Diese Diagnose stellte sich später als zu pessimistisch heraus; tatsächlich litt ich an einer weniger schweren Krankheit: an einer Hüftgelenksentzündung.

Die Therapie bestand damals (in beiden Fällen) darin, dass man das betroffene Bein ruhigstellte. Ich musste über Monate in seiner Klinik den ganzen Tag im Bett liegen, wobei ein Gewicht über Rollen am Bettende an meinem linken Bein zog, um so die Hüfte zu entlasten.

Ich hatte keine Schmerzen, aber ich durfte und konnte mich fast nicht bewegen. Bad Tölz war von unserem Wohnort München etwa 60 Kilometer entfernt. Meine Eltern hatten 1947 kein Auto und die Züge waren meist überfüllt, so dass auch der versprochene, wöchentliche Besuch meiner Mutter nicht immer möglich war. Ich war sehr einsam, langweilte mich den ganzen Tag über Wochen und Monate. Ich konnte mich nur mit mir selbst, mit meinen Gedanken beschäftigen.

Es gab zu meiner Unterhaltung kein Radio, das Fernsehen war noch nicht verbreitet. Als einziges Spielzeug hatte ich drei Puzzle, die alle drei auf meinem Nachtisch Platz hatten und die ich immer zusammensetzte, wenn ich meine Mutter erwartete – und ich war bitter enttäuscht, wenn mir die Schwester die Nachricht brachte, dass meine Mutter nicht kommen konnte, da sie – mal wieder – nicht in den überfüllten Zug hineingekommen war. Ich weinte mich an solchen Tagen in den Schlaf.

Die Bedingungen in dem Krankenhaus waren mit heutigen Kliniken nicht zu vergleichen. Das Bett war entsetzlich unbequem und es viel mir immer wieder schwer, eine erträgliche Lage zu finden, in der trotzdem mein linkes Bein in der richtigen Stellung war, um mit den Gewichten entlastet zu werden. Ich durfte auch nicht aufstehen, um auf die Toilette zu gehen. Ich brauchte immer die Hilfe einer Schwester und es war mir sehr peinlich, wenn „etwas" neben der Bettpfanne landete. Das Essen widerstand mir oft. Ich wusste als

Kind noch nicht, was ein Würgereiz ist und klagte daher immer über Halsschmerzen – aber man fand natürlich keine Entzündung in meinem Hals. Viel später kam meine Mutter auf die Idee, dass ich keine Halsschmerzen hatte, sondern mir nur einfach schlecht war.

Bei einer der vielen Untersuchungen lernte ich einen jungen Soldaten kennen, der im Krieg an seinem rechten Arm verletzt wurde. Eine Kugel hatte den Knochen in seinem Oberarm zerfetzt. Professor Lange hatte ihm versprochen, dass er seinen Arm retten könnte, indem er Knochen aus dem Oberschenkel in den Arm transplantieren würde. Michael, so hieß der junge Mann, konnte sich im Krankenhaus frei bewegen und besuchte mich – wenn auch aus meiner Sicht viel zu selten – an meinem Krankenbett. Wir wurden Freunde, obwohl er mit seinen fast zwanzig Jahren viel älter war als ich.

Michael musste mehrfach operiert werden. Die Operationen misslangen immer wieder. Ich hoffte und litt mit ihm bei jedem Eingriff. Ich weiß noch, dass er vor einer erneuten Operation, dem letzten Versuch entsetzliche Angst hatte. Er wusste, wenn auch diese misslänge, müsste sein rechter Arm amputiert werden. Seine Angst übertrug sich auf mich. Auch ich hatte Angst davor, operiert zu werden, obwohl das nie zur Diskussion stand.

Nachdem auch diese Operation von Michael fehlgeschlagen war, beging er Suizid. Er stürzte sich vom obersten Stockwerk in den Hof der Klinik, wobei er sich vorher noch die Pulsadern aufgeschnitten hatte. Ich erlebte einen ersten für mich schrecklichen Verlust.

Ich erzähle das hier so ausführlich, um deutlich zu machen, dass ich schon als Kind erfahren habe, was es heißt, unglücklich zu sein. Ich habe extreme Langeweile, Trauer und letztlich auch Existenzangst in einem Alter kennengelernt, in dem man solche Gefühle nur schwer verarbeiten kann. Das war wohl auch der Grund, warum für mich einige Jahre später, als ich schon gesund war und in die Pubertät kam, auf die mir selbst gestellte Frage, was ich mir auf dieser Welt wünsche, wie erwähnt antwortete: Ich wollte glücklich werden.

Ich habe das Bild dieses Tagebucheintrags noch heute ganz konkret vor Augen, obwohl ich das Tagebuch schon lange nicht mehr besitze.

Ich hatte also in meiner Kindheit und Jugend keine sehr guten Startbedingungen und heute, viele Jahrzehnte später ist mir klar, dass davon natürlich mein späteres Leben wesentlich beeinfluss wurde. Als Psychologe frage ich mich heute, ob solche Kindheitserfahrungen den Betroffenen oder die Betroffene empfänglicher für Glück, für Glücksempfindungen, für Glücksmomente macht, oder ob man dadurch eher abgestumpft wird.

Dieses Thema erscheint in unserer Zeit besonders aktuell, wenn man daran denkt, wie viele Kinder von Flüchtlingen in Lagern unter schrecklichen, traumatisierenden Bedingungen heranwachsen.

Unsere Vergangenheit prägt uns. Mich hat meine Vergangenheit dazu gebracht, entgegen vielen Widerstände, mich nicht nur mit dem Thema Glück zu befassen, sondern sogar als Legastheniker Bücher zu schreiben. Handelt es sich um eine „Trotzhandlung"?

> „Wenn mir Weisheit angeboten würde unter der Bedingung, dass ich Stillschweigen darüber bewahren müsse und sie niemandem weitergeben dürfe, würde ich diese Weisheit ablehnen. Es liegt keine Freude darin, etwas zu besitzen, was man nicht weitergeben kann.[12]"

Diese Aussage stammt von Seneca, einem Philosophen, einem Zeitgenossen von Christus, der in Rom lebte und „der meistgelesene Schriftsteller seiner Zeit" war (Wikipedia). Sie entspricht heute meiner inneren Einstellung und meiner Motivation, bei allem, was ich tue, seit ich aus meinen persönlichen Schwierigkeiten einigermaßen erfolgreich herausgefunden habe.

Aber ich war nicht immer voller Tatendrang. Sicher kennen auch Sie Zeiten, in denen keine Zuversicht mehr in Sicht ist, in denen Sie das Gefühl haben, einem negativen Schicksal, negativen politischen oder wirtschaftlichen Entwicklungen ausgeliefert zu sein. In solchen Zeiten scheinen nur negative Artikel aus der Zeitung oder aus den Nachrichten im Fernsehen oder im Radio im Vordergrund zu stehen.

Ich habe mich ein langes Leben mit solchen Stimmungen auseinandergesetzt, habe sie in mir und in den Berichten anderer, die wissenschaftlich untersucht wurden, gesammelt. Ich habe einen Weg gefunden und jahrelang ausgetestet, wie man damit erfolgreich umgehen kann. Dieses Buch stellt die Quintessenz dieser jahrzehntelangen Studien dar.

Manchmal machen positive Beispiele Mut. Können Ihnen meine Erfahrungen oder die Erfahrungen anderer, über die ich in diesem Buch berichte, helfen?

Ich werde die These vertreten, dass wir nicht nur das Recht haben, nach diesen positiven Gefühlen zu streben, sondern die Pflicht. Denn wir sind „bessere" Menschen, wenn wir uns gut fühlen. Aber ich werden nicht nur die Forderung aussprechen, dass Sie nach Glücklichsein und Zufriedenheit streben sollten, sondern ich werde auch beschreiben, wie Ihnen das gelingen kann – selbst, wenn die Umstände nicht immer „glücklich" sind.

Daraus ergeben sich für dieses Buch die folgenden Fragen, auf die ich im Detail eingehen werde:

1. Warum gibt es so viele Menschen, die diese Pflicht, glücklich zu sein, nicht erkennen oder nicht erfüllen wollen?
2. Welche Probleme stellen sich uns, die wir als glückliche Menschen besser lösen können?

3. Warum ist „Glücklichsein" überhaupt so wichtig? Was macht dieses Gefühl mit uns? Warum haben wir die Plicht, uns um dieses Gefühl zu bemühen?

4. Und schließlich die wichtigste Frage: Was können wir im Einzelnen ganz konkret dazu tun, damit wir mehr Glücksgefühle erleben und sich unser Leben insgesamt glücklicher anfühlt und wir auf diese Weise das Unsere zum Wohlergehen des Planeten beitragen können?

Ist Glücklichsein ein Teil der Lösung unserer Probleme?

Welche Probleme stellen sich den Menschen in unserer Zeit? Können wir sie eher lösen, wenn wir unsere Pflicht, glücklich zu sein, ernst nehmen?

Ist unser Planet noch zu retten?

Vor kurzem bin ich einem kleinen Witz begegnet, der sich besonders eignet, in dieses Kapitel einzuführen:

Es treffen sich zwei Planeten im Weltall. Sie sind sich vor Jahrmillionen das letzte Mal begegnet und freuen sich über das unverhoffte Wiedersehen.

„Wie geht es dir?" fragt der eine Planet.

„Ach nicht so gut!" erhält er von dem anderen Planeten zur Antwort.

„Was ist denn los? Du machst wirklich keinen glücklichen Eindruck."

„Ich habe die Menschen!", antwortet der Planet Erde.

„Ach mach dir nichts draus. Die hatte ich auch. Das Problem löst sich von selbst. Du musst nur etwas Geduld haben. Das vergeht wieder!"

Wenn die Geschichte nicht so traurig wäre, könnte man darüber schmunzeln. Sind wir nicht wirklich auf dem Weg, unseren Planeten Erde immer „menschenfeindlicher" zu machen, die Daseinsgrundlagen, die dieser Planet uns in so vielfältiger und wunderbarer Form zur Verfügung stellt, selbst zu zerstören?

Ein kurzer Überblick über die aktuellen Probleme und Krisen

Die Menschheit steht vor bisher nie gekannten Herausforderungen. Zwar hat das Verständnis von den Zusammenhängen, wie es zu diesen Krisen gekommen ist, in den letzten Jahrzehnten sehr zugenommen, aber die notwendigen Veränderungen im Umgang mit unserem Planeten werden nicht in dem notwendigen Umfang praktiziert.

Ich bin überzeugt, dass die Menschheit dann, wenn sie gemeinsam all ihre Kräfte auf die Lösung dieser Probleme konzentrieren würde, diese lösen könnten. Wir müssten „nur" eine neue Sichtweise von den „Gefahren" entwickeln, denen wir gegenüberstehen. Unsere Gegner sind nicht die anderen Menschen, die anderen Ideen oder Ideologien, sondern unsere „Gegner" sind die globalen Probleme unseres Planeten:

- der kurzfristige Egoismus des Einzelnen oder einiger Gruppen,
- die begrenzten Ressourcen unseres Planeten,
- die unterschiedlichen politischen Systeme und die Bereitschaft, zur Durchsetzung der eigenen „berechtigten" Interessen Kriege zu inszenieren, sowie
- der Klimawandel und aus den beiden letzten ergeben sich
- die Migration ganzer Völker in andere Länder.[13]

Ich lege diesem Buch eine optimistische These zugrunde:

Alle Probleme des Planeten Erde könnten langfristig gelöst werden, wenn wir alle Ressourcen und unsere ganze Kreativität auf die Lösung dieser richten würden. Eine Voraussetzung dafür ist, dass es uns gelingt, wirklich alle (oder zumindest eine große Mehrheit der) Menschen auf diesem Planeten glücklich und zufrieden zu machen, dann könnten wir uns auch auf die Lösung der „wirklichen", der existentiellen Probleme unserer Zeit konzentrieren.

Warum komme ich auf diese, auf den ersten Blick absurde Schlussfolgerung, dass ein Gefühl, das Gefühl von Freude und Glück, uns helfen könnte?

Ist eine Lösung der Krisen aus heutiger Sicht überhaupt denkbar?

Ich bin kein Universalwissenschaftler und habe mich zu wenig mit den Details der hier aufgezählten Probleme beschäftigt, aber aus meiner Sicht gibt es für alle Krisen, in denen sich der Planet Erde befindet, eine Lösung, die ich im Folgenden kurz andeuten möchte. Allerdings setzt das voraus, dass man die finanziellen Möglichkeiten und die kreative Intelligenz der Völker dieser Erde auf die Lösung dieser Probleme ausrichtet.

Der kurzfristige Egoismus des Einzelnen oder einiger Gruppen:
Wir wissen heute, dass – vereinfacht ausgedrückt – Menschen vor allem dann dazu neigen, ihre Motivation nur auf ihre eigenen Interessen auszurichten, ohne auf die langfristigen Folgen ihres Verhaltens zu achten, wenn sie Angst haben, wenn sie Stress erleben. In dem Moment, in dem es gelänge, diese Ängste auszuschalten oder zumindest von den Mächtigen nicht mehr instrumentalisieren zu lassen, würde auch dieser kurzfristige Egoismus weitgehend verschwinden.

Die begrenzten Ressourcen unseres Planeten:
Die schwindenden Ressourcen sind vor allen deshalb ein Problem, weil der wachsende Konsum weltweit das Ziel der Wirtschaft ist. Zufriedenheit und Glück kann man auch mit einfachen Mitteln ohne Maximierung des Konsums erreichen – wie ich in diesem Buch aufzeigen werde.

Die unterschiedlichen politischen Systeme und die Bereitschaft, zur Durchsetzung der eigenen „berechtigten" Interessen Kriege zu inszenieren:
Wieder vereinfacht dargestellt, kann man feststellen, dass es bei kriegerischen Auseinandersetzungen letztlich um Macht geht. Einzelne Menschen oder Menschengruppen sind der Überzeugung, dass sie nur dann „angemessen" überleben können, wenn sie möglichst viel Macht besitzen. Auch hier spielt Angst, Not oder Neid eine entscheidende Rolle, die aber verschwinden, wenn alle Betroffenen wirklich glücklich und zufrieden sind.

Der Klimawandel:
Auch in diesem Punkt scheint ein „vernünftiges" Handeln der Schlüssel zur Lösung des Problems oder der Folgen dieses Problems zu sein. Auch hier ist ein Umdenken dringend erforderlich. Wir müssen uns bewusst sein, dass es sich bei dem Klimawandel um ein globales Problem handelt, von dem wir alle direkt oder indirekt betroffen sind. Wir müssen dringend Kompromisse finden, die von allen Beteiligten akzeptiert werden.

Die Migration ganzer Bevölkerungsteile in andere Länder:
Wenn wir akzeptieren könnten, dass alle Menschen auf dieser Erde es verdient haben, zu überleben und ein menschenwürdiges Dasein zu führen, dann könnten wir ihnen diesen Wunsch erfüllen. Wir dürften nur

keine Angst mehr haben, dass andere Völker uns „entfremden", oder gar „versklaven". Wenn wir einen Weg für die Entwicklung unseres Planeten finden, bei dem man auf „Verteidigungsausgaben" weitgehend verzichten kann, hätten wir genügen Mittel frei, um allen ein menschenwürdiges Dasein zu gewährleisten. Wenn alle glücklich sind, brauchen wir keine Angst mehr vor „den Fremden" zu haben und auch keine immensen Verteidigungsausgaben.

Ich gebe zu, dass die hier skizzierten Lösungen für die Krisen unsere Zeit heute nicht in Sicht sind und auch nicht bis zuletzt durchdacht. Andererseits halte ich sie auch nicht für völlig unrealistisch. Nach dem zweiten Weltkrieg hat die allgemeine Bedrohungslage dazu geführt, dass man übernationale Institutionen geschaffen hat, die die Konflikte zwischen den Völkern und Nationen friedlich regeln sollten. Im Mittelpunkt stehen hier die Vereinten Nationen. Leider ist man bei der Konstruktion dieser übernationalen Institutionen, wie z. B. auch der internationale Gerichtshof in Den Haag, nicht weit genug gegangen. Man hat ihre Möglichkeiten durch Vetorechte sehr eingeschränkt und ihnen keine Macht zugestanden, ihre Entscheidungen durchzusetzen.

Vielleicht verdichten sich die oben angesprochenen Krisen in den nächsten Jahren und Jahrzehnten wieder zu einer „allgemeinen Bedrohungslage", die die Motivation liefert, wirklich mächtige, international orientierte Institutionen zu schaffen, die die Beschlüsse auch gegen die Interessen einzelner durchsetzen können. Das liefe auf eine Art „Welt-Schiedsrichter" oder sogar „Weltregierung" hinaus. Dann wären wahrscheinlich auch die oben angesprochenen und die noch nicht erwähnten Probleme dieses Planeten lösbar.

Nach meiner Überzeugung kann das aber nur gelingen, wenn alle, oder die überwiegende Mehrheit der Menschen auf diesem Planeten, glücklich und zufrieden sind. Wenn Neid und Missgunst, Rache, Hass und Angst durch Toleranz und die Überzeugung ersetzt sind, dass wir alle glücklich sein könnten. Wir müssten uns nur gemeinsam darum bemühen, dass jeder sein Auskommen haben kann und schließlich, dass alle (oder die Mehrheit) glücklich sein könnte.

Streben die Menschen denn nicht schon immer nach Glück?

Meine Forderung, dass alle Menschen glücklich sein sollten, ist nicht neu! Schon seit Jahrtausenden wollen das alle Menschen?! Warum gibt es kaum Fortschritte in diesem Bereich?

Als ich mich in meinen frühen Jahren als Teenager so unglücklich fühlte und nach dem Sinn und Zweck meines Daseins suchte, empfahl mir mein Lateinlehrer, mich mit den alten Philosophen aus Griechenland zu beschäftigen. Die hätten schon damals die gleichen Probleme gehabt und einen Weg gefunden, der auch mir helfen könne.

Ich beschäftigte mich also u. a. mit Aristoteles (384–322 v. Chr.), dem wahrscheinlich bekanntesten und einflussreichsten Naturforscher und Philosophen der westlichen Welt. Er behauptete schon damals, dass es das letzte, das eigentliche Ziel aller Menschen sei, glücklich zu sein[14], darin liege „der Sinn es menschlichen Daseins".

Ich fühlte mich auf einmal verstanden (und natürlich aufgewertet). Meinen Freunden erschien ich damals (gelinde gesagt) etwas merkwürdig. Sie interessierten sich mehr für Fußballspielen und Mädchen. Mir aber wurde auf einmal klar, dass sich solche Fragen, wie die nach dem Sinn des Lebens oder wie man glücklich werden kann, schon andere und zwar sehr bedeutende Menschen gestellt haben.

Diese Ansicht, dass es das eigentliche Ziel aller Menschen ist, glücklich zu sein, übernahm auch eine berühmte philosophische Schule, die ihren Ausgangspunkt in Griechenland hatte, sich aber auch nach Rom verbreitete: die „Stoa". Einer ihrer berühmtesten Vertreter ist Seneca (1–65), der Lehrer des berüchtigten Kaisers Nero war.

Von ihm ist folgender Text zum Glücklichsein überliefert:

> „Glückselig zu leben … wünschen alle, aber um zu durchschauen, was es sei, wodurch ein glückseliges Leben bewirkt werde, dazu sind sie zu blödsichtig. Und zu einem glückseligen Leben zu gelangen, ist eine so gar nicht leichte Sache …!"[15]

Man kann sich darüber streiten, ob wirklich „alle", oder die Mehrheit zu „blödsichtig" sind, um zu erkennen, wie man glücklich werden kann, aber unbestritten ist, dass es „gar keine so leichte Sache ist". Wir werden in diesem Buch versuchen, es zu einer, wenn auch nicht leichten, so doch von allen nachvollziehbaren und umsetzbaren „Sache" zu machen.

Aber die Auseinandersetzung mit dem Streben nach Glück ist noch viel älter. Einer der ersten, von dem überliefert ist, dass das Streben nach Glück in allen Menschen zu finden ist, war der chinesische Weise Laotse, der oft auch als Gott verehrt wurde. Er hat schon 600 Jahre vor Chr. gelehrt: „Es gehört schon eine Menge Mut dazu, schlicht und einfach zu erklären, dass der Zweck des Lebens ist, sich seiner zu erfreuen."

Sogar Denker der Neuzeit, wie z. B. Alain[16], waren der Meinung, dass es „auf allen Schulen Unterricht in der Kunst glücklich zu sein geben müsste". Bekannt wurde er durch sein Buch „Die Pflicht glücklich zu sein".

Ich habe hier nur einige wenige berühmte Denker zitiert, die die Bedeutung des Glücklichseins herausgestellt haben. Natürlich gibt es viele mehr bis hin zu Hollywoodgrößen wie Audrey Hepburn. Mir kam es darauf an, aufzuzeigen, dass es keiner egoistischen Laune entspricht, wenn man behauptet, dass man glücklich sein will. Es gibt also schon lange die Überzeugung, z. B. der Stoa, dass alle glücklich sein könnten und sollten; ebenso sind sich eine große Zahl dieser Autoren sicher, dass dieses Ziel durch entsprechendes Handeln bzw. durch Unterweisung erreichbar ist.

Wenn man sich umsieht, dann kann man sich des Eindrucks nicht erwehren, dass offensichtlich viel Menschen dieses Ziel nicht teilen. Zumindest verhalten sich viele so, als wollten sie unbedingt und dauerhaft unglücklich sein. Bevor wir aber näher darstellen, woran wir diese Behauptung fest machen und wie man diese Tendenz erklären kann, wollen wir näher auf den Begriff Glück bzw. Glücklichsein eingehen.

Teil I – Zufriedenheit und Glück als wichtige Motivatoren für das Verhalten der Menschen

Ich wende mich damit dem Thema Glücklichsein zu, denn darin sehe ich den Kern der Lösung der meisten Probleme unseres Landes und unseres Planeten. Um es etwas plakativ zu formulieren: Wenn Hitler und die Menschen um ihn herum sowie die Mehrzahl der Deutschen rundherum glücklich gewesen wären, hätte es keinen Zweiten Weltkrieg gegeben.

Was verstehen wir eigentlich unter „Glück" oder „Glücklichsein"?

Glück ist dauerndes Sich-behaglich-fühlen.
Robert Walser[17]

Glück ist ein inflationär gebrauchter Begriff. Es gibt zigtausend Bücher zu diesem Thema. Der Begriff wird in diesen sehr unterschiedlich gebraucht.

Persönliches Glück wird für dieses Buch sehr umfassend definiert. Ich fasse unter diesem Begriff jede Art von positiven Gefühlen zusammen. Der Begriff Glück oder Glücklichsein wird hier weitgehend gleichgesetzt mit den Begriffen (subjektives) Wohlbefinden, Wohlsein, Wohlergehen, wohlige Gefühle erleben, Freude empfinden, (Lebens-) Zufriedenheit, Erfüllung, Stressfreiheit, Eudämonie, Freude, Sorglosigkeit, Freiheit und Selbstbestimmung genießen. Glücklichsein, Glück erleben bedeutet in diesem Buch in seiner Summe auch: Ein gelungenes Leben führen. Das Glücklichsein, wie es in diesem Buch verstanden wird, erlebt man auch, wenn man sich im vollen Sinn des Wortes „lebendig" fühlt. All diese Bedeutungen haben viel damit zu tun, dass wir in engem Kontakt zu unserem Selbst stehen.[18] (Der Begriff wird aber abgegrenzt von dem Gebrauch des Begriffes Glück in „Glück gehabt"[19].)

Was für mich (auch) Glück bedeutet, wird aus dem folgenden eindringlichen Erlebnis deutlich:

Ich erkenne mein Lebensziel

Wenige Jahre nach meinem 30. Geburtstag wurde bei meinem Vater ein inoperabler Lungenkrebs entdeckt. Damals haben die Ärzte es den Angehörigen überlassen, ob sie dem Patienten die Diagnose mitteilen wollten. Meine Familie entschied sich (gegen mein Votum), ihm die Wahrheit vorzuenthalten. Aber das war kein Problem, denn mein Vater wusste auch ohne diese Diagnose der Ärzte, wie es um ihn stand. Bei einem der vielen Spaziergänge im Park seines Sanatoriums gestand er mir: „Ich weiß, das ist meine letzte Krankheit!" Aber er sagte das ohne Bitterkeit, sehr gefasst. Er blickte auf sein sehr reiches, erfülltes Leben zurück: Er war als Sohn eines Großbauern zur Welt gekommen, hatte aber auf sein Erbe verzichtet. Er wollte lieber studieren. Er war Soldat in beiden Weltkriegen, hatte zusammen mit seiner Frau fünf Kinder großgezogen und ein erfolgreiches Unternehmen aufgebaut.

Während wir so zusammen durch den Park schlenderten, meinte er: „Ich kann mich nicht beklagen. Mein Schicksal meinte es gut mit mir und ich denke, ich habe alles gut gerichtet. Ich kann mit gutem Gefühl abtreten. Du und deine Geschwister seid auf einem guten Weg und ich weiß, eure Mutter ist bei euch Kindern in guten Händen."

Auf einmal wusste ich, was man damit meint, wenn man sich wünscht, ein „erfülltes" Leben zu führen. In diesem Moment kannte ich mein Lebensziel. Ich wünschte mir ebenso zu fühlen, wenn ich einmal am Ende meines Lebens angekommen bin. – Wenige Tage nach diesem Gespräch wurden wir informiert, dass mein Vater am Morgen nicht mehr aufgewacht war. Er hatte ein friedliches Ende gefunden.

Wenn ich hier davon schreibe, dass es unser Ziel sein sollte, ein glückliches Leben zu führen, dann meine ich keines, das jahraus jahrein aus Party, fröhlichem Zusammensein mit Freunden und ununterbrochenem Hochgefühl besteht. Ich meine keines, bei dem man immer auf der Jagd nach Augenblicken ist, die man in den Sozialen Medien posten kann und für die man möglichst viele „Likes" erntet. Ich meine eher ein „gelungenes" Leben, so wie es mein Vater in seinen letzten Tagen rückblickend erlebt hat.

Robert Walser spricht in dem oben erwähnten Zitat von einem „dauernden Sich-behaglich-Fühlen". Ich glaube, dass selbst dieses Ziel in einem Leben hier auf Erden nicht erreichbar ist. Das Leben ist ohne Zweifel für alle von uns eine mehr oder weniger schwierige und oft beschwerliche Aufgabe. Die Aufgabe „sein Leben zu meistern" ist nicht für alle gleich schwer. Es gibt auch keinen objektiven Maßstab, nach dem man beurteilen kann, ob ein Leben gelungen ist oder nicht. Das muss jeder für sich entscheiden. Glücklichsein heißt auch, ein Leben zu führen, in dem die positiven Gefühle im Vordergrund stehen. Was das im Einzelnen heißen und wie das gelingen kann – auch dann, wenn das Schicksal schwierige Aufgaben für einen vorgesehen hat – werde ich in diesem Buch im Detail darlegen.

Ist das Glück ein „Geschenk des Himmels"?

Abgrenzen möchte ich mich hier von den esoterischen Glückspropheten, die Glück als ein vom Himmel oder übersinnlichen Kräften herrührendes Phänomen betrachten, das man mit „wishful thinking", mit „positiven Gedanken", oder mit Gebeten herbeiführen kann.

Es geht auch nicht um billige Glücksversprechen, die behaupten, durch spezielle Entspannungsübungen, positives Denken, der Gefolgschaft einer Religion oder Sekte usw. würde man dauerhaftes Glück erreichen. Es geht hier um die Darstellung von empirisch abgesicherten, d.h. wissenschaftlich untersuchten und bestätigten Regeln, die die

Entstehung guter Gefühle und die Auswirkungen solcher Gefühle auf unseren Körper, auf das Verhalten und auf die Gesellschaft darstellen. Die Quelle der Erkenntnisse ist daher primär die empirische Psychologie und Soziologie, wenn auch häufiger Philosophen zitiert werden, da schon die Denker einer längst vergangenen Zeit viele Regeln für ein glückliches Leben erkannt und beschrieben haben, noch bevor man daran ging, solche Regeln einer wissenschaftlichen Überprüfung zu unterziehen.

Glück ist etwas sehr Individuelles

Es gibt nicht nur sehr viele Begriffe, die eine positive Stimmungslage kennzeichnen, es gibt auch viele verschiedene Formen von Glück. Das Glück des einen ist nicht unbedingt auch das Glück des anderen. Glücksempfinden ist so subjektiv wie alle anderen Gefühle auch. Der Weg zu diesem positiven Gefühl fällt daher auch ganz verschieden aus. Jeder muss seinen eigenen, individuellen Weg finden.

Positive Gefühle werden so unterschiedlich empfunden und beschrieben, dass man hier nur von einem diffusen Begriff „Glück" ausgehen kann. Allerdings ist es wohl auch nicht nötig, die verschiedenen Bedeutungen dieses Begriffes gegenseitig abzugrenzen. Die Auswirkungen, die diese positiven Gefühle haben, sind bei allen einzelnen Formen von Glück weitgehend gleich.

Es gibt nicht nur „glückliche Zeiten"!

In turbulenten Zeiten, wenn das Schicksal uns wieder einmal herausfordert, wenn die Befürchtungen um unsere Gesundheit und die notwendigen Arztbesuche nicht aus unserem Kopf weichen möchten, wenn die Sorge um den Job und die Ungewissheit, wo das Geld für die nächste Miete herkommt, nicht schlafen lässt, wenn wir unter Konflikten mit unserer Umgebung leiden und die ganze Last der Ungerechtigkeit dieser Welt zu tragen glauben, dann stellt sich die Frage, was Glück sei, nicht mehr. Glück ist in einem solchen Augenblick nur Befreiung von Sorgen, nur Unbeschwertheit und Ruhe.

Das Leben ist kein sorgenfreier Spaziergang. Für niemanden! Das Leben ist eine Wanderung durch manchmal sehr unwegsames Gelände, mit steilen Bergen und tiefen Schluchten, in die wir abzustürzen drohen, mit rauem, unbarmherzigem Wetter, mit Regen, den der Sturm in unser Gesicht peitscht, aber auch mit viel Sonnenschein und lieblichen Wiesen, mit Bänken, die eine herrliche Aussicht bieten, auf denen wir wieder Kraft schöpfen können.

Das Leben ist wie die Reise des Odysseus in der Odyssee. Es ist voller Hindernisse und mit beinahe unlösbaren Problemen gespickt. Aber jede dieser unerwünschten, ärgerlichen oder sogar schrecklichen Herausforderungen auf unserem Weg macht uns reicher, führt dazu, der zu werden, als der wir wohl gedacht sind. Wir müssen uns diesen Herausforderungen stellen, wir dürfen sie nicht vermeiden oder beseitigen, indem wir den Kopf in den Sand stecken, oder – wie es in der Psychologie heißt – verdrängen. Unser Leben ist also für viele vergleichbar mit dieser Odyssee des Odysseus „ein Weg der Weisheit, mühselig und höchst verschlungen, doch sein Ziel immerhin ist absolut klar: Es geht darum, zum guten Leben zu gelangen, indem man das sterbliche Schicksal akzeptiert, das jedem Menschen eigen ist."[20]

Ich habe es ausprobiert und bin der Überzeugung, dass ein solches Leben möglich ist und dass wir das unsere dazu beitragen können, dass es uns schließlich „gelingt". Dazu soll dieses Buch ein Wegweiser sein.

Das Wesen des Glücks

> *Glücklich zu sein, hängt von uns selbst ab.*
> Aristoteles[21]

Folgt man Aristoteles[22], kann man zwei Formen des Glücks unterscheiden:

- das hedonistische Glück (Hedonismus), das Wohlfühlglück, und
- das eudämonistische Glück (Eudämonia), das Werteglück.

Das hedonistische Glück (Wohlfühlglück) erlebt man, wenn man das Leben genießt. Es stellt sich ein, wenn man sich etwas gönnt, z. B. Essen und Trinken genießt, sich massieren lässt, ein schönes Konzert hört, Sex hat, aber auch einen schönen praktischen Gegenstand kauft usw. Hedonismus bezeichnet eine lust- und genussorientierte Lebensführung. Wer sein Leben an diesen angenehmen Empfindungen ausrichtet, strebt nach einem schönen, leichten und freudvollem Leben.

    Im Unterschied zum hedonistischen Glück fokussiert man beim eudämonistischen Glück (Werteglück) nicht auf angenehme Sinneswahrnehmungen. Aristoteles bezeichnet damit ein Glück, das sich auf Werte, auf Einstellungen bezieht. Man erlebt diese Form des Glücks, wenn man positive Gefühle aus dem Erreichen eines Zieles, oder auch dem Streben nach solchen Zielen erlebt; wenn man das Engagement in Projekten oder die Hilfe, die man anderen angedeihen lässt, positiv erlebt; ebenso, wenn man etwas Wertvolles unterstützt, das einem am Herzen liegt. Auch die „Arbeit an sich selbst", etwas neues lernen, sich optimieren, kann ein solcher Wert sein. Für Viele liegt das höchst Glück darin, sich als Gestalter ihres Lebens und vielleicht der Welt zu erleben und dabei positiven Werten mehr Bedeutung zu verschaffen. Jemand dem es gelingt, sein Leben am eudämonistischen Glück (Werteglück) zu orientieren, führt ein zielorientiertes, erfüllendes, tief befriedigendes und glückliches Leben.

Diese beiden Formen des Glücks sind keine Gegensätze, Aristoteles so wie auch seine Nachfolger, die Stoiker, schätzten beide Formen und ein gelungenes Leben besteht in einer Balance zwischen beiden Glücksarten.

Menschen, die sich zu sehr oder sogar ausschließlich am eudämonistischen Glück (Werteglück) orientieren, schauen oft verächtlich auf die „nur an sinnlichen Genüssen ausgerichteten Kollegen" herab und beklagen, dass unsere Welt verkommt, weil diese die „wahren Werte" missachten. Die Gefahr für die nur am Werteglück orientierten Menschen liegt darin, dass sie sich nicht oder schwer fallen lassen können, dass sie den Augenblick nicht genießen können, da sie immer auf Ziele hin orientiert sind. Ihnen fehlt die „Leichtigkeit des Seins".

Ein vollkommenes Glück ist eine Mischung aus „sein Leben genießen" (Hedonismus) und „im Einklang mit seinen Werten leben" (Eudämonismus).

Letztlich geht es darum, sich selbst, sein „Selbst" zu leben, sich „zur Geburt zu verhelfen". Wenn man von der Freud'schen Dreiteilung in Es, Ich und Überich ausgeht, so kann man den Hedonismus mehr der Befriedigung der Bedürfnisse des Es zuordnen, während der Eudämonismus sich vor allem auf die Realisierung der Werte bezieht, die man im Laufe seiner Entwicklung im Überich gespeichert hat. Beides in Einklang zu bringen ist eine Leistung des Ich.

Dabei ist ein gewisser Grad an Selbstreflexion unerlässlich. Dieses „Über-sich-selbst-Nachdenken" ist schon erforderlich, wenn es darum geht, kurzfristiges von langfristigem Wohlergehen oder Glück zu unterscheiden. Wie oft ist die kurzfristige Befriedigung von Bedürfnissen mit langfristigem Unwohlsein verbunden? Das gilt nicht nur, wenn es um das Essen von Süßigkeiten oder das Trinken eines oder mehrerer Gläser Rotwein geht. Wenn unser Leben gelingen soll, müssen wir auch lernen, unsere Bedürfnisse und unsere Einsichten in Einklang zu bringen.

Diese Aufgabe begleitet uns unser ganzes Leben und der Leitstern, an dem wir uns immer bewusst oder unbewusst orientieren, ist das Bild, das wir von uns selbst haben, unser Selbstbild, oder genauer gesagt: unser Selbst-Wunsch-Bild. Wie wollen wir uns selbst sehen bzw. welches Bild sollen die Menschen in unserer Umgebung von uns haben? Auch wenn Aristoteles mehr Philosoph als Psychologe war,[23] hat auch er schon das Konzept des Selbstbildes gekannt und auch er war überzeugt, dass ein gutes, erfülltes Leben darin besteht, mit seinem Selbstbild zufrieden zu sein und ihm wenigstens weitgehend entsprechen zu können.[24] Precht erwähnt „zwei wichtige Ideen des Aristoteles: ... Erstens, dass unsere Moral auf natürlichen Anlagen fußt. Und zweitens, dass wir in letzter Instanz nicht unseren Begierden oder Interessen verpflichtet sind, sondern unserem Selbstbild"[25]. Weiter unten mehr darüber.

Dauerglück oder Glücksmomente?

Gibt es Glück als Zustand, oder gibt es nur Glücksmomente? Es gibt viele Autoren, die betonen, dass es Glück als längerfristigen Zustand nicht geben kann. Hier sei beispielhaft die Bestsellerautorin Elke Heidenreich (1942 geboren) erwähnt. In ihrem Buch „Altern" schreibt sie: „Heute weiß ich, dass Glück kein Zustand ist. ... Es ist immer nur ein Augenblick und ich habe gelernt, ihn zu erkennen und zu genießen. Aus der Summe glücklicher Augenblicke setzt sich das Glück des Lebens zusammen."[26]

Paul Langenscheidt[27] zitiert Frieda Freiin von Bülow: „Augenblicke genügen. Alles Schöne ist momentan. Das Allerherrlichste würde ich ablehnen, wenn die Bedingung wäre, dass es ewig dauern sollte."

In meiner Jugend – als ich für mich die alten Philosophen der Stoa aus Griechenland und Rom entdeckte – habe ich meiner Umgebung immer stolz verkündet, dass ich keine Briefmarken sammle wie mein Bruder, sondern Glücksmomente. Ich habe tatsächlich ein Glückstagebuch angelegt, in dem ich an jedem Abend die Augenblicke festzuhalten versuchte, an denen ich an diesem Tag besonders glücklich war.

Das hatte zwei sehr willkommene Effekte:

1. Ich achtete schon während des Tages darauf, ob dieser Augenblick es wert ist, im Glückstagebuch festgehalten zu werden. Meine Aufmerksamkeit wurde auf die positiven Aspekte des Tages ausgerichtet.
2. Wenn es mir einmal nicht so gut ging, konnte ich in dem Glückstagebuch blättern und mir die früheren schönen Erlebnisse ins Gedächtnis holen.

Übrigens könnte das Sammeln von Glücksmomenten auch eine gute Vorbereitung auf das Alter sein, zumindest wenn es nach Tarkington[28] geht: *„Hege und pflege alle deine Glücksmomente, sie sind ein gutes Ruhekissen für das Alter."*

Wenn ich hier von Glück und Zufriedenheit spreche, dann meine ich beides: die Glücksmomente und das längerfristige Hintergrund-Glück.

Der französische Schriftsteller und Nobelpreisträger André Gide hat einmal gesagt: „Wisse, dass Freude seltener, schwieriger und schöner ist als Traurigkeit. Wenn du diese überaus wichtige Entdeckung einmal gemacht hast, musst du die Freude als moralische Verpflichtung willkommen heißen."[29] Nachdem er schon mit 10 Jahren seinen Vater verloren hatte, wurde er von seiner strengen Mutter erzogen und beschreibt seine Jugend in dunklen Farben als freud- und lieblos. „In dem unschuldigen Alter, in dem man in der Seele gerne nichts als Lauterkeit, Zartheit und Reinheit sieht, entdecke ich in mir nur Finsternis, Hässlichkeit und Heimtücke."[30] Schon in jungen Jahren entdeckte er seine Homosexualität. Trotzdem verliebte er sich sehr früh in seine Cousine, die er mit 26 Jahren heiratet. Man kann sich vorstellen, dass in diesem hier nur angedeuteten Leben „Freude seltener" war als Traurigkeit.

Wie so oft zeigt uns hier ein Ausnahmetalent in einer Art Vergrößerungsglas, was wir Durchschnittsmenschen immer wieder, wenn auch nicht so ausgeprägt erleben: Gerade in Zeiten, in denen wir uns nicht so gut fühlen, in denen wir Schwierigkeiten haben, „das gute Gefühl" als positive Dauergrundhaltung aufrecht zu erhalten, sind wir gezwungen, glückliche Augenblicke, freudvolle Momente („Freude") zu sammeln, um uns entwickeln und mit unserer Umgebung in befriedigenden Kontakt zu treten.

Was können wir dazu beitragen, glücklich zu werden?

Ist Glück, ist Zufriedenheit und Wohlergehen auf diesem Planeten überhaupt erreichbar? Können wir mit unserem Verhalten dazu etwas beitragen?

Es gibt viele Denker, auch viele persönliche Bekannte, die diese Frage eindeutig verneinen würden. Für sie ist es vermessen zu glauben, dass wir selbst „unseres Glückes Schmid" sind. Als Beispiel sei hier nur Arthur Schopenhauer erwähnt. Er schreibt: „Es ist wirklich die größte Verkehrtheit, diesen Schauplatz des Jammerns (er meint unsere Welt) in einen Lustort verwandeln zu wollen und, statt der möglichsten Schmerzlosigkeit, Genüsse und Freuden (bezogen auf dieses Buch würden wir sagen: Glücksmomente und Zufriedenheit) sich zum Ziele zu stecken."[31] Er empfiehlt sogar, dass man sich besser gar nicht darum bemühe: „Denn, um nicht sehr unglücklich zu werden, ist das sicherste Mittel, dass man nicht verlange, sehr glücklich zu sein."[32]

Nach einem berühmten Zitat von Freud ist „die Absicht, dass der Mensch glücklich sei, im Plan der Schöpfung nicht enthalten"[33]. Wenn Freud von dem „Plan der Schöpfung" spricht, dann kann er nur die Evolution gemeint haben und da möchte ich ihm aus voller Überzeugung widersprechen, denn bei dem Darwin'schen Ausleseprozess stellt das Glücklichsein ganz sicher einen Überlebensfaktor dar. Wer glücklich ist, hat mehr Chancen, länger gesund zu leben und mehr Nachkommen großzuziehen. Seine Gene habe also größere Chancen sich zu verbreiten.

Warum verhalten wir uns so, wie wir uns verhalten?

Das Verhalten des Menschen ist meist irrational. Wir verhalten uns oft spontan, aus meist gar nicht bewussten Ängsten heraus, aus Skrupeln und Bedenken, die irgendwo unreflektiert in unserem Gehirn schlummern, aber auch aus flüchtigen Eitelkeiten, wir haben Ideen, mit denen wir unser Image in unserer Umgebung verbessern können, oder mehr dem (Wunsch-)Bild angleichen können. Denn das Selbstbild, das Bild, das wir von uns haben, ist unser wertvollster Besitz.

Der größte Wunsch der meisten Mitmenschen besteht darin, dass sie von ihren Mitmenschen, von den Bekannten und Freunden aber auch von den Neidern und Feinden positiv beachtet oder wenigstens wahrgenommen werden. Das Schlimmste für uns alle ist, einfach übersehen zu werden, da ist es noch besser, wenn wir schlecht beurteilt werden, wenn man uns angreift oder beleidigt. Besser ist es natürlich, wenn wir respektiert, geachtet, vielleicht sogar beneidet werden. Wenn man sich die Beiträge ansieht, die in den sozialen Medien gepostet werden, kann man keinen anderen Eindruck gewinnen. Alle Teilnehmer an diesem Spiel wollen möglichst viel Beachtung, Bewunderung oder Neid auf sich ziehen.

Wahrscheinlich spielt hier ein angeborener Instinkt eine Rolle: Wir Menschen sind soziale Wesen, ohne Beachtung durch die Gruppe waren wir in der Entwicklungsgeschichte unserer Art verloren. Außenseiter oder aus der Gruppe Ausgestoßene hatten keine oder eine sehr viel geringere Chancen zu überleben und damit ihre Gene weiterzugeben, ganz im Gegensatz zu den Gruppenmitgliedern, die eine hohe Stellung und viel Ansehen in der Gruppe genossen.

Aber die hier aufgezeigten Motive wirken meistens, ohne dass sich der Betroffene dessen bewusst ist. Das Hauptproblem ist also nicht, dass die Menschen zu egozentrisch sind – obwohl auch das auf viele zutrifft. Das Hauptproblem liegt darin, dass sie sich nicht bewusst sind, warum sie welches Verhalten zeigen und welche Konsequenzen dieses kurz- und langfristig haben wird. Wenn sie aus dem Bewusstsein leben würden, dass sie weitgehend Gestalter ihres eigenen Lebens, aber damit auch des Lebens vieler anderer und letztlich – in der Summe – der Zukunft des Planeten sind, dass sie die Verantwortung für ihr eigenes Leben (und letztlich mit anderen für unser Welt) tragen, dann würde ihr Verhalten sicher anders aussehen. Wir müssen uns die Konsequenzen unseres Handelns bewusst machen und die Verantwortung dafür übernehmen.

Dazu ist nur eine relativ einfache Umorientierung notwendig – sofern eine Umorientierung jemals einfach sein kann: Wir müssen uns von dem Habenwollen, von der Ansammlung von Geld, von Prestige, von Besitztümern und Macht abwenden und uns bewusst machen, dass letztlich der „Besitz" von Zufriedenheit, Geborgenheit, Vertrauen, Zuneigung und vielen Glücksmomenten erfüllender ist als aller materieller Besitz und die wankelmütige Bewunderung von anderen.

Kann man Glücklichsein überhaupt lernen?

Wenn ich hier davon ausgehe, dass wir an dem Schicksal des Planeten etwas verändern wollen, indem wir eine größere Zahl von Menschen glücklicher machen, dann impliziert das, dass man Zufriedenheit und Glück der Menschen verändern kann oder anders ausgedrückt, dass man den Zustand Glücklichsein lernen und lehren kann.

Damit befinde ich mich im Widerspruch zu vielen Menschen, die der festen Überzeugung sind, dass Glücklichsein Glücksache ist. Sie argumentieren, dass es glückliche Umstände sind, die uns glücklich machen und dass wir in der Regel für diese Umstände nicht zuständig sind, sie nicht beeinflussen können.

Dem widerspreche ich hier: Natürlich spielen die Umstände, die auf den Menschen einwirken, eine wesentliche Rolle, aber wir sind ihnen nicht ausgeliefert. Häufig können wir diese Umstände beeinflussen und fast immer ist es uns freigestellt, wie wir diese interpretieren, wie wir sie bewerten.

Beginnen wir mit der Frage, wann wir die Umstände selbst beeinflussen können: Ein wesentlicher Teil der „Umstände", die uns beeinflussen, besteht aus den Menschen, denen wir täglich oder zumindest sehr häufig begegnen: Manche Menschen tun uns einfach gut, in ihrer Anwesenheit können wir der sein, den wir selbst in uns sehen. Es sind die Menschen, die unsere positiven Eigenschaften zum Vorschein bringen. Sie machen uns tolerant, offen, kreativ und humorvoll. In ihrer Anwesenheit kommen wir auf Ideen, die wir sonst nicht haben, die Theorie sagt: Wir sind in Kontakt mit unserem Selbst, mit dem Teil des Gehirns, aus dem auch die Kreativität und Intuition entspringen.[34]

Andere Menschen lösen bei uns genau das Gegenteil aus. Wir sind in ihrer Gegenwart eher skeptisch, vielleicht ironisch oder sogar sarkastisch, sie machen uns pessimistisch, traurig, vielleicht sogar depressiv oder aggressiv. Wir haben laufend das Bedürfnis zu widersprechen. In ihrer Gegenwart entdecken wir, wie schlecht die Welt ist und wie ungerecht. Sie „ziehen uns herunter", sie aktivieren Eigenschaften in uns, die wir eigentlich nicht zu haben glaubten, die wir eher ignorieren wollen.

Mit einer dritten Gruppe von Menschen können wir nur Smalltalk betreiben. Sie weigern sich, wirklich wichtige Aspekte des Lebens anzusprechen, da viele Themenfelder für sie tabu sind. („Über Sex, über seelische Befindlichkeiten, über die negative, unverarbeitete Vergangenheit, über Misserfolgserlebnisse usw. und alle Themen, die zu diesen Tabus führen können, spricht man nicht!")

Jeder Mensch hat mehrere Seiten, kann mehrere Rollen spielen und meistens fühlen und verhalten wir uns entsprechend der Rolle, die man von uns erwartet. Wir „spielen" sie, um nicht anzuecken, um nicht Außenseiter zu werden, um akzeptiert zu werden. Das Problem ist, dass wir auch dann, wenn wir eine Rolle nur „spielen", trotzdem von dieser Rolle beeinflusst werden. „Die Rolle kriecht in uns hinein", hat mir der Portier einer Spielbank einmal sehr plastisch geschildert. Er hatte entdeckt, dass er beim kurzen Kontakt mit den Kunden deutlich mehr Trinkgeld bekommt, wenn er eine devote Rolle spielt. Als Laienschauspieler fiel ihm das nicht schwer, machte ihm sogar Spaß. Er musste aber entdecken, dass das auch sein Verhalten im privaten Umfeld beeinflusste. Er spielte nicht mehr nur den Devoten, er war – wenigstens zum Teil – zu einer devoten Persönlichkeit geworden.[35]

Welche Rolle „spielen" wir also, wenn wir mit den Menschen zusammen sind, die wir regelmäßig um uns haben? Welche Seiten unserer Persönlichkeit werden von unseren Freunden, von unseren Arbeitskollegen, von unserer Familie usw. aktiviert? Können wir unsere glückliche Seite zeigen, oder jammern wir lieber, um keinen Neid zu erregen, weil doch unsere Umgebung sich auch laufend beklagt. Die Menschen, die uns umgeben, können wir wenigstens zum Teil selbst aussuchen oder zumindest „dosieren". Ich behaupte nicht, dass uns das leicht fällt, aber ich behaupte, dass die Menschen in unserer Umgebung einen sehr großen Einfluss auf unsere Befindlichkeit haben. Wir sind gut beraten, wenn wir viel Energie darauf verwenden, uns eine „passende" Umgebung zu suchen.

Sozialer Kontakt ist für das Wohlergehen und die Gesundheit eines Menschen entscheidend. Das wurde in vielen Untersuchungen immer wieder bewiesen. Man kann sich um sozialen Kontakt bemühen. Je nachdem, welche Persönlichkeit man hat, fällt einem das leichter oder schwerer, man spricht von extrovertierten bzw. introvertierten Persönlichkeiten. Aber auch letztere können das lernen und wenn sie es gelernt haben, dann ist es nur noch ein kleiner Schritt, eine Auswahl zu treffen und nur noch die Menschen in unser Leben zu lassen, die uns guttun, die uns glücklich machen. (Wir dürfen nicht in die Falle tappen, dass wir glauben, die Menschen, die uns nützlich sein können, die uns Vorteile bringen und mit denen wir daher Kontakt haben, verändern zu können. Das funktioniert fast nie.)

Das möchte ich an einem konkreten Beispiel aus dem Alltag verdeutlichen:

Wie vermeiden wir, dass uns andere Menschen herunterziehen?

Oben sprach ich davon, dass wir den Einfluss unserer Umgebung auch dadurch beeinflussen können, dass wir es in der Hand haben, diesen zu bewerten. Nehmen wir an, Sie sind auf dem Weg ins Büro wieder einmal Opfer der Unzuverlässigkeit der öffentlichen Verkehrsmittel geworden. Die Straßenbahn kam stark verspätet. Zu allem Überfluss begegnet Ihnen auch noch Ihr Chef, als Sie gerade das Bürogebäude betreten. Welche sarkastische Bemerkung hat er wohl heute parat?, geht es Ihnen durch den Kopf. Und da ist sie auch schon:

„War heute mal wieder besonders schwer, aus dem Bett zu kommen?!" bellt er Sie an.

„Die Straßenbahn ist nicht gekommen!", lautet Ihre Entschuldigung.

Ihr Chef verlangsamt seinen Schritt und sagt nur im Vorübergehen: „Könnte man auch einrechnen, ist ja nicht das erste Mal!" Und schon ist er verschwunden.

Na schön, das kann ja ein heiterer Tag werden, der schon so beginnt. Mal sehen, was heute noch alles auf mich zukommt?

Diese kleine Episode war also geeignet, in Ihnen negative Gefühle auszulösen, vielleicht kommen Ihnen in dem Moment auch noch andere, in der Vergangenheit liegende, vergleichbare Situationen in den Sinn und Sie sind sich sicher: Mein Chef ist ein … (Ihnen fällt sicher ein passendes Schimpfwort ein!) Auch Ihre Erwartungen an den Tag sind nicht unbedingt dazu geeignet, diesen Tag zu einem Glückstag zu machen. Aber können Sie denn daran etwas ändern?

Sicher sind Sie nicht dafür verantwortlich, dass die Straßenbahn zu spät kam, aber in der Situation mit dem Chef hatten Sie schon Möglichkeiten anders zu reagieren. Ich möchte hier nicht darauf eingehen, ob Sie es hätten schaffen können, den Chef zu bremsen, um ein echtes Gespräch zu beginnen. Das hängt von vielen äußeren Umständen ab. Aber auf jeden Fall hatten Sie es in der Hand, wie Sie in Ihrem Inneren reagieren. Sie könnten sich z. B. fragen, warum Ihr Chef heute nicht gut drauf ist.

Ich kann mich an Situationen erinnern, da war er doch ganz nett. Vielleicht hat er Probleme mit seiner Frau oder seinen Kindern. Ich habe gehört, eines ist krank. Vielleicht ist es was Schlimmes? Usw. Der Fantasie sind hier keine Grenzen gesetzt. Das kann so weit gehen, dass Sie auf einmal das Bedürfnis haben, Ihrem Chef zu helfen. Das Entscheidende dabei ist nicht, ob Ihre Fantasien realistisch sind, es kommt nur darauf an, dass Sie damit Ihre eigene psychische Verfassung „umpolen", von Ärger zu Mitleid. Das hat einen wesentlichen Einfluss darauf, wie Sie sich fühlen und wie Sie Ihrem Chef und den vielen anderen Menschen an diesem Tag begegnen.

Dieses „Umpolen"[36] kann man in allen unangenehmen Situationen praktizieren. Es kann zu einem richtigen Sport werden, man kann sich immer fantastischere, manchmal auch lustige Situationen ausdenken, die den Widersacher dazu gebracht haben könnte, negativ zu reagieren, die ihn entschuldigen, unabhängig davon, ob das ein Verkäufer, eine Bedienung, ein Polizist, ein Kollege usw. war, über den Sie sich ärgern könnten, wenn Sie das zuließen, oder den Sie bedauern können, weil es „diesen armen Menschen" wahrscheinlich viel schlechter geht als Ihnen.

Ich sage mir immer wieder: ‚Die Menschen, die mich ärgern dürfen, die bestimme ich. Wo käme ich hin, wenn mich jeder dahergelaufene Mensch ärgern dürfte?' Überlegen Sie sich gut, wer Sie ärgern darf, vielleicht Ihr Partner oder Ihre Partnerin, vielleicht Ihr bester Freund, aber mit denen können Sie danach auch offen über Ihre Verletzung reden und das kann besondere Momente der Nähe schaffen. Allen anderen sollten Sie nicht erlauben, Ihnen den Tag zu verderben.

Grundbedingungen für die Fähigkeit, Glücklichsein zu lernen

Die Umgebung und vor allem die Menschen, die uns nahestehen, sind nur *ein* Glücksfaktor, auf den wir achten sollten, wenn wir glücklich sein wollen. Ebenso wichtig sind viele Gewohnheiten, die darüber entscheiden, ob wir uns primär glücklich oder unglücklich fühlen: unsere Erwartungen, die Art, wie wir unsere Ziele verfolgen, welche Ziele wir uns setzen, unsere Einstellungen usw.

Auch hier können wir Einfluss nehmen, allerdings ist das deutlich schwerer, als die richtigen Menschen in unserer Umgebung auszusuchen oder ihre Aussagen so zu interpretieren und zu werten, dass sie uns nicht verletzen können. Wir können hier nur ein paar Grundfähigkeiten erwähnen, die wir allerdings alle trainieren können:

I. Disziplin:
   Wir werden uns und unser Leben nicht beeinflussen können, wenn wir nicht ein gerütteltes Maß an Disziplin besitzen. Mit Disziplin

ist die Fähigkeit gemeint, eine Tätigkeit auch dann auszuführen, wenn man dazu keine Lust hat und die aktuelle Stimmung einen eher dazu bringt, „sich gehen zu lassen", „Fünf grade sein zu lassen". Man möge einwenden, dass ein normaler Angestellter doch jeden Tag acht Stunden Disziplin zeigt. Wenn er von außen dazu angehalten wird, seine Pflicht zu tun, und das nur deshalb tut, weil er im anderen Fall mit unangenehmen Konsequenzen zu rechnen hat, so ist das noch keine Disziplin, zumindest keine Selbstdisziplin. Disziplin wird hier die Fähigkeit genannt, sein äußeres und inneres Verhalten (also sein Tun und seine Gedanken) nach vernünftigen Überlegungen zu steuern und seinen „inneren Schweinehund" in Zaum zu halten. Diese Disziplin ist unabdingbare Voraussetzung, wenn man lernen will, glücklich zu sein. Nur mit Hilfe von Disziplin können wir verhindern, dass wir „intuitiv" Dinge tun, die uns letztlich schaden und unglücklich machen. Disziplin kann man wie alle Fähigkeiten im Leben üben und durch regelmäßiges Üben fallen sie uns leichter.

2. Konzentration:
    Wir Menschen haben die Freiheit, entscheiden zu können, was im Vordergrund unseres Bewusstseins steht. Aus dem fast unendlich großen Angebot der Eindrücke und Wahrnehmungen, die uns tagtäglich begegnen, können wir willentlich die auswählen, mit denen wir uns primär beschäftigen. Das ist nicht immer einfach, denn es gibt Eindrücke, die drängen sich in unser Bewusstsein, obwohl wir das gar nicht wollen. Das liegt daran, dass sie besonders laut sind, grelle Farben besitzen, sich bewegen, Ängste auslösen, oder uns immer wieder begegnen. Das gilt sowohl für konkrete Wahrnehmungen als auch für gedankliche Vorstellungen. (Die Beiträge auf dem Handy oder aus dem Internet geben uns ein Beispiel dafür, was sich primär in den Vordergrund unseres Bewusst-

seins drängt. Wie oft wollen wir etwas nachschauen und bleiben an irgendeinem Beitrag hängen, weil der Inhalt oder die Form der Darstellung für unser Bewusstsein besonders attraktiv war.) Wenn wir lernen wollen, glücklich und zufrieden zu sein, dann ist es sehr hilfreich, wenn wir unsere Aufmerksamkeit auf das konzentrieren können, was unserem Wohlbefinden dient. Auch diese Fähigkeit müssen wir immer wieder üben.

3. Geduld:

Glück und Zufriedenheit können wir nicht erzwingen. Es gibt Zeiten, in denen es uns besser gelingt, unser Inneres zu beeinflussen, und solche, in denen das nicht so gut gelingt. Geduld ist eine Tugend, die uns dabei hilft, auch weniger ideale Zeiten zu überstehen, ohne dass wir in der Überzeugung nachlassen, dass wir die Anzahl der Glücksmomente und letztlich die Grundstimmung unseres Lebens weitgehend selbst in der Hand haben.

4. Leidenschaft für das Glück:

Eine wichtige Bedingung für ein gelungenes, für ein glückliches und zufriedenes Leben besteht darin, dass man das Streben nach guten Gefühlen zu seiner Leidenschaft macht, der wir uns nicht nur ab und zu, wenn man „gerade nichts anderes wichtiger ist", widmen, sondern die immer im Vordergrund unserer Interessen steht, die wir als Ziel nie aus den Augen verlieren.

Erfolg und Glück

Es gibt sogar Computer-Fanatiker, die sich doch im Allgemeinen wenig mit Gefühlen beschäftigen, die dem persönlichen Glück einen hohen

Stellenwert einräumen. Hierzu gehört offensichtlich Michael Dell, der Gründer des drittgrößten PC-Herstellers (Dell Technologies) von dem das folgende Zitat in seiner Biographie[37] zu finden ist:

> „Wichtige Sache: Jeder hat wahrscheinlich seine eigene Definition von Erfolg, für mich ist es Glück. Macht mir das, was ich tue, Spaß? Gefallen mir die Leute, mit denen ich zusammen bin? Genieße ich mein Leben?"

Dabei bleibt offen, ob er nach Erfolg gestrebt hat, um glücklich zu werden, oder ob er glücklich werden wollte und dabei auf dem Weg zum Erfolg war. Es scheint so zu sein, als ob Glück und Erfolg keine Gegensätze sein müssen. Beide gehören zusammen: Viktor Frankl, der jüdische Psychiater, der den Holocaust überlebte, ist der Überzeugung, dass Erfolg und Glück einen wesentlichen Punkt gemeinsam haben:

> „Erfolg, so wie Glücklichsein, kann man nicht direkt erreichen. Er muss sich ergeben. Und er ereignet sich nur als unbeabsichtigter Nebeneffekt der eigenen Hingabe an eine Aufgabe, die größer ist als man selbst."[38]

Wer also Erfolg hat, wird auch glücklich sein? Albert Schweitzer[39] sieht den Zusammenhang andersherum:

> „Erfolg ist nicht der Schlüssel zum Glücklichsein. Glücklichsein ist der Schlüssel zum Erfolg. Wenn du das, was du tust, liebst, wirst du erfolgreich sein."

Das gilt sicher nicht uneingeschränkt. Es kommt darauf an, wie man „Erfolg" definiert. Wenn man sich als erfolgreich betrachtet, sobald man ein gutes Leben führt, dann hat Schweizer recht. Wenn man allerdings „Erfolg" mit äußeren Maßstäben wie Bewunderung anderer, Auszeichnungen oder viel Geld verbindet, dann kann man Albert Schweizer nicht mehr zustimmen. Offensichtlich war Albert Schweizer die Befriedigung, die er daraus gewann, wenn er anderen helfen konnte, wichtiger als der offensichtliche Erfolg – der stellte sich dann für ihn auch ein, war aber nicht sein eigentliches Ziel.

Gibt es Glück ohne die gegensätzliche Erfahrung von Unglück?

Ein Schuss Wüste braucht der Mensch – um des Glücks der Oase willen.

Martin Kessel[40]

Nicht jeder, der Unglück erlebt, wird notgedrungen zu einem Weisen, aber ohne Zweifel kann ein schweres Schicksal dazu beitragen, Weisheit und in seiner Folge Erfüllung und Glück zu erlangen. Auch Herrmann Hesse[41] hat sich mit diesem Thema beschäftigt. Er hat beide Weltkriege miterlebt und ist vor den Nationalsozialisten in die Schweiz geflohen. Er stellt die nachdenklichen Fragen: „Ist es denn ein Unglück, in eine stürmische, brausende Zeit hineingeboren zu sein? Ist es nicht vielmehr ein Glück?"[42]

Entscheidend ist, dass man sich mit seinem Unglück auseinandersetzt, dass man es nicht nur beklagt und dann so schnell wie möglich nicht mehr daran denkt, man muss es annehmen, muss es durchleben.

Auch Friedrich Nitzsche glaubte, dass die Fähigkeit, glücklich zu sein, untrennbar mit der Fähigkeit, Unglück zu empfinden, verbunden ist. Bei ihm habe ich gelesen:

„Ach, wie wenig wisst ihr vom Glück des Menschen, ihr Behaglichen und Gutmütigen! – Denn das Glück und das Unglück sind zwei Geschwister und Zwillinge, die miteinander groß wachsen oder, wie bei euch, miteinander – klein bleiben."[43]

Muss man das Unglück selbst erfahren haben, um all diese Zusammenhänge, wie ich sie oben darzustellen versuchte, zu verstehen? Zweifelsohne ist ein gewisser Grad an Selbstreflexion eine Voraussetzung für ein solches Glücksempfinden und diese Selbstreflexion wird durch Lebenskrisen und Schicksalsschläge gefördert. Genügt es, sich in andere hineinzufühlen oder sich bewusst zu machen, dass schlimmes Unglück überall auf der Welt existiert und auch uns jederzeit bedroht? Ich kann es nicht entscheiden, aber mir kommt ein Erlebnis in den Sinn, das mich sehr zum Nachdenken gebracht hat:

Ein willkommener Verkehrsunfall

Die Ampel war gerade erst auf „Gelb" gesprungen, ich war überzeugt, dass der Fiat 500 vor mir noch über die Kreuzung fahren würde – und ich mit ihm –, aber ich hatte mich getäuscht. Als ich realisierte, dass das Auto vor mir bremst, war es zu spät. Mein Bremsweg war zu lang und ich berührte das Auto vor mir leicht. Natürlich stiegen wir sofort aus, um den Schaden zu begutachten.

Eigentlich ärgerte ich mich unheimlich über mein Missgeschick, als ich aber meinem „Kontrahenten" begegnete, war aller Ärger verflogen. Es war eine junge Frau, so bezaubernd wie eine der besonders schönen Fotomodelle. Ich war zu dieser Zeit Single – und begeistert.

„Heute ist mein Glückstag! Sie schickt mir der Himmel!" war das Erste, was mir in den Sinn kam, und so begrüßte ich auch dieses bezaubernde Wesen.

Wir betrachteten gemeinsam den „Schaden". An meinem Auto war keine Beule zu erkennen und an ihrem Wagen waren so viel Beulen, dass man unmöglich feststellen konnte, ob durch mich noch eine hinzugekommen war. Auch sie stimmte meiner Meinung zu, dass ich keinen Schaden verursacht habe.

Aber ich durfte dieses vom Himmel geschickte Wesen nicht gehen lassen, ohne wenigstens den Versuch unternommen zu haben, mich mit ihr zu verabreden. Heute habe sie keine Zeit, aber sie war gerne bereit, mich wieder zu sehen und wir vereinbarten einen Treffpunkt für den nächsten Tag. Ich war überglücklich. Ich sah uns schon als Paar.

Als ich mich am nächsten Abend voller Vorfreude und natürlich sehr rechtzeitig dem vereinbarten Treffpunkt näherte, musste ich in einer kleinen, engen und wenig befahrenen Straße halten. Ein Mann lag mitten auf der Fahrbahn. Ich ging zu ihm hin und fragte ihn, ob er zu viel getrunken oder Drogen genommen habe, während ich ihm half, von der Straße zu kommen.

Er antwortete: „Alles zusammen!" und zeigte mir seine mit Einstichnarben übersäten Innenseiten der Arme. Als ich ihn endlich auf dem Gehsteig hatte, schlug er mit dem Kopf auf das Pflaster und es klang, als ob man eine Kokosnuss aufschlagen wollte. Ich werde den Klang nie vergessen. Meine Angebote, ihn in ein nahgelegenes Krankenhaus zu fahren, oder einen Arzt zu holen, lehnte er vehement ab. Was sollte ich nur tun? Ich beschloss schließlich, alleine zu dem Krankenhaus zu fahren, um mit einem Arzt aus der Notaufnahme zu sprechen.

Wenige Minuten später erreicht ich das Krankenhaus, aber ich musste realisieren, dass es sich um eine kleine Privatklinik ohne Notaufnahme handelte. Es war auch zu der späten Stunde kein Arzt mehr in der Klinik.

Als ich zu dem Platz zurückkam, an dem ich den Armen zurückgelassen hatte, war er verschwunden. Ich überlegte noch, ob ich ihn suchen sollte, aber als ich mir klar machte, dass ich ja doch nicht wusste, wie ich ihm helfen könnte, verzichtete ich darauf – schließlich wartete „die Frau meines Lebens" auf mich.

Inzwischen war natürlich alle Reservezeit, die ich eingeplant hatte, längst aufgebraucht, und als ich unseren Treffpunkt erreicht hatte, war ich etwa 10 Minuten zu spät. Sie wartete noch auf mich – und war sichtlich verärgert. Auch die Schilderung, was mir gerade passiert war, konnte daran nur wenig ändern. Vielleicht war ich auch noch zu sehr beeindruckt von dem Erlebnis, das ich gerade hatte und konnte mich nicht richtig auf sie einstellen. Sicher hatte ich auch ein schlechtes Gewissen: Ich hatte einen hilflosen Menschen einfach zurückgelassen.

Wir gingen in ein schönes Restaurant essen, in dem es nicht zu laut war, und sie erzählte von sich – soweit sie etwas zu erzählen hatte. Sie war Mitte Zwanzig, als Einzelkind in einer behüteten Familie aufgewachsen und wohl ihr Leben lang von ihrer Umgebung verwöhnt worden. Wahrscheinlich fanden auch alle anderen, dass sie bezaubernd aussah. Sie hatte nie ein Unglück, irgendeine Krise oder auch nur eine schwerere Krankheit erlebt. „Ich lag einmal mit Grippe eine Woche im Bett", war das Schlimmste, an das sie sich erinnern konnte.

Mit meiner Frage, ob sie glücklich sei, konnte sie zunächst gar nichts anfangen. Was ich damit meine? Ja, sie sei zufrieden. Kann jemand, der noch nie unglücklich war, wissen, ob er glücklich ist?

Hier hatten zwei völlig verschiedene Leben zueinander gefunden: Ich selbst hatte eine schwere Kindheit mit einem langen Krankenhausaufenthalt hinter mir, war schon einmal verheiratet gewesen und hatte dann meine Familie verloren. Ich wusste, was Glück, aber auch, was Unglück war. Sie war von ihrem Leben bisher völlig von jeglichem größeren Unglück „verschont" geblieben.

Ich war nach dem Erlebnis, das ich kurz zuvor hatte, nicht auf Flirten eingestellt, konnte mich nicht mit Smalltalk zufriedengeben – und ich nahm es ihr übel, dass sie für meine Betroffenheit und die daraus entstandenen Verwirrung kein Verständnis hatte. Aber wie sollte sie? Ihr persönlicher Erfahrungshintergrund gab ihr keine Chance dazu. Wir trennten uns noch vor dem Dessert, ohne die Absicht zu äußern, uns noch einmal zu sehen.

Es kommt bei der Frage, ob man glücklich ist, offensichtlich auf den Bezugsrahmen an. Jemand, dessen schrecklichstes Erlebnis eine Grippe war, die ihn eine Woche ans Bett gefesselt hat, beurteilt eine solche Frage sicher anders als jemand, der gerade eine Krebskrankheit überwunden hat. Vielleicht ist das auch der Grund dafür, dass einige Menschen, die Schreckliches erlebt haben, später behaupten, dass diese Krankheit das Beste war, was ihnen in ihrem Leben passiert sei:

Der Radfahrer Lance Armstrong gehört zu diesen Menschen. Man hat bei ihm Hodenkrebs mit Metastasen in der Lunge und im Gehirn diagnostiziert. Er hat ein grausames Jahr mit Chemotherapie, Bestrahlung und Operationen verbracht. In seinem Buch „It's Not About the Bike" beschreibt er dieses Jahr eindrucksvoll. Er erzählt dort, dass er und einige seiner Leidensgenossen erkannten, dass dies „das Beste gewesen sei, dass ihm in diesem Leben passiert sei"[44]. Seine Ärzte gaben ihm eine Überlebenschance von ca. 50 %. Er ist gesund geworden und hat nach seiner Krebserkrankung siebenmal die Tour de France gewonnen (auch wenn er dabei, wie er später eingestand, gedopt war, ist das für einen vom Krebs geheilten Menschen eine ungeheure Leistung).

Brauchen wir das Gegenteil von Glück nicht allein deshalb, weil wir sonst nicht wüssten, was gute Gefühle eigentlich sind? Können wir nicht vor allem dadurch unsere guten Gefühle so sehr schätzen, weil wir wissen, dass es auch anders sein kann? Wir genießen die Ruhe, wenn wir zu viel Lärm um uns hatten.

Wir können Helligkeit nur durch die Abwesenheit von Dunkel definieren, so wie wir uns am Essen vor allem dann erfreuen, wenn wir Hunger haben, so erfreuen wir uns an unserem Glück vor allem dann, wenn das Unglück neben uns steht.

Vieles liegt aber auch in unseren Einstellungen, mit denen wir unserem Leben begegnen. Aus ihnen ergeben sich die Erwartungen und wenn diese zu hoch sind, dann sind die Enttäuschung und damit die schlechten Gefühle vorprogrammiert. „Das Rezept für Wohlergehen erfordert weder positives noch negatives Denken allein, sondern eine Mischung aus viel Optimismus, um mit Hoffnung versehen zu werden, einem Spritzer aus Pessimismus, um Selbstzufriedenheit zu verhindern, und genügend Realismus, um die Dinge voneinander zu trennen, die wir kontrollieren können und die, bei denen wir es nicht können."[45] Dieses Zitat von David G. Myers, einem 1942 geborenen Professor der Psychologie am Hope College in Michigan (USA) und Autor mehrerer Standardwerke der Psychologie, zeigt uns, dass wir offensichtlich die Gegensätze brauchen, die uns umgeben, auch dann, wenn wir ab und zu darunter leiden.

Wenn wir danach gefragt werden oder uns selbst fragen, ob wir glücklich sind, dann vergleichen wir üblicherweise die im Augenblick erlebte Situation mit anderen Situationen, an die wir uns in unserem Leben erinnern können, aus denen wir einen Bezugsrahmen bilden. Wer schreckliche Erlebnisse überwunden hat, für den ist eine übliche Situation, in der er weder seelischen noch körperlichen Schmerz verspürt, vielleicht schon ein Grund, sich glücklich zu fühlen. Wenn man allerdings bisher kein richtiges Unglück erlebt hat und vom Leben und der Umgebung nur verwöhnt wurde, dann hat man keinen Anlass, eine harmlose, neutrale Situation als „glücklich" zu bezeichnen.[46]

Allerdings vergleichen wir die aktuelle Situation nicht nur mit früheren Erlebnissen. In jüngster Zeit verbringen wir, vor allem jüngere Menschen, immer mehr Zeit in den sozialen Medien, vor allem auf Instagramm, TikTok oder Facebook. Dort sehen wir, wie andere Menschen, vielleicht sogar solche, die wir kennen, an den schönsten Orten der Welt Urlaub machen, wie sie Party feiern, wie sie mit der neuesten (vielleicht durch Bildbearbeitung sehr hübschen) Partnerin oder einem attraktiven Partner flirten. Wenn wir diese Situationen vor Augen haben, dann ist die Wahrscheinlichkeit groß, dass wir unseren ganz normalen Alltag nicht so wahninnig interessant, vielleicht sogar als langweilig empfinden und unglücklich sind.

Eine amerikanische Studie[47] hat das bestätigt. Sie hat ergeben, dass die Internetnutzer sich umso unglücklicher fühlen und unzufriedener mit ihrem Leben sind, je öfter sie auf Facebook oder anderen Plattformen eingeloggt waren. Dabei spielt aber nicht nur die Häufigkeit der Nutzung eine Rolle. Auch die Dauer der Besuche auf diesen Plattformen hat einen Einfluss auf unser Wohlbefinden. Je länger sie nämlich auf die Posts dort anschauen, desto mieser ist die Laune der Betroffenen.[48]

Die Psychologen der Studie glauben, dass dieses Verhalten damit zu begründen ist, dass viele dieser Nutzer häufig falsch einschätzen, was sie glücklich macht. Sie sprechen von einem „affektiven Vorhersagefehler". Sie beachten nicht, dass sie sich automatisch mit den Personen vergleichen, die sich dort in den besten Farben, in den glücklichsten Momenten ihres Lebens darstellen – in denen sie vielleicht gar nicht so glücklich sind, sondern für das Selfie nur so tun – und daher auf diese Personen neidisch sind.

Das Internet ist geeignet, ihre Nutzer unglücklich zu machen, mit all den Folgeerscheinungen, von denen hier zu lesen ist: vor allem auch die eingeschränkte Wahrnehmung und die daraus entstehende Affinität zu Verschwörungstheorien und anderen Lügengeschichten.

Warum gelingt es so vielen Menschen nicht wirklich, glücklich zu sein?

Wenn es, wie Aristoteles behauptet, das Ziel eines jeden Menschen ist, glücklich zu sein, warum gibt es dann so viele Menschen, die offensichtlich unglücklich sind?

Bemühen wir uns um die falschen Ziele?

Wenn wir das Verhalten der Menschen um uns herum beobachten, dann vermisst man häufig die Intention, nach Glück und Zufriedenheit zu streben. Fast alle sind aktiv, oft voller Tatendrang, aber wenn man sie fragt, welche Ziele sie haben, dann hört man Antworten wie

- Geldverdienen,
- Prestige, Anerkennung von seiner Umgebung erlangen (möglichst viele „Freunde" gewinnen),
- mehr Macht und Einfluss erreichen,
- Erfolg, Exzellenz auf dem einen oder anderen Gebiet gewinnen oder
- sich durch verschiedene Tätigkeiten ablenken oder ablenken lassen (seine Gedanken betäuben, Langeweile vermeiden).

Nun kann man argumentieren, dass diese Ziele zu Glücksgefühlen führen. Das ist unter bestimmten, jedoch sehr seltenen Umständen sogar richtig, aber wenn man sich zu sehr oder ausschließlich auf diese Ziele konzentriert, dann führen sie fast immer eher zu negativen Gefühlen, vor allem zu Stress.

Diese These möchte ich an einigen Beispielen verdeutlichen:

Geldverdienen macht glücklich. Sehr viele Menschen können sich noch gut daran erinnern, wie sehr sie sich über den ersten Gehaltsscheck, das erste verdiente Geld gefreut haben und wie stolz sie darauf waren. So eine Erfahrung prägt uns. Wir speichert ab: Geldverdienen macht glücklich.

Aber gilt das auch dann noch, wenn man sich so sehr für seinen Beruf einsetzt, dass man seine Familie nicht mehr oder kaum noch sieht, dass man schon lange bemerkt, wie sehr man mit seiner ungesunden Lebensweise, mangelnden Pausen, Fastfood, Aufputschmitteln und ähnlichem seinem Körper schadet? Hinzu kommt, dass man in vielen Untersuchungen immer wieder festgestellt hat, dass im unteren Einkommensbereich zwar mehr Geld mehr Zufriedenheit, mehr gute Gefühle bedeutet, dass das aber ab einem höheren Einkommen nicht mehr gilt. (Ich komme auf den Zusammenhang zwischen Wohlstand und Glück später ausführlicher zurück.)

Nehmen wir das zweite Beispiel: **Prestige und Anerkennung.** Menschen sind soziale Wesen. Sie sind darauf angewiesen, von der eigenen Gruppe akzeptiert zu werden. Wir brauchen andere Menschen nicht nur, weil wir nicht alleine für uns sorgen können: Ohne Hilfe können wir nicht langfristig für eine Unterkunft, Schutz und Verpflegung sorgen. Wir brauchen andere Menschen zudem für unsere seelische Entwicklung. In der größten Harvard-Langzeitstudie zum Thema Glück und Gesundheit, auf die wir später noch ausführlicher zu sprechen kommen, hat man herausgefunden, dass gute soziale Kontakte der wichtigste Faktor sind, mit dem man Glück, Gesundheit und ein langes Leben vorhersagen kann. Viele von uns haben in unserer Kindheit und Jugend erlebt, wie glücklich uns eine innige Freundschaft macht. Wir sind darauf geprägt, uns darum zu bemühen, in unserer Gruppe möglichst viel Beachtung zu erlangen.

Aber machen uns die „Likes" in den sozialen Medien wirklich langfristig glücklich? Befriedigen uns denn wirklich 100, 1000 oder mehr „Internetfreunde"? Aber auch außerhalb des Internets kommt es wohl mehr auf „echte" Freunde und nicht auf möglichst viele „Bekannte" an.

Vor vielen Jahrzehnten, damals gab es noch kein Internet, war ich auf eine Party eingeladen. Die Gastgeberin begrüßte mich und erwähnte stolz, dass über 100 Gäste gekommen sind und sie alle ihre Freunde seien. Heute, nachdem die wirtschaftliche Entwicklung dieser Familie nicht wie erwartet gelaufen ist, hat diese damalige Gastgeberin fast mit keinem dieser „Freunde" noch Kontakt.

Sozialer Kontakt macht glücklich und zufrieden und ist für eine gute seelische und körperliche Entwicklung wahrscheinlich der wichtigste Faktor, aber es kommt nicht auf die Menge, sondern auf die Qualität der Kontakte an.

Das Gleiche gilt für das Bestreben, **möglichst viel Macht** zu erlangen. Natürlich gibt es jedem ein gutes Gefühl, wenn er erkennt, dass sein Wort Beachtung findet, dass er nach seinen Vorstellungen sein Leben gestalten kann, aber das gilt vor allem, wenn man gemeinsam mit anderen Ziele erreichen möchte. Wenn Macht zum Selbstzweck wird, wenn Widerspruch nicht mehr geduldet wird, weil er die eigene Macht gefährden könnte, dann ist der Preis, den man für den Machtgewinn bezahlen muss, Verlust an Harmonie und Glücksgefühlen. Man vervielfacht dann seine Feinde und damit die Kämpfe, die man täglich austragen muss. Man wird einsam, denn die „Freunde", die ein Mensch mit Einfluss und Macht um sich duldet, sind nur noch Ja-Sager, Opportunisten, die sich Vorteile aus der Beziehung erwarten, aber keine echten Freunde.

Die Beispiele zeigen es und es entspricht meiner Erfahrung: Jedes extreme Bemühen um ein Ziel bringt mehr individuelles Unglück als Glück mit sich.

Deepak Chopra fass es gut zusammen, wenn er sagt:

> „Auch wenn wir nach Geld streben oder nach einer guten Beziehung, oder einem tollen Job – was wir eigentlich suchen, ist das Glücklichsein. Der Fehler, den wir machen, liegt darin, dass wir nicht zuerst nach Glück streben. Wenn wir das tun würden, würde alles andere folgen."[49]

Warum viele Menschen Glücklichsein vermeiden?

Die Vorstellung, was Menschen in Wirklichkeit machten, bestünde darin, ihre wohlverstandenen Eigeninteressen zu verfolgen, ist lächerlich.
Christine Korsgaard[50]

Viele Menschen haben Angst vor dem Glücklichsein

Wir sind bisher davon ausgegangen, dass die meisten Menschen den Wunsch nach Zufriedenheit und Glück haben, auch wenn es ihnen nicht gelingt, dieses Ziel zu erreichen. Ein Grund liegt darin, dass sie das Verhalten, das sie eigentlich glücklich machen sollte, so sehr überreiben, dass es sie wieder unglücklich macht. Ohne Zweifel gibt es aber auch Menschen, die sich gar nicht darum bemühen, glücklich zu sein. Sie sind so fest davon überzeugt, dass Menschen zu ihrem persönlichen Glück nichts beitragen können, dass sie es gar nicht erst versuchen. Sie sind überzeugt, dass Glück „Glückssache" ist, etwas worauf man warten muss, was man nur erhoffen kann.

Aber es gibt noch eine weitere Gruppe von unglücklichen Menschen, solche, deren Verhalten man nur so interpretieren kann, dass sie – wahrscheinlich meist unbewusst – ihr persönliches Glück vermeiden, es vielleicht sogar fürchten. An diese Zielgruppe hat wohl Paul Watzlawick gedacht, als er den Bestseller „Anleitung zum Unglücklichsein"[5] schrieb. In dem Buch zeigt er auf, wie man im Alltag möglichst unglücklich werden kann.

Glücklichsein kann in den Augen vieler „gefährlich" sein. Ich habe vor allem fünf Gründe gefunden, die diese Angst vor dem Glück verständlich machen.

I. **Angst von den Höhen des Glücks abzustürzen**
Wir haben bewusst oder unbewusst oft Angst davor, besonders tief zu fallen, wenn uns das Glück verlässt. Je höher wir auf der Leiter des Glücks klettern, desto schlimmer wird der Absturz in die Verzweiflung, wenn unser Leben nicht mehr unseren Glückserwartungen entspricht.

Es gibt dafür sogar einen Fachbegriff: die Cherophobie. Dieser Begriff bezeichnet die Abneigung, glücklich zu sein oder die Angst davor. Es sind nicht die angenehmen Glücksgefühle an sich, die den Betroffenen Angst einflößen, sondern vielmehr fürchten sie mögliche negative Folgen (Enttäuschung, Traurigkeit, Einsamkeit ...), wenn das Glück nicht anhält.

2. „Ich verdiene kein Glück!"

Einige Menschen haben Probleme damit, sich selbst Freude und Genuss überhaupt zuzugestehen, sie glauben sie seien "es nicht wert" glücklich zu sein. Das kann mit frühkindlichen Erfahrungen zusammenhängen. Wenn die Eltern oder wichtige Bezugspersonen einem Kind immer wieder den Eindruck vermittelt haben, dass es nicht willkommen ist, dass es stört, dass es immer wieder „verschwinden soll", dass es „ein Unfall" war, der zu der Schwangerschaft führte und es besser nicht geboren wäre. Diese Kinder übernehmen dann Glaubenssätze wie diese: „Ich bin nicht so viel wert wie andere" oder: „Am besten geht es mir, wenn ich unsichtbar bin" oder: „Ich darf auf keinen Fall auffallen oder gar Neid erregen". Sie bauen diese Sätze dann in ihr Selbstbild ein.

Kinder haben nicht die Kraft und die Einsicht, sich gegen eine dauernde negative Beurteilung ihrer Person zu wehren. Die Strafen, die sie von ihren Eltern auferlegt bekommen, die meist in Liebesentzug bestehen, führen dazu, dass sich die bestraften Kinder unglücklich fühlen. Nachdem sie aber die Beurteilung der Eltern übernommen haben, halten sie die Strafen und damit das Gefühl, unglücklich zu sein, für gerechtfertigt. Sie sind überzeugt davon, dass sie die Strafe „verdient haben". Es wächst die Überzeugung: „Es ist mein Los, unglücklich zu sein; es ist mein Schicksal; es ist mein Weg durch dieses Leben." Sie gewöhnen sich nicht nur an diesen Gedanken, sie erleben oft auch, dass sie mit diesem Schicksal nicht allein sind. Sie treffen Leidensgenossen, die sie in der negativen Grundstimmung bestätigen und es ihnen somit erleichtern, dieses Schicksal zu ertragen. Ihre

Überzeugung kann man so zusammenfassen: „Ich bin es nicht wert, zu existieren – geschweige denn, glücklich zu sein."

Menschen mit dieser Grundüberzeugung scheuen jede Form von Glück und Zufriedenheit. Diese würden ihnen doch zeigen, dass sie sich grundsätzlich geirrt haben. Wenn man ihnen dann zeigt, dass es Menschen gibt, die eine eher glückliche Grundstimmung haben, dann werden diese häufig abgewertet: Sein Glück hat er nicht mit redlichen Mitteln erworben. Da kann nur eine kriminelle, rücksichtslose Vergangenheit dahinterstehen. Die haben doch sicher ein paar Leichen im Keller.

3. Angst davor, Neid zu erregen

Aus Erfahrung wissen wir, wenn wir glücklich sind, ziehen wir häufig Neid auf uns, denn viele unserer Bekannten und „Freunde" können es nur schwer ertragen, dass wir glücklicher sind als sie, und sie werden (vielleicht unbewusst) uns mit (verdeckter) Ablehnung oder Neid und Hass begegnen.

Neidgefühle können sich bis zu Hass steigern. Wir sollten uns daher hüten, zu viel Neid bei anderen zu wecken. Wobei wir uns nicht täuschen lassen dürfen. Oft werden die negativen Gefühle, die wir durch die Demonstration unseres Glücks auslösen, nicht offen gezeigt. Sie werden gespeichert, um uns später ihren Hass spüren zu lassen. Wenn der Neid als Feind des Glücks erwähnt wird, denken wir unwillkürlich daran, dass andere uns beneiden und dann uns gegenüber missgünstig eingestellt sind. Dieser Neid, der uns entgegengebracht wird, kann unser Wohlbefinden empfindlich stören. Manches Mal können wir aber nicht vermeiden, dass andere mitbekommen, wie gut es uns geht. Dann müssen wir mit dem Neid unserer Nachbarn oder der uns Nahestehenden leben. In solchen Augenblicken kann es helfen, wenn Sie sich deutlich machen: „Neid ist die aufrichtigste Form von Anerkennung"[52], wie sich schon Wilhelm Busch sicher war.

Wir selbst sind aber auch nicht davor gefeit, Neid zu empfinden. Auch wir geraten manchmal in Versuchung, dass wir uns mit Menschen vergleichen, die mehr haben oder die Ziele erreicht haben, die wir für unerreichbar halten. Der Fehler liegt darin, dass wir uns „nach oben" vergleichen. Dagegen hilft nur, einen solchen Vergleich zu vermeiden und sich – wenn wir uns überhaupt vergleichen müssen, um unsere Position in der Gesellschaft zu bestimmen – nach unten zu vergleichen. Es gibt immer Menschen, denen es (von außen betrachtet) besser geht als uns, aber es gibt sicher auch immer Menschen, denen es schlechter geht. Montesquieu drückte das so aus: „Wenn man nur glücklich sein wollte, wäre es bald getan: aber man will ja glücklicher als die anderen sein, und das ist fast immer schwierig, weil wir die anderen für glücklicher halten, als sie wirklich sind."[53]

4. Angst davor, Außenseiter zu werden

Wenn wir in einer Gruppe von Menschen unser Glück zeigen, die mit ihrem Leben nicht besonders zufrieden sind und mit ihrem Schicksal hadern, dann besteht die große Gefahr, dass wir in dieser Gruppe zum Außenseiter werden. Jeder hat in seiner Kindheit schon einmal das Phänomen des Außenseiters erlebt. Entweder weil er selbst – vielleicht im Kindergarten oder in der Schulzeit – diese Rolle zugeteilt bekommen hat, oder weil er beobachten konnte, wie Klassenkammeraden diese Rolle innehatten. Nach meinen Beobachtungen sucht sich jede Gruppe, die eine Zeit lang unter Stress steht, einen Außenseiter, der als „Blitzableiter", als Sündenbock fungiert, an dem man seine Frustrationen abreagieren kann. Der Betroffen kann sich dagegen in der Regel nicht erfolgreich wehren.

Eine solche Außenseiterrolle ist für den Betroffenen sehr schmerzhaft, manchmal sogar gefährlich. Wir tun daher alles, um zu vermeiden, dass uns ein solches Schicksal ereilt. Dazu gehört auch, dass wir uns den Normen der Gruppe anpassen – manchmal sogar gegen unsere eigene, innere Überzeugung. Wenn in der Gruppe die Überzeugung herrscht, benachteiligt und unterprivilegiert zu sein, dann werden wir uns hüten, zu behaupten, dass wir glücklich und zufrieden sind. Wir würden sofort zum Außenseiter oder sogar aus der Gruppe ausgestoßen.

5. Die Angst vor einem „Kratzer" im Selbstbild

„Glücklichsein können auf dieser schrecklichen Welt nur extreme Egoisten", das ist einer der Glaubenssätze, die in vielen Familien weit verbreitet sind. Schon als Kind haben wir oft Wertvorstellungen übernommen, die ein Glücklichsein nicht erlauben, denn „das Leben ist eben kein Paradies". Dabei kann auch ein strenger Glaube eine Rolle spielen: „Wie können wir glücklich sein, wenn wir aus dem Paradies vertrieben wurden, wenn Jesus Christus so sehr gelitten hat, indem er für uns am Kreuz gestorben ist." Wenn wir selbst glücklich sind, so kann das nur daran liegen, dass wir besonders egoistisch sind, zu sehr auf uns selbst und entsprechend zu wenig auf die Menschen um uns herum achten, den Verlockungen des Teufels erlegen sind. „Nur Egoisten streben ungehemmt nach ihrem persönlichen Wohlbefinden", lautet der übernommene Glaubenssatz und das Attribut „Egoist" lässt sich mit dem Bild, das wir von uns haben oder haben wollen, nicht vereinen.

Glücklichsein kann also Angst auslösen. Um glücklich und zufrieden zu sein, müssen wir manchmal auch mutig sein, uns vielleicht sogar der Meinung der Gruppe, in der wir leben, widersetzen. Wir müssen ein positives und einigermaßen gefestigtes Selbstbild haben und unser Selbstbild darf nicht zu sehr von der Realität abweichen. Selbstwunschbild und das Selbstbild, das wir von anderen vermittelt bekommen, also das Bild, das unsere Umgebung von uns hat, sollten einigermaßen übereinstimmen.

Aber vielleicht müssen wir auch wieder so „unschuldig" werden, wie wir es als Kind waren. Arnaud Desjardins[54] hat darauf hingewiesen, dass wir als Erwachsene viele Fähigkeiten des Kindes verloren haben, darunter auch ihre Unschuld und die Fähigkeit, reine Freude zu genießen. Wir machen alles kompliziert und haben daher auch Angst davor, glücklich zu sein:

> „Ein Erwachsener ist jemand, der die Anmut, die Frische, die Unschuld des Kindes verloren hat, der nicht mehr in der Lage ist, reine Freude zu empfinden, der alles kompliziert macht, der überall Leid verbreitet, der Angst hat, glücklich zu sein, und der, weil es leichter zu ertragen ist, wieder eingeschlafen ist. Der Weise ist ein glückliches Kind."

In welchem Verhalten zeigt sich die Angst vor dem Glücklichsein?

Wir haben soeben eine Reihe von Gründen aufgezählt, die den Verdacht nahelegen, dass viele Menschen gar nicht glücklich sein wollen. Das zeigt sich natürlich auch in ihrem Verhalten. Wir wollen hier einige, weit verbreitete Verhaltensweisen aufzählen, die dabei helfen, „das Glück, das wir so sehr fürchten", zu vermeiden.

Wenn Sie zu den (wenigen?) Menschen gehören, die sich nicht davor fürchten, glücklich zu sein, dann können sie die folgende Aufzählung auch als Warnung verstehen. Wenn man glücklich und zufrieden werden will, dann sollte man die folgenden Verhaltensweisen vermeiden, denn unser Verhalten ist Ausdruck unserer Gefühle, aber unser Verhalten beeinflusst auch unseren Gefühlszustand.[55] Beispiele:

1. Viele Menschen geben sich erkennbar Mühe, sich gegenüber den Kollegen möglichst optimal darzustellen und sie dabei oft sogar zu täuschen. Sie versuchen, bei anderen Menschen in einem besonders guten Licht zu erscheinen, besondere Statussymbole oder hohes Prestige zu besitzen und damit Neid zu wecken, wobei sie dadurch nur Missgunst und im negativsten Fall sogar Aggressionen auslösen – zumal sie sich oft gegenüber anderen Kollegen besonders gut darstellen, die sie gar nicht mögen.

2. In den meisten Kulturen glauben die Menschen daran, dass es ein höheres Wesen (einen Gott) gibt, der mit schrecklichen Strafen „unmoralisches" Verhalten ahndet. Dadurch wird „unsoziales Verhalten" sanktioniert und soziales Verhalten belohnt, wenn auch nur in den Vorstellungen der Menschen, die daran glauben. Insofern sind diese Vorstellungen sehr nützlich. Oft werden aber auch Verhaltensweisen abgelehnt und „verteufelt", die völlig harmlos sind. In religiös orientierten Gesellschaften sind solche Regeln oft auch zu Gesetzen gemacht worden (ein Beispiel stellen die Verhaltensregeln der orthodoxen Juden dar), deren Missachtung oft Strafen nach sich ziehen. Das Befolgen dieser Regeln – unabhängig davon, ob man auch deren Werte teilt – macht sicher nicht glücklicher.

3. Die Bestrebung, bei anderen und damit letztlich auch bei sich selbst negative Gefühle wie Aggression, Furcht, Traurigkeit usw. auszulösen, lässt sich gut auch in dem unmittelbaren Miteinander z. B. im Straßenverkehr oder auch schon auf dem Spielplatz beobachten. Man hat den Eindruck, dass jeder ohne Rücksicht auf

die Interessen und Bedürfnisse des anderen seinen Vorteil sucht: Im Straßenverkehr behindert man den anderen Verkehrsteilnehmer mehr als nötig (z.B. indem nach sich bei einem Stau auf eine Kreuzung stellt, ohne diese verlassen zu können), gefährdet ihn manchmal sogar.

Auf einem Kinderspielplatz kann man die Entstehung dieses rücksichtslosen Verhaltens gut beobachten. Bereits die Eltern halten ihre Kinder oft dazu an, sich auf keinen Fall von dem Nachbarkind übervorteilen zu lassen, wenn es darum geht, wer ein bestimmtes Spielzeug zuerst benutzen darf. („Du musst lernen, dich durchzusetzen"). Sie werden vor allem dazu angehalten, darauf zu achten, dass die eigenen mitgebrachten Spielsachen von keinen anderen benützt werden.[56]

4. Auch die Informationen, mit denen sich die Menschen Tag für Tag, Stunde für Stunde über Zeitungen, Zeitschriften, Radio und Fernsehen berieseln, sind vor allem dazu geeignet, negative Gefühle von Sorge, Angst, Neid u.a. auszulösen. Es ist nicht zu übersehen, dass vor allem negative Nachrichten weitergegeben werden. Die Menschen scheinen Angst machende, Trauer auslösende oder Aggression fördernde Nachrichten gegenüber positiven Nachrichten zu bevorzugen. Wir Menschen sind gierig nach Sensationen, wobei wir an den berichteten Fakten meist nichts ändern können, häufig davon auch nicht betroffen sind.[57]

5. Als Konsequenz aus der Überfütterung mit negativen Nachrichten gewinnen wir die Überzeugung, dass „die Anderen", die uns umgeben, auf keinen Fall liebevoll, rücksichtsvoll und freundlich sind. Wir kommen zu dem Schluss, dass „die Menschheit" im Gegenteil nur auf ihren eigenen Vorteil bedacht, rücksichtslos, egoistisch, häufig sogar aggressiv ist. Mit dieser negativen Brille vor Augen finden wir überall, wo Menschen miteinander zu tun haben, Hin-

weise oder gar „Beweise" für diese Erwartungen. Wir sind dann blind für die vielen Situationen, in denen sich das Gute im Menschen zeigt.

Hinzu kommt, dass dadurch auch die Schwelle für eigenes egoistisches Verhalten herabgesetzt ist: „Wenn ‚die Anderen' so sind, dann sollte ich auch selbstbezogen sein, sonst gerate ich ins Hintertreffen."

6. Wenn Menschen in Gruppen zusammen sind, kann man immer wieder beobachten, wie sie sich darüber beklagen, dass wir alle doch in besonders schlechten Zeiten leben, dass früher alles viel besser war und dass sie damit rechnen müssen, dass es noch schlechter kommt. Am Ende einer solchen Diskussion sind alle Beteiligten sicher nicht glücklicher als vorher.

7. Viele Menschen reden sich und den Menschen in ihrer Umgebung immer wieder ein, dass sie ungeschickt, nicht klug genug, nicht gut genug, nicht liebenswert sind. Vor allem bestätigen wir uns gegenseitig, dass wir gegenüber den schrecklichen Umständen dieser Welt ohnmächtig sind. Dabei geben wir den Menschen um uns herum, die uns kritisieren und uns klein machen, um sich selbst zu erhöhen, zu viel Gewicht.

8. Viele Menschen haben immer wieder einmal Ideen, die sie gerne verwirklichen möchten. Sie wollen gerne ihre flüchtigen Ideen zu etwas Realem, dauerhaften machen. (Ich spreche hier von der Gestaltergrundhaltung und komme bei den „Wegen zum Glück" darauf zurück.) Damit gehen wir aber ein Risiko ein. Wir müssen damit rechnen, dass wir für das Besondere, das wir darstellen wollen und könnten, nicht anerkannt werden. Es kann passieren, dass wir und unsere Ideen unbeachtet bleiben, vielleicht sogar verlacht werden. Wir riskieren dadurch, aus der Gemeinschaft herauszufallen, die wir mit so viel Aufwand um uns herum erschaffen haben.

Wir beschließen daher oft, diese Ideen fallen zu lassen. Wir verleugnen unsere Einzigartigkeit. So gesehen, vermeiden wir eine positive Entwicklung unserer Person. Wir ordnen uns den Erwartungen der Umgebung unter. Diese Haltung ist für Kinder bis zu einem gewissen Grad angemessen, sie ist aber problematisch, wenn wir sie als Erwachsene beibehalten.

Vielen von uns hat niemand gezeigt, wie wir unsere Einzigartigkeit ausleben, wie wir wirklich zum Gestalter unseres Lebens werden können. Damit wurde uns eine wichtige Quelle für Glück und Zufriedenheit unzugänglich gemacht. „Erziehung ist bis heute weitgehend eine Anleitung zum Unglücklichsein, auch wenn Eltern das Beste für ihr Kind wollen.“[58] Dabei muss man sich bewusst machen, dass es nicht nur Eltern sind, die uns entsprechend beeinflussen, sondern auch Lehrer, Professoren, Meister, verschiedene Vorbilder und manchmal auch Politiker. „Niemand holt uns aus dem selbst erbauen Gefängnis, dem Käfig der Normalität, der Anpassung, der Selbstverurteilung heraus, außer wir selbst.“[59]

Wenn wir all die aufgezählten Verhaltensweisen, diese Fallstricke vermeiden wollen, die uns unglücklich machen, dann müssen wir es wagen, unseren eigenen positiven Weg zu gehen. Wir dürfen uns nicht gegenüber unseren Kollegen und Bekannten besonders gut darstellen, müssen eher bescheiden auftreten; wir müssen uns von irrationalen Bedrohungen gegenüber natürlichem, aber sanktioniertem Verhalten, mit dem wir niemandem schaden, frei machen. Wir sollten eine positive Meinung von den Menschen haben, die uns umgeben, solange sie uns nicht das Gegenteil beweisen. Es ist besser, den negativen Nachrichten weitgehend aus dem Weg zu gehen und uns nicht am Jammern über die „schlechten Zeiten“ zu beteiligen. Lassen Sie es nicht zu, dass Ihr persönlicher Wert herabgesetzt wird, und halten Sie an der Überzeugung fest, dass Sie gut sind, so wie Sie sind. Tragen Sie diese Überzeugung aber nicht vor sich her. Und schließlich sollte Sie niemand daran hindern können, Ihre Ideen in die Realität umzusetzen. Sie tun das nicht, weil Sie Anerkennung erwarten, sondern weil Sie (sich selbst gegenüber) etwas stolz sind, gegen Widerstände die Welt durch die Umsetzung Ihrer Ideen „ein wenig reicher gemacht zu haben".

Weitere Hindernisse auf dem Weg glücklich zu sein

Die bisher behandelten Hindernisse auf dem Weg glücklich und zufrieden zu sein, sind den Betroffenen in der Regel nicht bewusst. Sie sind überzeugt, nicht glücklicher sein zu können oder zu wollen. Es gibt aber noch andere Hemmnisse auf dem Weg zum Glück, die eher im Fokus der Aufmerksamkeit stehen:

Sorgen, Angst, Unsicherheit, Trauer

> *Es gibt nur einen Weg zum Glück und der liegt darin*
> *aufzuhören sich Sorgen zu machen über Dinge,*
> *die außerhalb der Macht unseres Willens liegen.*
> Epiktet[60]

Es gibt eine Reihe von psychologischen Hürden beim Bemühen um Glück und Zufriedenheit, denen wir nur schwer aus dem Weg gehen können. Auch dieses Kapitel beginne ich mit einer selbst erlebten Geschichte:

Mein Enkel in Bhutan überwindet sein Traurig-Sein

Die Familie meiner Tochter Irja lebt seit über zehn Jahren die meiste Zeit des Jahres in Bhutan. Bei meinem letzten Besuch hat mich mein fünfjähriger Enkelsohn Julian total verblüfft. Er kam zu mir gerannt:

„Opa, kennst du den Film ‚Bambi'?"

„Ja, natürlich. Ich kann mich gut an einen der ersten Zeichentrick-Filme von Disney erinnern, an die schrecklichen Erlebnissen des kleinen Rehs."

„Ich habe den Film gestern angesehen. Er hat mich sooo traurig gemacht. Ich musste weinen – und auch nachdem der Film schon lange vorbei war, war ich immer noch traurig."

„Das kann ich gut verstehen. Das braucht eine Zeit, bis man mit so einem traurigen Erlebnis fertig wird."

„Aber Opa, dann habe ich etwas entdeckt: Wenn man böse wird, kann man die Trauer viel besser ertragen, sie ist dann wie weggeblasen!"

Bhutan, das kleine Königreich im Himalaya zwischen Indien und China, ist buddhistisch geprägt und bei meinen vielen Besuchen dort erlebe ich immer wieder Episoden, die mich überraschen. Die Kinder meiner Tochter haben die Einstellungen der Bhutaner weitgehend übernommen und ich habe von ihnen schon einiges gelernt, aber was ich heute erfahren hatte, hat mich doch verblüfft.

Mein Enkel hatte gerade entdeckt, dass traurig zu sein – man kann sicher Angst, Sorgen und Unsicherheit hinzunehmen – leichter zu ertragen ist, wenn man „böse" wird, wenn man auf Aggression schaltet. Ich habe Psychologie studiert und mich auf den Umgang mit Gefühlen spezialisiert. Aber den Zusammenhang zwischen Depression und Aggression (und nichts anderes hat mir mein Enkelsohn gerade an einem Beispiel deutlich gemacht), habe ich, meiner Erinnerung nach, erst am Ende meines Studiums gelernt! Mein Enkel Julian hatte diese Erkenntnis mit fünf Jahren!

Mir hilft diese Episode, heute Ereignisse zu erklären, von denen ich in der Zeitung lese: dass Menschen unvermittelt Politiker attackieren, dass sie bei Demonstrationen gewalttätig werden, oder mal eben einen Obdachlosen zusammenschlagen, aber auch in den USA ein Mann mit einer Präzisionswaffe aus einem Hotel wahllos Kinder auf einem Schulhof erschießt. Leider kann man diese Beispiele beliebig fortführen. Hier werden Menschen zu Opfern von Aggressionen, die sich ihrerseits nichts zuschulden kommen ließen. Sie wurden ungerechtfertigt angegriffen – vielleicht nur, um dem Angreifer Erleichterung zu verschaffen, weil er anders mit seiner Trauer, Unsicherheit, Sorgen oder Ängsten nicht fertig wird.

Welche Konsequenzen muss man daraus ziehen? Sicher hilft es nicht, die Strafen für solche Taten zu erhöhen. Eher sollte man versuchen, die Unsicherheit und die Ängste der Akteure zu reduzieren.

Aber man kann aus dieser „Erkenntnis meines Enkels" auch noch einen anderen Schluss ziehen: Jedes Mal, wenn jemand aus meiner Umgebung mich wenig rücksichtsvoll, ungerechtfertigt korrigierend, verletzend, beleidigend, oder gar unverschämt behandelt, frage ich mich, ob er nicht vielleicht sehr traurig ist und auf diese Weise seine Gefühle bekämpft.

Ich möchte hier nicht behaupten, dass ein Gefühl der Traurigkeit (oder Unsicherheit oder Angst) in jedem Fall die Ursache für die aggressiven Anwandlungen meines Gegenübers ist, aber allein meine Gedanken, dass das der Fall sein könnte – und das steht für mich außer Frage – verändert die Situation für mich grundlegend. Ich gerate nicht mehr in eine Verteidigungshaltung, mit der ich mich vor der Herabsetzung meines Gegenübers schützen könnte, aber ich widerstehe auch der Versuchung, meinerseits aggressiv zu reagieren. Ich mache mir mitfühlende Gedanken gegenüber meinem „Angreifer" und damit ist der Teufelskreis von Angriff und Gegenangriff unterbrochen. Ich ersetze meinen Aggressions-Modus durch einen Empathie-Modus.

Ärger, Wut, Hass und Aggression

> *Willst Du glücklich leben, hasse niemanden*
> *und überlasse die Zukunft Gott.*
> Goethe[61]

> *Wir sind unser eigener Teufel und machen diese Welt zu unserer Hölle*
> Oskar Wilde[62]

Ohne Zweifel behindern aggressive Gefühle wie Ärger, Wut und Hass unser Glücksempfinden. „Von allen mentalen Giften ist Hass das gefährlichste", sagt Ricard Matthieu, französischer Wissenschaftler, der nach der Begegnung mit einem buddhistischen Rimpoche zu einem Mönch geworden war. „Den Hass aus unserem Gedankenstrom zu entfernen ist daher der entscheidende Schritt auf der Reise zum Glücklichsein."[63]

Auch dieses Thema möchte ich mit einer kleinen, selbst erlebten Geschichte beginnen:

Frustration bringt Aggression?

Vor Jahrzehnten habe ich eine Studienreise durch die USA unternommen. Ich begleitete meinen Onkel, einen Psychologen, der das Image der Deutschen in Amerika untersuchte. Eine Kollegin hatte meinen Onkel und mich vom Flughafen abgeholt und wir waren in Los Angeles auf einer der breiten Highways unterwegs. Die beiden Psychologen unterhielten sich angeregt auf den vorderen Plätzen, während ich hinten saß.

Es musste wohl so kommen. Die Fahrerin war vermutlich durch das Gespräch abgelenkt, erkannte zu spät, dass die Ampel auf Rot gesprungen war und der vor ihr fahrende Wagen bremste. Sie fuhr mit einem großen Krach auf ihn auf. Zum Glück ist den Insassen beider Autos nichts Ernsthaftes passiert, aber der Blechschaden war doch erheblich.

Wir stiegen aus und der Fahrer des beschädigten Autos vor uns war richtig wütend. Er schimpfte und schrie. Ihm war bewusst, dass die Schuld bei der Kollegin meines Onkels lag. Allerdings war er wohl so erzogen worden, dass man gegenüber Frauen seinen Ärger nicht ungebremst herauslassen darf. Daher wandte er sich immer mehr meinem Onkel zu, der nicht wusste, wie ihm geschah. Auf einmal bekam er von dem geschädigten Fahrer unvermittelt Ohrfeigen, obwohl er sich noch nicht einmal in die Diskussion eingemischt hatte. Sein Gegner war sehr stark und mein Onkel wusste sich kaum zu wehren. Ich fragte mich gerade, ob ich ihm nicht zu Hilfe kommen sollte, da kam zum Glück die gerufene Polizei und der Angreifer verzichtete auf weitere Attacken. Mein Onkel kam buchstäblich mit einem blauen Auge davon. Er war völlig verblüfft, denn immerhin hatte er keinerlei Schuld. Sein Angreifer brauchte einen Gegner, um sich abzureagieren, und nachdem der Verursacher des Schadens, die Frau als Aggressionsobjekt nicht in Frage kam, wurde er angegriffen – es hätte wohl auch mich treffen können.

Während meines Studiums wurde viel darüber diskutiert, was an der Regel: „Frustration bringt Aggression" dran sei. Man weiß heute, dass nicht jede Frustration zu Aggressionen führt. Hier hatte ich jedoch ein Beispiel erlebt und es wurde mir gleichzeitig sehr eindrucksvoll demonstriert, dass das Objekt der Aggression nichts mit der Ursache der Frustration zu tun haben muss. Der Aggressor war extrem unglücklich, fühlte sich hilflos und wusste sich nicht anders zu helfen, als einen Unschuldigen, einen eigentlich Unbeteiligten anzugreifen, um seine Wut und Verzweiflung loszuwerden.

Es hilft mir selbst immer wieder, mir bewusst zu machen, dass die weit überwiegende Zahl von „Angriffen" auf meine Person nicht unbedingt mir gelten – zumindest nicht dem „schwachen Teil" in mir, der doch um jeden Preis verteidigt werden muss. Hierbei denke ich natürlich nicht an „tätliche Angriffe". Viel häufiger sind in unserer Gesellschaft verbale Angriffe, die das Ziel haben, mich als Person herabzusetzen, mich psychisch zu verletzen. Das gelingt meinem Widersacher natürlich vor allem dann, wenn er meinen „schwachen Punkt" erkannt hat und das ausnützt, oder auch nur zufällig errät. Das ist ein wichtiger Aspekt: Wenn wir ehrlich sind, dann „trifft" uns ein Angriff vor allem, wenn der Angriff auf unsere „schwache Stelle" zielt. Kein Angriff trifft uns so sehr, wie der, der einer Schwäche unseres Charakters gilt, von der wir glaubten, dass wir sie überwunden haben.

Letztlich können wir nicht (oder kaum) verzeihen, wenn der Angriff unserem Selbstbild gilt, und dieses nicht gefestigt genug ist. Wie auch Richard David Precht sagt, ist „das gestörte Selbstwertgefühl eine schlimmere Bedrohung für die Menschheit als jede egoistische Absicht. Denn die Mutter aller Aggressionen ist nicht das Streben nach dem Bösen und auch nicht das rücksichtslose Durchsetzen von Interessen – es ist die Angst, um unser Leib und Leben und die gefühlte Bedrohung unseres Selbstwertgefühls."[64]

Für irrationale, in manipulativer Absicht ausgelöste Angstgefühle sind unglückliche Menschen deutlich anfälliger, da sie sich ihrer Selbst nicht so sicher sind und ihr Selbstbild eher gefährdet sehen. Daher ist das „Angstmachen" häufig geübte Praxis von Politikern: „Es wird euch noch deutlich schlechter gehen, wenn wir den Feind nicht besiegen, wenn wir uns dem Feind ausliefern, wenn es uns nicht gelingt, ihn zumindest in Grenzen zu halten", ist die direkte oder indirekte Botschaft aller, die ihre Gefolgsleute zu feindseligen Handlungen gegen Völker oder Gruppen aufhetzen wollen. Hinzu kommt dann oft noch die „Psychologie der Massen"[65]. Gustav Le Bon hat schon 1895 beschrieben, dass der Einzelne in der Masse seine Kritikfähigkeit verliert und sich vom Unbewussten gesteuert, affektiv verhält. Nur wenn es uns gut geht, wenn wir glücklich und zufrieden und unserer Selbst sicher sind, können und werden wir solche Beeinflussungsversuche als manipulativ entlarven und ihnen eher kritisch gegenüberstehen.

Menschen, die mit einem schwachen Selbstbild ausgestattet sind, setzten oft nicht anwesende Personen herab, kritisieren sie oder machen sich über sie lustig. Damit werten sie sich selbst auf. Sie fühlen sich im Moment besser, vor allem wenn sie „Kollegen" finden, die sie bestätigen. Ihre entlastenden Gedanken lauten: Die anderen sind ja auch nicht besser, eher schlechter (dümmer, egoistischer, machthungriger, bestechlicher usw.), also brauche ich mir keine Vorwürfe zu machen. Dauerhaft jedoch behindern sie damit ihr Bestreben, glücklich und zufrieden zu sein und ein erfülltes Leben zu führen.

Ich komme auf das Erlebnis auf dem Highway in den USA zurück. Auch bei diesem Beispiel habe ich die Erfahrung gemacht, dass eine solche Frage nach dem eigentlichen, dem wahren Auslöser der Aggression, meine Gefühle wesentlich reduziert oder neutralisiert. Ich oder genauer: mein Selbstbild können oft gar nicht gemeint sein, weil der Angreifer mich gar nicht genug kennt. Wenn mir das bewusst wird, habe ich auf einmal Verständnis für seine Aggression. Wenn ich ehrlich bin, so ist mir sogar so etwas Ähnliches auch schon passiert: auch ich habe meinen Ärger an jemandem ausgelassen, der eigentlich gar nicht für meine Frustration verantwortlich war.

Auch Rachegefühle machen unglücklich

> *Der unbewusste Zwang, verdrängte Verletzungen zu rächen,*
> *ist stärker als jede Vernunft.*
> Alice Miller[66]

„Rache ist süß!" ist der Titel[67] einer britischen Mystery-Serie von Holly Phillips und nicht nur diese Serie beruht auf der Erkenntnis, dass eine erfolgreiche Rache dem Rächer, aber auch dem Zuschauer eines Films, der sich mit dem Rächer identifiziert, gute Gefühle vermittelt. Viele Westernfilme, allen voran die „Django"-Folgen, beruhen auf diesem Prinzip. Aber diese Hassgefühle bringen uns langfristig gesehen keine guten, sondern nur schlechte Gefühle. Carrie Fisher, als Prinzessin Leia in den Star-War-Filmen bekannt geworden, hat das einmal sehr deutlich ausgedrückt, indem sie sagte: „Jemand zu hassen ist so, als trinke man Gift und warte darauf, dass der andere stirbt."[68]

Wenn man aber seinen Verstand und seine Vernunft einschaltet und ein wenig über die Folgen von Rache nachdenkt, dann kommt man schnell zu dem Schluss, dass längerfristig betrachtet, Rache keine Lösung von Konflikten darstellen kann. Jede Rache löst wieder Gegenaggressionen aus und was diese Folge von Rache und Gegenrache langfristig bewirkt, kann man seit vielen Jahren fast tagtäglich in der Presse lesen oder im Fernsehen betrachten, wenn über den Nahen Osten, über Israel und Palästina berichtet wird. Die Folge ist für sehr viele Menschen Leid, Not, Schmerz oder der Tod, also alles andere als „gute Gefühle".

Wenn es unser Ziel ist, dem Glück eine bessere Chance auf diesem Planeten zu geben, dann müssen wir nach Wegen suchen, Aggressionen in jeder Form, und dazu gehört vor allem auch die Rache, einzudämmen. Hier wird die These vertreten, dass das nur gelingen kann, indem wir die Menschen glücklicher machen, und das schließt auch ein, dass wir ihr

Misstrauen, ihre Vorurteile, ihre Angst vor dem „Anderen" und vor der Zukunft reduzieren, wenn möglich beseitigen.

Mangelnde Gesundheit

Die Gesundheit ist – allgemeiner Überzeugung nach – die wichtigste Voraussetzung für Glück und Zufriedenheit. Wir wünschen uns gegenseitig z. B. zu Neujahr nichts öfter als Gesundheit. Sie gehört zu den wichtigsten „äußeren Gütern", viel wichtiger als Wohlstand oder Macht. Nach Schopenhauer ist „wahrscheinlich ein gesunder Bettler glücklicher als ein kranker König".[69]

Mangelnde Gesundheit gehört also zu den Faktoren, die unser Glücksgefühl und unsere Zufriedenheit wesentlich beeinträchtigen können – allerdings gehört die Gesundheit für die meisten Menschen nicht zu den Glücksfaktoren. Sie ist zu selbstverständlich, es sei denn, dass wir mit unserem Bewusstsein etwas nachhelfen, indem wir uns bewusst freuen und unserem Schicksal dankbar sind, gesund zu sein.[70]

Mangelnde Gesundheit muss nicht immer zu den Hemmnissen gehören, die Glücksgefühle unmöglich machen. Ich erinnere noch einmal an den schon eingangs erwähnten Stephen Hawking, den Astrophysiker, der durch die ALS-Krankheit die Fähigkeit verloren hat, irgendeinen Muskel in seinem Körper zu bewegen und der trotzdem behauptete, glücklich zu sein. Er gehört zu den Menschen, die bewiesen haben, welche psychischen Kräfte im Menschen stecken können und dass selbst eine extreme Behinderung kein Grund dafür ist, dass das Leben nicht gelingen kann.[71] „Bis heute kann niemand erklären, warum Stephen, der, an einen Rollstuhl gefesselt, nur noch zwei Finger bewegen kann (Anm.: was ihm später auch nicht mehr möglich war), überhaupt noch lebt."[72]

Ich habe eingangs von meiner Krankheit erzählt, die mich monatelang an ein Bett im Krankenhaus gefesselt hat. Damals war die Langeweile mein Hauptproblem. Heute haben die Möglichkeiten der Zerstreuung so sehr zugenommen, dass niemand mehr Langeweile erleben muss. Man denke nur an die vielen „Spiele", die man auf seinem Handy aufrufen kann, oder an die überall erhältlichen Zeitungen, Magazine und Bücher.

Negative innere Orientierung

Glück besteht in der Kunst,
sich nicht zu ärgern, dass der Rosenstrauch Dornen trägt,
sondern sich zu freuen, dass der Dornenstrauch Rosen trägt.
Arabisches Sprichwort

Das Leben ist der beste Lehrmeister, wenn man nur bereit ist, die Lehren, die in den Lektionen verborgen sind, die uns das Leben schenkt oder manchmal auch zumutet, richtig zu deuten. Eine sehr wichtige Erfahrung hat mir mein Leben schon vor sehr vielen Jahren geschenkt, ich brauchte allerdings sehr lang, bis ich verstanden habe, was sie für mich (und für andere?) bedeutet:

Ich kann den Film nicht mehr genießen!

Während meiner beruflichen Tätigkeit als Entwickler von Trainingsmaßnahmen für große Firmen hat meine Firma auch Schulungsfilme gedreht. Es war meine Aufgabe, die fertigen Filme einer letzten Kontrolle zu unterziehen, bevor die Vertreter des Auftraggebers sie zu sehen bekamen. Ich musste darauf achten, dass die Aussagen in sich logisch waren, dass sich nicht im Hintergrund versehentlich störende Bilder eingeschlichen haben (z. B. das Logo eines Konkurrenz-Unternehmens des Auftraggebers), dass die Anschlüsse bei den Schnitten „stimmten" oder dass z. B. der Schauspieler, wenn er aus dem Haus ging, auf der Straße die gleichen Kleider trug, wie kurz vorher, als er in der Wohnung aufgebrochen war. (Da die Szenen oft an verschiedenen Tagen gedreht und anschließend zusammengeschnitten werden, ist das nicht selbstverständlich.)

Wenn ich mehrere Stunden am Tag unsere Schulungsfilme auf Fehler überprüft habe und am Abend mit meiner Frau ins Kino ging, konnte ich den Spielfilm nicht genießen. Ich konnte meine Wahrnehmung nicht so schnell umstellen, ich hatte immer noch das Fehlersuchprogramm im Kopf eingeschaltet. Ich suchte automatisch auch bei dem Kinofilm, der doch meiner Unterhaltung dienen sollte, nach Fehlern – und fand erstaunlich viele. Das lenkte mich jedoch vom Inhalt ab und ich konnte mich nicht mehr auf den Film konzentrieren und ihn natürlich auch nicht genießen.[73]

Mit welcher Einstellung gehen Sie durchs Leben? Gehören Sie auch zu den Menschen, die alle Schreibfehler auf einer Speisekarte oder in der Zeitung sofort finden und für die Hotelkritiker der beste Beruf wäre, weil sie alle Schwächen eines Gasthauses oder Luxushotels entdecken? Aus der obigen Geschichte habe ich etwas Wichtiges gelernt: Haben wir nicht auch im täglichen Leben häufig ein „Fehlersuchprogramm" eingeschaltet?

Wenn man diesen Begriff etwas weiter fasst, dann kann man das durchaus so sehen. Wie oft fällt uns auf, was alles um uns herum nicht so ist, wie es sein sollte: Die Bedienung im Restaurant ist nicht so freundlich, wie wir das eigentlich doch erwarten könnten; im Geschäft wurden wir nicht schnell genug bedient, haben sogar die Verkäuferin dabei „erwischt", wie sie mit einer Kollegin ein – sicher privates – Gespräch führte; im Straßenverkehr sehen wir immer wieder Verkehrsteilnehmer, die sich nicht nach den Verkehrsregeln richten oder uns behindern; die

Regierung macht Fehler über Fehler; unsere Kollegen passen nicht genügend auf und so weiter. Wir werden ja auch durch die Medien fast tägliche darauf aufmerksam gemacht, was alles in unserem Land schiefläuft, wo Ungerechtigkeiten oder Missstände zu beobachten sind, welche Produkte mangelhaft sind, mit anderen Worten: Wo Fehler zu finden sind. Man könnte sagen, wir werden von den Medien täglich dazu aufgefordert, das Fehlersuchprogramm eingeschaltet zu lassen.

Es gibt sogar einen weitverbreiteten und sehr beliebten Zeitvertreib, der darin besteht, dass man sich mit Freunden über bekannte und weniger bekannte Persönlichkeiten austauscht und sich darüber ereifert, was diese alles falsch machen, oder welche Schwächen sie haben. In Bayern spricht man vom „Leit ausrichten": „Also das kann ich nicht verstehen, ...! Wie konnte Herr ... nur so reagieren ...?!"

Aber was ist denn gegen das Fehlersuchprogramm einzuwenden? Müssen wir nicht auf Ungereimtheiten achten, damit wir nicht benachteiligt werden? Zeigt sich nicht in unserer kritischen Haltung, dass wir „Lebensart besitzen", dass wir zu einer Schicht gehört, die Ansprüche stellen kann, dass wir den besten Service gewohnt sind und ihn deshalb selbstverständlich auch erwarten? Und wenn wir die Qualität von Produkten, etwa von Speisen oder Getränken kritisieren, wollen wir damit nicht zeigen, dass wir Gourmets sind, die zwischen guten und schlechten Weinen, Essen, Kaffee usw. unterscheiden können? Und was das „Leit ausrichten" betrifft: Macht das nicht Spaß, ist das nicht besonders unterhaltsam?

Warum eigentlich? Warum macht es uns Spaß, uns über andere Leute den Mund zu zerreißen? Liegt es vielleicht daran, dass wir uns damit selbst in ein besseres Licht zu setzen versuchen? Wenn wir andere kritisieren, so impliziert das, dass wir selbst besser sind, denn wir erkennen den Fehler, den andere machen – und machen doch solche Fehler sicher nicht selbst!?

Besonders problematisch wird diese Haltung, wenn das Fehlersuchen, auch unter Freunden, Bekannten und in der Familie, im Vordergrund steht, wenn es üblich ist, dass man den anderen korrigiert, sobald der etwas Falsches gesagt oder getan hat. „Du fährst zu schnell!", „Der Wein ist nicht gut! (Ich verstehe mehr von Wein als du!)", „Hast du nicht gemerkt, dass der Kollege versucht hat, dich über den Tisch zu ziehen! (Du musst besser lernen, dich durchzusetzen!)", „Das, was du anhast, passt wirklich nicht zusammen!", „Also für diesen Anlass bist du nicht richtig angezogen!" usw. In manchen Familien – so hat man den Eindruck – besteht ein Wettbewerb darin, wer mehr weiß, wer den besseren Geschmack hat, wer besser Autofahren kann, wer mehr von Kleidung, Autos, Kunst, Geschichte, Geldanlage, Fußball, Politik usw. versteht.

Hier zeigt sich, dass es durchaus problematisch sein kann, wenn wir überwiegend das Fehlersuchprogramm eingeschaltet haben. Ich habe schon enge Freundschaften nur deshalb auseinandergehen sehen, weil es einem der Partner nicht gelungen ist, sich von dem Fehlersuchprogramm zu lösen. Und wer möchte schon immer wieder von seinem Freund oder seinem Partner korrigiert werden?!

Kann man denn überhaupt auf dieses Fehlersuchen verzichten? Ist es nicht genauso problematisch, wenn man seine Kritik nicht äußert, herunterschluckt? Habe ich nicht irgendwo gelesen, dass man Magengeschwüre bekommt, wenn man zu viel herunterschluckt, was man eigentlich frei heraus sagen möchte? Sollte nicht gerade eine gute Freundschaft Kritik aushalten? Ist es nicht sogar ein Zeichen von guter Freundschaft, dass man seinem Freund ehrlich die Meinung sagen kann und wer das nicht aushält, ist eben kein guter Freund!?

Es geht nach meiner Überzeugung nicht darum, wer gut ist und wer schlecht, wer etwas weiß und wer nicht, wer den besseren Geschmack hat und wer keinen. Wir alle haben unsere positiven und negativen Seiten. Wir können unsere Umgebung und das ganze Leben als etwas sehen, was unvollkommen, ja fehlerhaft ist – wenn wir nur genau genug hinsehen.

„Es gibt keinen gesunden Menschen, sondern nur Menschen, die nicht genau genug untersucht wurden!", hat mir mal ein Arzt gesagt. Ein Arzt muss tatsächlich ein Fehlersuchprogramm einschalten, um rechtzeitig genug Krankheiten bei den Patienten zu entdecken, damit man sie noch erfolgreich behandeln kann. Ebenso müssen das Rechtsanwälte, die die Schwächen eines Vertrags oder der Argumentation des Gegners erkennen sollen, um nur einige Beispiele zu nennen.

Aber müssen wir das auch im Alltag? Können wir uns nicht so programmieren, dass wir nicht die Schwächen und die Fehler des anderen erkennen, sondern dass wir entdecken, was er alles Positives, Bewundernswertes an sich hat? Welche Stärken er besitzt? Macht es nicht viel mehr Spaß, den anderen dabei zu „erwischen", dass er außergewöhnlich viel weiß, sich gut benimmt, sich besonders geschmackvoll anzieht, sich mehr als üblich liebevoll verhält usw.?

Meine Erfahrungen mit der Kontrolle von Filmen legen nahe, dass man sich auf Fehler oder auf positive Eigenschaften einstellen kann. Man kann einen Film auf Fehler untersuchen oder ihn genießen und z. B. die schauspielerische Leistung der Akteure bewundern. Auch das ist eine Frage der Einstellung: Man kann sich tatsächlich so oder so orientieren! Versuchen Sie es einmal! Sie werden überrascht sein, wie viel Positives Sie in Ihrem Alltag entdecken – so wie ich überrascht war, wie viele Fehler ich in normalen Spielfilmen entdeckte.

Ich habe es ausprobiert: Das Leben ist schöner, wenn man nicht das Fehlersuchprogramm, sondern das Gegenprogramm – nennen wir es das Tugendsuchprogramm – eingeschaltet hat. Es ist alles nur eine Frage dessen, was man in seinem Leben in den Vordergrund seines Bewusstseins rückt!

Ein Weg hin zu einem positiven Lebensgefühl, hin zu Glück und Zufriedenheit besteht also darin, die stimmigen, die positiven, die angenehmen Seiten seiner Umwelt in den Vordergrund zu rücken. Das heißt nicht, dass man die negativen, die bedrohlichen Seiten ignoriert oder gar verdrängt. „Positiver Realismus" nennt es Kuhl[74], den auch ich hier empfehle.

Sehr häufig haben wir es in der Hand, wie wir das, was uns geschieht, bewerten. „Es gibt nur einen Weg zum Glück und der bedeutet, aufzuhören mit der Sorge um Dinge, die jenseits der Grenzen unseres Einflussvermögens liegen", empfiehlt schon der mehrfach erwähnte Philosoph aus dem antiken Griechenland Epiktet. Anthony de Mello, ein aktueller spiritueller Lehrer und Philosoph drückt es so aus: „Was immer geschieht, an uns liegt es, Glück oder Unglück darin zu sehen."[75]

Materielle Orientierung

Materieller Wohlstand ist kein Selbstzweck, sondern eine zwar notwendige, aber nicht hinreichende Bedingung für das Wohlbefinden.
Richard David Precht[76]

Viele Menschen sind der Überzeugung, dass sie viel glücklicher wären, wenn sie mehr Geld hätten, wohlhabender wären. Ist das denn richtig?

Wenn wir Not leiden, sind wir unglücklich. Wenn wir dieser Not entrinnen, sind wir glücklich. Das sind unbestreitbare Fakten, die keiner näheren Untersuchung oder Erläuterung bedürfen. Macht uns mehr Geld aber auch dann noch glücklich, wenn wir eigentlich alles Notwendige und Einiges darüber hinaus zum Leben haben? Voraussetzung für Glücksempfinden ist eine „auskömmliche Existenz"; wenn wir diese besitzen, können wir auch dann mit mehr Glück rechnen, wenn wir den Wohlstand vergrößern, wenn wir uns mehr leisten können?

Es gibt einige Befunde, die daran zweifeln lassen. Ich zitiere hier ein paar empirischen Untersuchungen, die den Zusammenhang von Wohlstand und Glück beschreiben:

Lottogewinner sind langfristig gesehen nicht glücklicher als vor dem Gewinn. Zahlreiche Gewinner berichten auch von den Problemen, die der Lottogewinn mit sich gebracht hat.[77] Eine Reihe von Studien haben das Glücksniveau von Lottogewinnern und den 49 reichsten Amerikanern (entsprechend der im Forbes Magazin veröffentlichen Liste) untersucht und immer wieder herausgefunden: Wohlstand macht nicht glücklicher.[78]

- Die Massai in Kenia, die nach unseren Maßstäben sehr arm aber fast immer in Bewegung sind und oft tanzen, und Amische[79] in Pennsylvania, die ohne Handys und Kreditkarten leben, sind ebenso glücklich wie die 400 reichsten Amerikaner.[80]
- Das Durchschnittseinkommen der Amerikaner zwischen 1960 und 1990 stieg auch inflationsbereinigt deutlich, die Prozentzahl der Leute, die sich für glücklich erklärten, ist in diesem Zeitraum allerdings nicht im Geringsten angestiegen[81]. In den USA ist das „Lebensglück" in den Jahren 1940 bis 2000 nicht gewachsen, während das Einkommen von ca. 6.000 auf 21.000 Dollar gestiegen ist.[82] Befragungen zeigen, dass die reichsten US-Bürger – Menschen mit einem Jahreseinkommen von mehr als 10 Millionen US-Dollar – kaum glücklicher sind als die Angestellten und Arbeiter, die sie in ihren Unternehmen beschäftigen.[83]

All diese Untersuchungen legen nahe, dass das Glück immer weniger zunimmt, je reicher jemand ist. Man spricht von „abnehmendem Grenznutzen"[84]: Wohlstand erhöht das menschliche Glück, wenn er die Menschen aus elender Armut befreit und in der Mittelschicht verankert, aber danach steigert er das Glücksgefühl nicht mehr.[85] Richard David Precht fasst zusammen: „Ab einem mittleren Lebensniveau mach die Mehrung von Besitz nicht mehr dauerhaft glücklich."[86]

Wenn man die Auswirkungen von größerem Reichtum auf das Glückserleben erklären will, muss man drei, mehrfach bestätigte psychische Mechanismen berücksichtigen[87]:

1. Wir gewöhnen uns an zusätzliche materielle Güter oder Dienstleistungen relativ schnell. Sie tragen dann nichts mehr zum Glückserleben bei. Können Sie sich noch an die Glücksgefühle erinnern, als Sie das erste Mal ein Auto fahren konnten – und welche Gefühle haben Sie heute?
2. Wir vergleichen uns sehr häufig mit den Menschen unserer Umgebung, mit unseren Bezugspersonen. Wenn alle ein das neuste Smartphone haben, dann macht es – von den ersten paar Wochen abgesehen – nicht mehr glücklicher, wenn man auch eines besitzt.
3. Unser Glücksempfindungen richten sich nach den Erwartungen, die wir hinsichtlich unseres Gehaltes oder unseres Wohlstandes insgesamt haben.

Materialismus und Glück

Wer sein Streben hauptsächlich auf materiellen Wohlstand richtet, wird gemeinhin als „Materialist" bezeichnet. Untersuchungen haben gezeigt, dass „Materialisten" weniger glücklich sind. („Materialismus ist keine weise Strategie, wenn man das Ziel hat, glücklich zu werden"[88]). Das mag u.a. daran liegen, dass sie seltener mit Freunden zusammen sind und dass ihre Sozialkontakte gemäß der Einschätzung von Verwandten und Bekannten „von geringerer Qualität" sind[89]. Die entsprechende

Studie war überkulturell und sehr gründlich. Es wurden 13.000 Studenten aus 13 Ländern befragt.

Diener und Oishi[90] fanden in einer anderen Studie mit Daten von über 7.000 Personen aus Asien, Afrika und Amerika: Je wichtiger das Geldverdienen, desto geringer die Lebenszufriedenheit – und je höher der Stellenwert der Liebe, desto glücklicher waren die Teilnehmer der Studie. In einer weiteren Studie fanden Oishi, Diener und Lucas[91], dass diejenigen, die dem höchsten Glückslevel zugeordnet wurden, weniger verdienten als die mit einem moderaten Level.

Das Bruttonationalglück in Bhutan

Mehr Wohlstand macht also nicht automatisch zufriedener. Daraus hat der Staat Bhutan eine bemerkenswerte Konsequenz gezogen. Dieses parlamentarische Königreich hat beschlossen, sich nicht primär um das Wachstum des Bruttosozialproduktes – also des privaten und industriellen Konsums – zu bemühen, sondern hat an seine Stelle das „Bruttonationalglück" gesetzt.[92] Im Fokus steht die Zufriedenheit der ca. 800.000 Einwohner des Landes. Das Bruttonationalglück wurde als Ziel in die Verfassung geschrieben. Alle Vorhaben der Regierung werden von einem eigenen Ministerium daraufhin überprüft, ob sie geeignet sind, die Zufriedenheit der Bewohner Bhutans zu steigern oder ob das Gegenteil zu befürchten ist. Alle fünf Jahre werden bis zu 10 % der Bewohner, die zufällig ausgewählt werden, befragt, ob sie mit ihrem Leben (glücklich) und der Regierung zufrieden sind oder nicht.

Leider ist dieses Vorgehen nicht 1:1 auf alle anderen Länder dieser Welt zu übertragen, aber die Richtung ist sehr einleuchtend. Viele Wirtschaftswissenschaftler bezweifeln heute, dass sich Wohlstand mit Wirtschaftswachstum gleichsetzen lässt[93] und „die Richtung, in die unsere Wirtschaft fließt, mehrt unser Glück nicht"[94].

Die Erkenntnis, dass materielles Wachstum nicht das Allheilmittel sein kann und dass auch Regierungen eher dafür sorgen sollten, dass die Lebenszufriedenheit zunimmt, ist keine Entdeckung, die dem Königreich Bhutan oder der Neuzeit zuzuschreiben ist. John Stuart Mill, ein britischer Philosoph und Ökonom, hat das schon 1869 gefordert. Nicht der ausschließlich materielle Zuwachs, sondern das ideelle Wachstum ist für das Glück der Gesellschaft ausschlaggebend. Konkurrenz mag die Produktion beflügeln, aber wenn es um Zufriedenheit geht, ist Kooperation der Konkurrenz immer vorzuziehen. „Als der beste Zustand für die menschliche Natur erscheint einer, in dem, während keiner arm ist, niemand reicher zu sein wünscht und niemand Grund zur Besorgnis hat, dass er durch die Bestrebungen anderer, die sich vorwärtsdrängen, zurückgeschoben wird."[95]

Ein solcher Zustand, wie ihn Mill beschreibt, erscheint uns heute völlig utopisch. Andererseits könnte man sich durchaus vorstellen, dass es eine Gesellschaft gibt, deren Kinder nicht von den ersten Lebensjahren an darauf „trainiert" werden, dass man sich immer hinsichtlich seiner Leistungen mit seinen Mitstreitern vergleichen muss, und dass höher, weiter, reicher, stärker usw. immer besser ist. Es wäre eine Gemeinschaft, in der die Kinder lernen, dass der Wert einer Person sich nicht nach ihrer Leistung, Stellung, ihrem Bankkonto oder der Größe ihres Hauses oder Autos bemisst. Stattdessen sollte man den anderen nach der „Größe" seines Herzens, nach der Zahl der „echten" Freunde, nach seiner Großzügigkeit oder der Fähigkeit zu verzeihen, beurteilen. Ideal wäre eine Gesellschaft, in der man aus tiefster Überzeugung danach strebt, auch andere glücklich und zufrieden zu machen, weil man aus Erfahrung weiß, dass dann, wenn der andere sich in seiner Haut wohl fühlt, die Wahrscheinlichkeit sehr viel größer ist, dass es auch einem selbst in seinem Beisein besser gehen wird. (In Ansätzen glaube ich diese Grundhaltung im Kindergarten in Bhutan beobachtet zu haben: Mir viel auf, dass es dort kaum Wettbewerb gibt und auch „das ist meins" selten zu hören war. Stattdessen hörte ich immer wieder: „Caring is sharing![96]")

Die Vertreter des stetigen Vergleichens, das letztlich der Ideologie des Wachstums zugrunde liegt, weisen gerne darauf hin, dass Wettbewerb das Hauptelement der freien Marktwirtschaft ist und dass die Errungenschaften, die wir in den letzten Jahrzehnten erleben durften, Fortschritte in der Technologie (Fernsehen, Handy, Internet), der Medizin (Medizintechnik, Medikamente), des Transportwesens (Flugzeuge; Container) alle dem Wettbewerb zu verdanken sind. Der Grundgedanke dahinter besteht darin, dass es in der Natur des Menschen liegt, sich zu vergleichen und dass nur Menschen, die in Not sind, die ein Mangel empfinden, die also letztlich unglücklich sind, anfangen kreativ zu werden und neue Entwicklungen anstoßen.

Dieser These wird hier widersprochen: Ich gehe hier davon aus, dass Menschen, denen es gut geht, mindestens genauso kreativ sind,[97] wie solche, die um ihr Wohl fürchten müssen, Angst haben zu versagen, oder im Stress sind, weil sie die gesetzten Ziele vielleicht nicht erreichen.

Aber selbst dann, wenn die These vom Wettbewerb, als dem Ursprung allen Fortschritts stimmen sollte, haben uns die Wissenschaftler und Klimaforscher in den letzten Jahrzehnten ausreichend dafür Belege vorgelegt, dass wir auf die Dauer so nicht weiter machen dürfen, wenn wir nicht riskieren wollen, dass wir unseren Planeten zerstören. Es mag sein, dass der Wettbewerb in manchen Bereichen zur Beschleunigung des Fortschritts beigetragen hat, aber wir sind an der Belastungsgrenze der Ressourcen unseres Planeten angekommen. Ein Paradigmenwechsel ist unbedingt notwendig, wenn wir das erhalten wollen, was wir bisher erreicht haben und wenn wir die Errungenschaften einigermaßen gleichmäßig auf die Menschen verteilen wollen, die heute und in Zukunft unseren Planeten bevölkern.[98]

Schicksalsschläge

Die oben aufgezählten Hindernisse, die es uns schwer machen, zufrieden und glücklich zu sein, haben eine gewisse Affinität zu bestimmten Merkmalen einer „Persönlichkeit". Ein solcher Mensch ist eher ängstlich, unsicher, oder voller Sorgen; er wird häufig ärgerlich und gerät leicht in Wut; er ist gesundheitlich angeschlagen; er hat aus Gewohnheit eine falsche innere Orientierung; sieht immer zuerst den Mangel, die Ungereimtheit, was stört oder nicht passt; orientiert sich primär am Geld oder anderen materiellen Dimensionen und vergleicht sich immer mit anderen, denen es besser geht. Man kann all diese Eigenschaften oder ihr Gegenteil als (u. U. sehr früh) erworben, betrachten. Eine Veränderung mit dem Ziel, mehr Glück zu empfinden, zufriedener mit seinem Leben zu sein, ist im Einzelfall manchmal schwer, erscheint dem Betroffenen als „unmöglich", ist aber durchaus machbar, wenn man kleine Schritte in die empfohlene Richtung geht und genügend Geduld aufbringt.

Anders verhält es sich mit Schicksalsschlägen, die sich meist in einem unerwarteten Verlust zeigen: eines nahestehenden Menschen, der Gesundheit, des Arbeitsplatzes usw. Solche Einschnitte in das Leben können eine gravierende Beeinträchtigung des Lebensgefühls mit sich bringen. Oft sind es aber nicht die Schicksalsschläge selbst, die das Haupthindernis zu einem erfüllten Leben darstellen, sondern eher die Form, in der man selbst und die Umgebung auf die Schicksalsschläge reagieren.

Wenn man einem Menschen begegnet, dem Schlimmes widerfahren ist, dann erlebt man das in gewissem Maße mit, zumindest wenn man empathisch ist. Dafür sind die „Spiegelneuronen" verantwortlich. Man hat vor einigen Jahren entdeckt, dass bei der Wahrnehmung oder bei der Vorstellung von schrecklichen Erlebnissen unsere Neuronen im

Gehirn genauso „feuern", als ob man diese Erlebnisse selbst und real erleben würde. Man „fühlt mit", man fühlt den Schmerz und daraus entsteht das intensive Bedürfnis, diesen Schmerz zu beseitigen, indem man dem anderen hilft. Das gilt natürlich nur dann, wenn man eine Beziehung zu dem Geschädigten aufbaut, wenn man sich ihm öffnet.

Daraus ergibt sich bei den Menschen in der Umgebung dessen, der einen Schicksalsschlag erlitten hat, oft ein Verhalten, das von den Betroffenen nicht als hilfreich empfunden wird, das ihn eher noch unglücklicher macht. Die wichtigsten eher schädigenden Reaktionsweisen sind in solchen Fällen die folgenden:

1. Verharmlosung des Schmerzes: Man versucht dem Betroffenen (und sich selbst) zu helfen, indem man versucht, dem Schmerz weniger Gewicht zu geben: „das ist doch nicht so schlimm", oder „du wirst sehen, die Zeit heilt alle Wunden".

   Dem Betroffenen hilft das nicht, denn er muss sich mit dem Schmerz, mit den Ängsten, der Trauer, die mit dem Schicksalsschlag verbunden sind, auseinandersetzen. Oft spüren die Betroffenen das selbst und reagieren auf solche „Verharmlosungen" des Geschehenen abweisend oder sogar aggressiv.

2. Bemitleiden: Man bedauert den Betroffenen und behandelt ihn dabei wie ein Kind, das man trösten will. Die dahinterliegende und vom Geschädigten durchaus empfundene Haltung kann man so ausdrücken: Ich bin der Starke und du bist der Schwache, und wenn du diese Sichtweise zulässt, wäre ich gerne bereit, dich zu stützen.

   Diese Haltung schwächt den Betroffenen. Es macht ihn klein, macht ihn zum Opfer. Viel hilfreicher für den Betroffenen ist es, ihm die Haltung eines Gestalters der Situation zuzutrauen. Man kann auch nach einem schweren Schicksalsschlag eine Gestalterhaltung einnehmen und sie hilft ihm letztlich mehr als die angebliche, gutgemeinte Unterstützung.

3. Selbstmitleid auslösen: Besonders schwierig wird die Situation für den Betroffenen, wenn es den Personen seiner Umgebung gelingt, bei ihm Selbstmitleidreaktionen wachzurufen. Mitleid kann man als Gift für den Geschädigten ansehen. Wie viele Gifte sind sie in minimalen Dosen Medizin, aber wehe, wenn man zu viel von der Medizin nimmt oder verabreicht bekommt, dann zeigt sich, wie giftig sie ist. Genauso verhält es sich mit dem Mitleid. In minimalen Dosen kann es hilfreich sein, wenn der Unterstützer z. B. eigentlich nur vermittelt, dass er an den Betroffenen denkt, dass er für ihn da ist, wenn er seine Hilfe beanspruchen will.

Wenn der Helfer allerdings seine Hilfe aufdrängt, so dass der Geschädigte ihr nicht ausweichen kann, oder so, dass er sich in der Rolle des Geschwächten, des Opfers wohl fühlt, dann ist diese Haltung langfristig nicht nur nicht mehr hilfreich, sondern schädigend, macht ihn noch unglücklicher. Selbstmitleid beim Geschädigten führt zu Passivität und muss in jedem Fall vermieden werden.

Warum gelingt es denen, die glücklich sein wollen, nicht, ihr Ziel zu erreichen?

Selbstreflexion als Voraussetzung für das Glücklichsein?

Wie zuvor schon beschrieben, haben wir alle ein Bild von uns selbst, aber den wenigsten ist dieses Bild bewusst. Wir haben meist keine Vorstellung davon, wie sehr dieses Bild unsere Wahrnehmung und unser Handeln beeinflusst. Wir können es meist auch nicht auf Anhieb beschreiben. Andererseits gehen viele Empfehlungen, die wir in diesem Buch geben, davon aus, dass wir uns unser Selbst bewusst machen, dass wir darüber nachdenken, was uns guttut, und was wir besser vermeiden sollten, was unserer Individualität entspricht und was nicht.

Der Mensch ist im Gegensatz zu den Tieren nur in sehr geringem Maße von seinen Instinkten gesteuert. Das heißt aber nicht, dass allen unsere Handlungen bewusste Überlegungen und Entscheidungen zugrunde liegen. Wir wären sicher überfordert, wenn wir vor jeder Handlung Rechenschaft ablegen wollten, aus welchen Motiven heraus wir handeln und welche Konsequenzen unser Handeln haben könnte. Unsere meisten Handlungen werden von Gewohnheiten bestimmt. Wir handeln so und nicht anders, weil wir es schon immer so getan haben. Dabei spielen auch uns weitgehend unbekannten Motive und Bedürfnisse eine Rolle. Sie beeinflussen unsere Handlungen, ohne dass uns das bewusst wird. Seit Sigmund Freud gehört diese Tatsache heute fast schon zum Allgemeinwissen.

Die Fähigkeit, über sich selbst nachdenken zu können, ist eine der spezifischen Merkmale des Menschen. In dieser Fähigkeit unterscheidet er sich grundlegend von allen anderen lebenden Wesen auf diesem Planeten, auch von unseren „Vorfahren", den Primaten. Auf diese Fähigkeit habe wir es in diesem Buch abgesehen. Sie ist die Voraussetzung dafür, dass wir uns morgen selbstgesteuert in der gleichen Situation anders verhalten als gestern, dass wir – wenn das ein wichtiges Ziel von uns ist – morgen glücklicher und zufriedener sind als gestern.

Aber wie kann man erreichen, dass diese Fähigkeit der Selbstreflexion häufiger zum Einsatz kommt? Wie so vieles im Leben des Menschen ist auch diese Fähigkeit trainierbar und Training ist eine Frage der Übung. Je öfter wir also über uns und über unsere Handlungen nachdenken, desto besser wird uns das gelingen, desto seltener, werden wir uns selbst ungewollt schaden oder etwas vormachen – und desto mehr Fähigkeiten werden wir entwickeln, uns glücklich und zufrieden zu machen.

Viele Denker werden dieser letzten Folgerung widersprechen. Ihre Überzeugung ist: Glücklich sein lässt sich nicht mit bewussten Überlegungen erreichen. Es ist ein Geschenk, das wir dankbar annehmen sollten.

In diesem Buch wurden Csikszentmihalyi und andere erwähnt, die sich skeptisch gegenüber dem Streben nach Glück geäußert haben. Auch Aldous Huxley, der Autor des 1932 erschienen Zukunftsromans „Brave New World" (Schöne neue Welt), war der Überzeugung, dass „Glücklichsein nicht durch bewusstes Bemühen um Glück erreicht wird; es ist häufig ein Nebenprodukt anderer Aktivitäten".

Sicher kann man Glück direkt nicht herstellen, nicht konstruieren, wie man eine Brücke konstruiert oder ein Haus baut. Julius Kuhl[99] hat nachgewiesen, dass wir dann, wenn wir uns um etwas bemühen, wenn wir primär aus dem Intentionsgedächtnis agieren, vielleicht sogar noch das Objekterkennungssystem eingeschaltet haben, um „Fehler" zu vermeiden, eher gedämpfter Stimmung sind (später mehr zu dieser Theorie). Sicher braucht man, um Glück zu erlangen, auch Eigenschaften, die mit Willenskraft und Disziplin nur wenig zu tun haben, aber man kann

Bedingungen schaffen, innere und äußere, die die Wahrscheinlichkeit deutlich vergrößern, dass sich Glück und Zufriedenheit einstellen und um das zu erreichen, ist ein gewisser Grad an Selbstreflexion unerlässlich.

Klugheit und Intelligenz als Voraussetzung glücklich zu sein?

Es gibt viele Autoren, die immer wieder darauf hinweisen, dass einfältige, naturverbundene Menschen glücklicher sind als „verkopfte", also solche, die sich zu viele Gedanken machen. In diesem Buch wird allerdings die Ansicht vertreten, dass wir durchaus in der Lage sind, zu unserem Glück einiges beizutragen und dazu ist eine gewisse Menge an Einsicht und Klugheit (zusammen mit Selbstreflexion) erforderlich.

Das gilt sowohl direkt als auch indirekt:

Einer der Wege zum Glücklichsein, auf die wir weiter untern noch näher zu sprechen kommen, ist die Fähigkeit, Einsichten zu haben, Zusammenhänge zu erkennen, und das ist für den Einzelnen nur zu erreichen, wenn ein gewisser Intellekt vorhanden und ausgebildet, also trainiert worden ist.

Ich möchte hier zwischen Klugheit und Intellekt unterscheiden. Es zeigt sich nämlich, dass der kritische Intellekt, der in den entsprechenden Institutionen, wie den Universitäten ausgebildet wird, für das Glück eher hinderlich ist. Er beruht primär auf theoretischen Überlegungen und auf kritischer Betrachtung (Fehlersuchprogramm), weniger auf praktischer Umsetzung.

Jeder von uns hat aber auch eine tief empfundene Intuition, hat eine „Bauchintelligenz", die uns immer wieder deutliche Hinweise gibt, was uns guttut und was nicht. Wir können diese Hinweise vernachlässigen, überhören, als unwissenschaftlich abwerten, aber damit schaden wir uns eher. Es gibt etwas Weiseres, als es das bewusste Denken ist.

Julius Kuhl[100] hat ein Großteil seines Lebens damit verbracht, diese besondere Klugheit zu untersuchen. Diese besondere Fähigkeit ist für das Glücksempfinden so wichtig, dass ich hier auf die Erkenntnisse und Theorie von Kuhl näher eingehe.

Wir werden von unseren Gefühlen gesteuert (die PSI-Theorie[101])

Die PSI-Theorie geht von der Annahme aus, dass Selbstkongruenz in der Bildung der eigenen Absichten und Selbststeuerungseffizienz („Willensstärke") im Umsetzen von Absichten von dem Wechselspiel zwischen vier psychischen Systemen abhängt.
Julius Kuhl[102]

Ich habe mich in den bisherigen Ausführungen schon öfter auf Julius Kuhl bezogen, ohne näher auf seine Theorie einzugehen. Das möchte ich an dieser Stelle nachholen, da sie viele Beobachtungen und empirischen Ergebnisse aus diesem Buch sehr einsichtig erklären kann.

Wenn wir die Aufgabe gestellt bekommen, ganz schnell die Schriftfarbe eines auf einem Bildschirm erscheinenden Wortes zu bestimmen, dann haben wir kleine Schwierigkeiten, wenn die Farbe der Worte und die Bedeutung nicht übereinstimmen. Wenn wir das Wort „rot" gezeigt bekommen, das in grüner Farbe geschrieben ist, so müssen wir den ersten Impuls unterdrücken, der das Wort vorlesen möchte. Wir sind es gewohnt zu lesen und die Aufforderung, die Farbe des Wortes zu benennen, erfordert einen kleinen Willensakt. Das lässt sich genauer bestimmen, indem man die Zeit misst, in der die Versuchspersonen antworten. Sie brauchen etwas länger, wenn die Bedeutung und die Farbe des gezeigten Wortes nicht übereinstimmen. Stroop hat diese Entdeckung in den 30er Jahren des vorherigen Jahrhunderts gemacht.

Kuhl und seine Kollegen in Osnabrück fanden nun heraus, dass erstaunlicherweise diese Zeitverzögerung ausbleibt, wenn man die Versuchspersonen vorher in eine gute Stimmung versetzt.[103] Dazu reicht aus, dass man ihnen vor dem eigentlichen Experiment positive Worte wie „Glück" und „Erfolg" zeigt. Es hat sich gezeigt, dass hier „positive Wörter tatsächlich selektiv den ‚Willen', d.h. den Inhalt des Absichtsgedächtnisses bahnen, vorausgesetzt, es ist vorher geladen worden"[104], d.h. die Versuchsperson hat sich vorgenommen, so wie angewiesen zu reagieren.

Für Kuhl ist das ein Hinweis, dass unsere Gefühle bei der Willensbahnung eine wichtige Rolle spielen. Wir sind hinsichtlich unserer Aktionen, hinsichtlich der Frage, ob es uns leicht oder schwer fällt, unsere Absichten auch in die Realität umzusetzen, von unseren Stimmungen, z.B. von der Frage, ob wir zufrieden oder gestresst sind, abhängig.

Wie in dem eingangs zitierten Statement erwähnt, geht Kuhl davon aus, dass unser Verhalten von vier Systemen bestimmt wird, die miteinander in Interaktion stehen:

1. Das Intentionsgedächtnis oder Absichtsgedächtnis, in dem schwierige, oder zumindest nicht sofort ausführbare Absichten gespeichert werden;

2. das dazugehörige Ausführungssystem, in dem die intuitiven Verhaltensprogramme abgerufen werden können, wenn wir zur Tat schreiten;

3. das Extensionsgedächtnis, in dem alle wichtigen Erfahrungen des gesamten Lebens gespeichert sind und das einen integrierten Überblick über die Erkenntnisse bietet, die die Person in ihrem Le-

ben gesammelt hat; dazu gehören auch die eigenen und die Motive von anderen, sowie das integrierte Selbst;

4. das Objekterkennungssystem, das Einzelheiten aus dem Gesamtfeld der Wahrnehmung herauslöst, so dass sie besonders betrachtet und benannt werden können; so können auch Ungereimtheiten gut erkannt werden (Fehlersuchprogramm).

Durch viele Experimente und Beobachtungen im Alltag hat Kuhl nun herausgefunden, dass unsere Stimmung für die Aktivierung und Blockierung dieser Systeme eine wesentliche Rolle spielen.

Zu (1): Das Intentionsgedächtnis wird aktiviert, wenn wir eine spontane Absicht zurückstellen müssen, da sie im Moment nicht ausgeführt werden kann oder soll. („Nicht das Wort lesen, sondern die Farbe bestimmen!") Wir erleben das als Frustration, es dämpft unsere Stimmung.

Zu (2): Wenn dann die Zeit gekommen ist, müssen wir die negativen Gefühle weitgehend ausschalten, um das spontane Ausführungssystem in Aktion zu setzen. Wenn uns das gelingt, fühlen wir uns besser und haben eine gute Stimmung.

Zu (3): Das Extensionsgedächtnis ist dann aktiv, wenn wir uns gut fühlen, wenn wir entspannt sind. Diese Entspannung ist Voraussetzung dafür, dass wir den vollen Zugang zu unseren Erfahrungen und damit zu unseren kognitiven Ressourcen haben. Die Aktivierung funktioniert andererseits auch in entgegengesetzter Richtung: Wir fühlen uns gut, wenn wir mit dem Extensionsgedächtnis in Kontakt stehen und wenn unser Selbst involviert ist.

Zu (4): Wenn das Objekterkennungssystem aktiv ist und wir uns auf Einzelheiten konzentrieren müssen, ist unsere Stimmung gedämpft.

Vereinfacht ausgedrückt liefert uns das PSI-System die wissenschaftlich untermauerte und empirisch belegte Begründung für eine

Reihe von Beobachtungen, die wir oben beschrieben haben. Es erklärt, warum einige innerpsychische Zustände mit einem guten Gefühl verbunden sind und daher einen Weg zum Glück darstellen, während andere Befindlichkeiten mit negativen Gefühlen verbunden sind, und uns also eher unglücklich machen:

Wenn wir Angst haben, uns unsicher fühlen, wenn wir Ärger oder Wut empfinden oder bei uns allgemein eine negative innere Orientierung im Vordergrund steht, dann ist unser Bewusstsein auf negative Details in unserer Umgebung gerichtet, wir haben das Objekterkennungssystem „eingeschaltet". Wir sind dann auf diese Ungereimtheiten fokussiert und können nur schwer an etwas anderes denken. Wir kommen aus dieser emotionalen Abwärtsspirale nur heraus, wenn es uns gelingt, den „Stimmungsschalter umzulegen" und so den Kontakt zum Extensionsgedächtnis und damit zu unserem Selbst mit unserem Erfahrungsschatz wieder herzustellen, um so ein umfassenderes Bild von der Situation zu gewinnen. Das ist in der Regel die Voraussetzung dafür, dass uns eine Lösung der Probleme einfällt, dass wir eine neue Sichtweise der Angst, Wut oder Ärger auslösenden Situation entdecken und so zu einer intuitiven Handlungsoption finden, die kurz und längerfristig für ein gutes Gefühl wichtig ist.

Das Gleiche gilt, wenn wir vor einem komplexen Problem stehen. Wir brauchen dann den Zugang zu unserem Extensionsgedächtnis, der aber setzt voraus, dass es uns gut geht, dass wir entspannt sind. Viele Forscher können das bestätigen, wenn sie berichten, wie sie zu ihren wichtigsten Erkenntnissen und Einsichten gekommen sind. Das gelang ihnen nicht, wenn sie sich angestrengt mit dem Problem beschäftigt haben, sondern eher, wenn sie ganz entspannt „an nichts" gedacht, oder sich sogar im Halbschlaf befunden haben. In einer Befragung von Otto Kankeleit bestätigen die meisten der über 60 Forscher, Gelehrten, Schriftsteller und Künstler, dass ihre entscheidenden Gedanken oder die

Lösung von Problemen aus dem Unbewussten stammen.[105] Aber nicht nur, wenn wir wissenschaftliche Probleme lösen müssen, auch wenn wir dabei sind, schwierige Alltagsentscheidungen zu treffen, brauchen wir den Zugang zum Extensionsgedächtnis, damit diese Entscheidungen „weise" ausfallen, damit unser gesamter Erfahrungsschatz Berücksichtigung findet – und dazu muss es uns gut gehen.

Der Zusammenhang ist dabei ein wechselseitiger: Es muss uns nicht nur gut gehen, damit wir in Kontakt zu unserem Extensionsgedächtnis kommen, der Kontakt zu ihm und damit zu unserem Selbst ist auch ein wichtiger Glücksfaktor. Wir fühlen uns gut, wenn wir mit unserem Erfahrungsreservoir, und mit unserem Selbst verbunden sind, wenn alle Kontrollinstanzen (Objekterkennungssystem) ausgeschaltet sind. Wir erleben das zum Beispiel im Alltag, wenn wir mit einer vertrauten Person über uns und über unser Erleben sprechen, aber dabei auch mit voller Aufmerksamkeit bei dem Gesprächspartner sind, seine oder ihre Motive, Gedanken, Gefühle und Stimmungen wahrnehmen und in unsere Vorstellungen und in das, was wir formulieren, mit eingehen. Häufig hat man dann den Eindruck, dass man sein Gegenüber besonders gut versteht, weil man ihm ähnlich ist („seelenverwand"). Das setzt auch voraus, dass wir keine Absicht mit dem Gespräch verbinden, also das Intentionsgedächtnis ausgeschaltet ist.

Einen engen Kontakt zu unserem Extensionsgedächtnis haben wir auch dann, wenn wir kreativ sind, wenn wir zum Beispiel eine Abhandlung schreiben, ein Bild malen, eine Skulptur fertigen. Wir sind dann „ganz bei uns", wir verschmelzen mit unserem Selbst, das ein Teil des Extensionsgedächtnisses ist.

Dieses „Kreativ-Sein" kann ein so starker Glücksfaktor und damit im Extremfall ein so mächtiger Motivator sein, dass er für das ganze Leben ausreicht. Wenn man sich mit Arthur Schopenhauer näher beschäftigt, bekommt man den Eindruck, dass er keinen anderen Faktor benötigte, um sich zu motivieren oder in eine positive Stimmung zu kommen. Er hat in seinem ganzen Leben auf all die anderen Wege zum Glücklichsein verzichtet, die wir hier darstellen. Für ihn war der Glücksfaktor „Kreativ-Sein" offensichtlich ausreichend. Vor allem ist er auch weitgehend ohne den so wichtigen Faktor sozialer Kontakt ausgekommen. Er hat, soweit ich sein Leben aus der Literatur nachvollziehen kann, nie eine längere Beziehung zu einer Partnerin oder einem Partner gehabt. Er mied den Kontakt zu Menschen.[106] Auch war ihm der Erfolg seiner Bemühungen, seiner philosophischen Konzepte und Bücher verwehrt, wenn man einmal von den letzten Jahren absieht. Trotzdem hat er sein Leben lang hart gearbeitet. Um sein Hauptwerk „Die Welt als Wille und Vorstellung" bemühte er sich 40 Jahre.

Aus der PSI-Theorie lässt sich auch der vielleicht wichtigste Grundsatz ableiten, der es uns ermöglicht, ein gelungenes Leben zu führen: Wir müssen Einseitigkeit und damit alle Extreme vermeiden. Das gelingt uns vor allem dann, wenn wir mit Hilfe des Extensionsgedächtnisses uns vor jeder Form des Fanatismus hüten. Jacques Bénigne Bossuet, französischer Bischof und Autor, hat erkannt, dass auch die besten Vorsätze zu viel Unglück führen können. Er bringt es auf den Punkt, indem er feststellt: „Gute Grundsätze, zum Extrem geführt, verderben alles."[107]

Exkurs über das Selbstbild

Ich habe schon auf die Bedeutung des Selbstbildes hingewiesen. Nur dann, wenn es uns gelingt, ein positives Selbstbild aufzubauen und zu erhalten, können wir dauerhaft glücklich sein. Dabei spielt es eine große

Rolle, ob dieses Selbstbild einigermaßen realistisch ist. Wenn wir uns selbst viel positiver sehen als unsere Umgebung, dann werden wir viel Kraft darauf verwenden müssen, Angriffe auf unser Selbstbild immer wieder abzuwehren.

Sich eines positiven Selbstbildes zu erfreuen, bedeutet auch, eine positive Einstellung zu sich selbst zu besitzen, sich zu lieben. Schon Jesus Christus sah darin ein wesentliches Merkmal eines optimalen Lebens. „Du sollst deinen nächsten lieben wie dich selbst."[108]

Robert Musil nimmt diese Empfehlung auf und präzisiert sie, indem er sie von der Selbstliebe abgrenzt:

„Wer sich selbst nicht auf die rechte Art liebt, kann auch andere nicht lieben. Denn die rechte Liebe zu sich ist auch das natürliche Gutsein zu anderen. Selbstliebe ist also nicht Ichsucht, sondern Gutsein."[109]

Die Bestsellerautorin Elizabeth Gilbert setzt sich in ihrem Buch „Eat, Pray, Love" mit dem Bild, das man von sich hat, auseinander und bringt dieses Bild in Verbindung zum Glücklichsein:

„Du musst daran arbeiten, wenn du glücklich sein willst. Du wirst es nicht durch deine Karriere, dein Geld oder sogar durch die Liebe einer anderen Person bekommen. Es ist eine Sache zwischen dir und deinem Selbst."[110]

Dem würde auch Richard David Precht nicht widersprechen.

„Nur wenn wir zumindest halbwegs im Einklang mit dem leben, was wir für richtig und falsch, besser und schlechter, höher und niedriger halten, haben wir eine Chance auf ein glückendes Leben. Stärker als alle Lebensumstände, Zufälle und Schicksalsschläge kommt es darauf an, dass man sich selbst als Mensch für wertvoll hält"[111]

Aber was ist das „Selbstbild" eigentlich?

Jeder von uns weiß in jedem Augenblick, wer er ist und was er vorhat. Wir müssen darüber nicht nachdenken, uns daran erinnern. Das Bewusstsein läuft automatisch mit, auch wenn wir nicht daran denken. Es besteht aus einem niemals abreißenden Strom von Gedanken und Vorstellungen, die alle eine bestimmte emotionale Färbung habe. Sie vermitteln uns eine Grundstimmung, die mehr oder weniger positiv ist und auch unserem bewussten Denken wie durch ein Hintergrundrauschen eine spezifische Qualität verleiht.

Wenn wir dieses Bewusstsein plötzlich, zum Beispiel nach einer Gehirnerschütterung, verlieren, wenn wir auf einmal nicht mehr wissen, wer wir sind, dann beunruhigt uns das extrem. Ich habe das nach einem Reitunfall erlebt. Auf Grund einer eher harmlosen Gehirnerschütterung wusste ich nicht mehr, wer ich bin, wie ich heiße, dass ich studiere usw. Erstaunlicherweise fiel mir allerdings der komplizierte Name einer Reiterkollegin sofort ein, die sich liebevoll um mich kümmerte, obwohl mir dieser Name vorher oft entfallen war. Die Erinnerung daran, wer ich bin, kam erst langsam, nach etwa zwei Stunden wieder.

Wenn wir mit dem Bild, das wir von uns haben, also mit unserem Selbstkonzept, nicht einverstanden sind, wenn wir uns selbst oft nicht leiden können, dann erleben wir immer wieder Enttäuschungen und Frustrationen, die uns aggressiv machen, uns selbst und anderen gegenüber. Wie oft begegnen wir Menschen, die anderen und sich selbst das Leben vermiesen, nur weil sie mit sich selbst nicht im Reinen sind, weil sie es sich selbst nicht wert sind, gut zu sich zu sein. Solche Menschen gönnen dann meist auch den anderen kein Glück.

Das Selbstkonzept bildet sich in der Pubertät, der zweiten Stufe in der Entwicklung des Menschen zu einem selbstverantwortlichen, wertorientiert handelnden Erwachsenen. Die erste Stufe liegt in der Trotzphase, wenn das etwa drei- bis vierjährige Kind das erste Mal „Ich" sagt und entdeckt, dass es einen Willen hat, den es gegen seine Erziehungspersonen stellen kann. (Ein Kind, das schreiend auf dem Boden des Supermarkts liegt, weil es irgendetwas aus dem Regal nicht bekommt, das doch zum Greifen nah vor ihm lag, ist sicher drei oder vier Jahr alt.)

In der Pubertät kommt dann die bewusste Wahrnehmung des Ich, sowohl des Äußeren als auch des Inneren, des „Charakters" hinzu. „Wer bin ich?" und „In welcher Welt lebe ich?", lauten die Fragen, und sie werden mit „Modellen der Wirklichkeit" beantwortet. Es sind die verschiedenen Einstellungen, die bewerteten Abstraktionen, z. B. politische Orientierung oder der Glaube, die wir weitgehend von unseren Vorbildern übernehmen. Selten und nur dann, wenn das Individuum sehr negative Erfahrungen in seiner Kindheit und Jugend gemacht hat, werden die vermittelten Werte in ihr Gegenteil verkehrt. Ein Kind, das von sehr strengen, sehr konservativen und strenggläubigen Eltern erzogen wurde und diese Erziehung als quälend, vielleicht sogar traumatisch erlebt hat, wird sich u. U. in der Pubertät von dem vermittelten Glauben oder anderen Werthaltungen abwenden.

Dieses Selbst- und Weltbild ist uns so viel wert, weil es unsere Identität bildet. Wir würden jede Orientierung in dieser Welt verlieren, wenn man uns diese Einstellungen wegnehmen könnte. Das ist der Grund, warum wir viele psychologische Techniken entwickelt haben, Nicht-wahr-haben-Wollen, Aggression oder Trotz als Abwehr einer Beeinflussung usw., die alle das Ziel haben, das eigene Selbst- und Weltbild zu verteidigen.

....

„Selbst- und Weltmodell werden meist so schnell und zuverlässig aktiviert, dass der Mensch gar nicht bemerkt, dass er es mit Modellen (der Wirklichkeit) zu tun hat. Man schaut quasi durch das Weltmodell hindurch und glaubt, den Dingen der Welt unmittelbar gegenüber zu stehen."[112]

....

Sie werden aber nicht nur schnell und zuverlässig aktiviert, um uns Orientierung zu ermöglichen. Sie sind auch gegenüber rationalen Argumenten weitgehend immun. (Versuchen sie einmal einen gläubigen Juden, Zeugen Jehovas oder Christen davon zu überzeugen, dass das, woran er glaubt, logisch betrachtet und nach allen Erfahrungen auf dieser Welt, nicht sein kann.)

Die Werte, Ideen und Vorstellungen, aus denen unser Selbstbild zusammengesetzt ist, stammen weitgehend aus dem sozialen Umfeld, in das wir hineingeboren werden. Es gibt jedoch auch Werte, die angeboren zu sein scheinen. Fairness ist ein solcher Wert. Frans de Waal[113] hat in Experimenten mit Kapuzineraffen herausgefunden, dass diese, wie auch andere Primaten, z. B. ein Gefühl für Fairness haben. Wenn sie für die gleiche Leistung eine geringere Belohnung erhalten als ihre Artgenossen, dann lehnen sie diese unter Protest ab. Jede Familienmutter oder jeder Familienvater kann ein Lied davon singen, wie kleine Kinder bereits im Alter von vier Jahren protestieren, wenn sie sich ungerecht behandelt fühlen. Fairness, der Wunsch, selbst nicht schlechter behandelt zu werden als der Nachbar, scheint schon in unseren Genen verwurzelt zu sein.

Neben vielen anderen Denkern ist auch Precht davon überzeugt, dass der Kompass unseres Verhaltens nicht die Vernunft, sondern das Selbstbild ist.

> „Wir identifizieren uns nicht mit unserer Vernunft, sondern mit unserem vielfältigen und schillernden Selbstverständnis: mit unserer Biographie, unseren Gewohnheiten, unseren Fähigkeiten und Unfähigkeiten, unseren Wünschen und Ängsten, unseren Neigungen und Abneigungen und unseren Erfolgen und Misserfolgen. Und unser Weltbild ist selten mehr als ein ins Leben gestrecktes Selbstbild."[114]

Etwas weiter unten kommt Precht auf Aristoteles zurück und seine Implikation mit der Moral:

> „Das Steben nach einem erfüllten Leben und nach einem positiven Selbstbild wären die beiden anthropologischen Konstanten der Moral. … Das Prinzipielle: die von Aristoteles übernommene Vorstellung, dass jeder Mensch in jeder Kultur, wie auch immer sie sei, nach einem erfüllten Leben strebt. Und dass ein erfülltes Leben bei allen Menschen an ein und dieselbe Bedingung gebunden ist: an ein positives Selbstbild."[115]

Übrigens ist nicht nur das Glücksempfinden wesentlich von diesem Selbst- und Weltbild abhängig, sondern auch das „moralische Verhalten". Wenn ich stolz darauf bin, mich über die Normen der Gesellschaft hinwegsetzen zu können, wenn ich stolz darauf bin, „unabhängiger" von den überkommenen Werten zu sein als andere Menschen, habe ich nicht nur kein „schlechtes Gewissen", wenn ich etwas „Böses" tue. Es ist dann in meinen Augen auch nicht mehr „böse", wenn ich mich über weit verbreitete Normen und viele angeborene Instinkte hinwegsetzt. Man denke nur an die indoktrinierten Selbstmordattentäter, die stolz darauf sind, sich für ihr Volk opfern zu dürfen (und dabei zu Mördern werden) und auch von den Verwandten und Mitgliedern der Gemeinschaft entsprechend gefeiert werden.

Der Mensch ist ein von abstrakten Vorstellungen, Ideen und Ideologien gesteuertes Wesen, was als solches zum Monstrum werden kann (siehe auch „Drittes Reich"!).

Verteidigung des Selbstbildes

Ein einigermaßen intaktes Selbstbild, das uns in nicht zu schlechtem Licht stehen lässt, ist das Wichtigste, was wir besitzen. Wir verteidigen es, wann immer wir können – manchmal auch mit nicht ganz vernünftigen Mitteln.

Wenn wir Erfahrungen machen, die mit unserem Selbstbild nicht oder nur schwer vereinbar sind, dann haben wir eine Reihe von Tricks auf Lager, mit denen wir unser Selbstbild vor Schaden, vor einer Verunsicherung bewahren können. Einige seine hier aufgezählt:

- **Verdrängen:** Menschen haben die Fähigkeit, Informationen, die zu schmerzhaft sind oder zu viel Kraft erfordern, um sie in ihrer ganzen Bedeutung aufzunehmen, zu verarbeiten und in unser Selbstbild zu integrieren, einfach aus dem Bewusstsein auszuklammern. „Was ich nicht weiß (oder nicht mehr weiß), macht mich nicht heiß", sagt der Volksmund.
- **Abwerten:** Man kann das Ereignis oder den Informanten, der die Nachrichten überbracht hat, die mit unserem Selbstbild im Widerspruch stehen, abwerten oder entwerten. Der Informant ist „unzuverlässig" und die Nachricht daher falsch.
- **Distanz schaffen:** Häufig beziehen sich die Informationen, die wir nicht oder nur schwer mit unserem Selbstbild in Einklang bringen können, auf Forderungen an unser Verhalten oder an eine Bewertung, die wir vornehmen. Wenn wir dann feststellen, dass die Urheber dieser Forderungen nicht zu unserer Gruppe gehören, einer anderen Kultur oder einer anderen politischen Orientierung zugehören (also andere „Grundwerte" besitzen), dann gelingt es meist, deren Urteil für uns als „unbedeutend" anzusehen. „Die sind für mich nicht relevant!", lautet das beruhigende Urteil.

Wenn unsere Mitmenschen ein sehr festes, unverrückbares Selbstbild besitzen, dann erleben wir sie als „authentisch", „arrogant" oder „stur", im Extremfall als „egoman". In einem Seminar ist mir einmal ein Teilnehmer begegnet, der keinerlei Hemmungen hatte, sich gegen die Normen der übrigen Gruppe zu stellen. Schon sein Äußeres unterschied sich wesentlich. Er trug ein Monokel, Überfallhosen, wie sie in den fünfziger Jahren des vorigen Jahrhunderts modern waren und obwohl er keine Behinderung zeigte, nutzt er immer einen Spazierstock mit Elfenbeinknauf. Natürlich war er adliger Herkunft, was er aber nicht „vor sich hertrug", sondern was wir nur zufällig entdeckten. (Wir sprachen uns nur mit Vornamen an.) Mitten in einer Übung, bei der wir alle versuchten, ein „gutes Bild" zu machen, nicht zu versagen, um die Anerkennung der Gruppe nicht zu verlieren, sah dieser Teilnehmer plötzlich aus dem Fenster und erklärte uns: „Ihr könnt doch sicher eine halbe Stunde auf mich verzichten. Das Wetter ist so schön, ich werde einen Spaziergang machen!" und verließ den Raum. Er war in seinen Augen etwas Besonderes und natürlich gab es nur einen, der maßgeblich für sein Verhalten war, das war er selbst.

Ein Konflikt zwischen den Werten unseres Selbstbildes und unserem Handeln ist nur schwer zu ertragen. Im Zweifelsfall ist uns unser Selbstbild mehr wert als alles andere, als Freundschaften (Coronakrise: wir kündigen die Freundschaft zu jemandem, der einer (anderen) Verschwörungstheorie anhängt), als unsere Gesundheit (wir sehen uns als einen Bayer, der mehrere Maß Bier „verträgt"), ja sogar unser Leben (religiöse Märtyrer, Selbstmordattentäter).

Eine wichtige Rolle bei der Bildung des Selbstbildes spielt die Gruppenzugehörigkeit. Sehen wir uns als Sportler, Computerfreak, Republikaner (in den USA), Christ, Intellektuelle, Deutscher, Kölner oder Düsseldorfer, Türke, Flüchtling, Unternehmer oder Arbeitnehmer usw.?

Auch die „Moral", nach der wir unser Verhalten richten, hängt von dieser Gruppenzugehörigkeit ab. Wenn Menschen mit Migrationshintergrund in unserer Gesellschaft sich „merkwürdig", „unmoralisch" oder gar „kriminell" verhalten, so hat das nicht selten mit den unterschiedlichen Moralvorstellungen zu tun, die ihrem Selbstbild zugrunde liegen. Dabei hat das, was man als „Moral", oder „moralisch" empfindet, vier Komponenten, die sehr unterschiedlich gewichtet sein können:

- Unsere Grundsätze und Überzeugungen (vermittelt meist von unserer Familie, in der wir großgeworden sind);
- unser intuitives Moralgefühl (Immanuel Kant spricht von dem „moralischen Gesetz in uns")[116];
- die Sorge um die Achtung und den Respekt, den man uns entgegenbringt, also unsere Stellung in der Gesellschaft, und schließlich natürlich auch
- die Sehnsucht nach einem „erfüllten Leben", glücklich und zufrieden zu sein).

Unser Gehirn ist kein homogenes Organ wie etwa die Leber oder die Niere. Es besteht aus verschiedenen Teilen, die unterschiedliche Funktionen haben und die miteinander kommunizieren. (Selbst die Wahrnehmung von Formen und Farben geschieht in unterscheidbaren Hirnarealen.) Die Vorstellung, die wir uns von uns selbst machen, wie alle „komplexen Hirnfunktionen (wie Aufmerksamkeit, Emotionen, Exekutivfunktionen oder Entscheidungsfindung) erwachsen aus dem Zusammenspiel verschiedener und im ganzen Gehirn weit verstreuter Regionen", wie jüngste Entdeckungen zeigen. Der Neurochirurg Martín-Fernández spricht von einem „System aus neuronalen Netzen"[117]. Ein wichtiger Teil scheint der Präfrontale Cortex zu spielen, den man mit Willenskraft und Durchsetzungsfähigkeit auch gegenüber unseren eigenen Wünschen und Bedürfnissen in Verbindung bringt.

Wenn auch das Bild, das wir von uns haben, teilweise von der Situation und der Stimmung, in der wir uns momentan befinden, abhängig ist, so scheint doch der Kern dieses Bildes zumindest bei den meisten

Menschen sehr langfristig zu bestehen und von Außenreizen weitgehend unabhängig zu sein. Viele Persönlichkeiten, wie z.B. Nelson Mandela, aber auch manche fest im Glauben stehende, verfolgte Menschen, z.B. Dietrich Bonhoeffer, legen ein Zeugnis davon ab. Sie blieben ihren Wertvorstellungen auch dann treu, wenn sie unter extreme Bedrohung gerieten oder an die Macht kamen. Das Selbstbild ist, wie vieles, von dem wir uns beeinflussen lassen, nur eine Vorstellung, die sich in unserem Gehirn gebildet hat, aber offensichtlich eine sehr wichtige und langfristige, die eine große Bedeutung für unser Verhalten und letztlich für das Gelingen des Lebens hat.

Das Ergebnis der Verarbeitungsprozesse im Gehirn, die weitgehend unbewusst ablaufen, nennen wir dann, wenn es nicht nur „errechnet ist", also auf logischen Überlegungen basiert, Intuition. Dann spielen fast immer unbewusste Wertungen eine wesentliche, Vernunft und Logik dagegen nur eine untergeordnete Rolle.

Wir haben die Pflicht, dafür zu sorgen, dass wir glücklich sind

Keine Pflicht wird so unterschätzt wie die Pflicht, glücklich zu sein.
Robert Louis Stevenson[118]

Warum ist „Glücklichsein" überhaupt so wichtig? Was macht dieses Gefühl mit uns? Warum haben wir die Plicht, uns um dieses Gefühl zu bemühen?

In der amerikanischen Verfassung ist das Recht verankert, dass jeder die Möglichkeit haben sollte, nach seinem eigenen individuellen Glück zu streben. In diesem Buch vertrete ich die Ansicht von Stevenson, dass wir nicht nur das Recht, sondern sogar die Pflicht haben, alles zu tun, damit man selbst glücklich ist. Ich widerspreche damit der Forderung von Immanuel Kant: „Wir sind nicht auf der Welt, um glücklich zu werden, sondern um unsere Pflicht zu erfüllen."

Ich bin mir deshalb meiner Forderung so sicher, weil ich glaube nachweisen zu können, dass wir als glückliche Menschen „bessere" Menschen sind und jeder einzelne Mensch und unser ganzer Planet davon sehr profitieren würden. Es mag also sein, dass wir hier auf der Welt sind, um unsere Pflicht zu erfüllen, aber unsere Pflicht ist es (auch), glücklich zu sein.

Ich folge hier dem britischen Philosophen, Schriftsteller, Religionskritiker und Logiker Bertrand Russell[119] der einmal feststellte:

„Das gute Leben, wie ich es mir vorstelle, ist ein glückliches Leben. Ich meine nicht, dass Du glücklich wirst, wenn Du gut bist. Ich meine: Wenn Du glücklich bist, wirst Du gut sein."

Aber was heißt „gut sein"? Ist das eine moralische Dimension oder geht es um Leistung? Wenn man die Psychologie fragt, dann kann sich das auf beide Felder beziehen.

Glückliche Menschen sind die besseren Menschen, weil ihnen all ihre Ressourcen zur Verfügung stehen:

Um die volle Leistung zu bringen, um alle unsere Fähigkeiten in einem konkreten Moment einsetzen zu können, müssen wir uns anstrengen, wir müssen „uns zusammenreißen", wir müssen unsere Willenskraft unter Beweis stellen. Das Planen und die Koordination der Leistungsbereiche auf ein bestimmtes Ziel hin erfordert den Einsatz des präfrontalen Cortex, eines Hirnareals, das hinter der Stirn liegt. Wenn wir uns aber zu sehr unter Druck setzen oder von der Umgebung zu sehr gefordert werden, dann entsteht Stress und der behindert die Funktion des präfrontalen Cortex und damit letztlich unsere Leistungsfähigkeit wesentlich.

Das wissen alle Sportler, aber auch Wissenschaftler, die Höchstleistungen abliefern wollen. Daher fordern viele Denker, dass man gut zu sich ist, denn damit verhindert man den schädlichen Stress. Wir müssen dafür sorgen, dass aus dem schädlichen negativen ein positiver Stress wird, dass wir uns anstrengen, nicht weil wir es müssen, oder glauben zu müssen, sondern weil wir gerne tun, was wir tun. Auch wenn wir uns beim Wandern in einer schönen Landschaft anstrengen, versetzen wir den Körper unter Stress, aber diesen Stress kann man sogar genießen. Wir sprechen vom Eustress im Gegensatz zu dem schädlichen Distress. Der Unterschied liegt vor allem in der Einstellung, die wir gegenüber unserer Tätigkeit haben.

Hierzu eine wissenschaftliche Beobachtung:
Forscher haben die Angestellten eines großen Hotels, die für das Bettenmachen zuständig waren, davon überzeugt, dass das Aufschütteln und das Beziehen der Betten viel Ähnlichkeit mit Körperübungen haben, die man aus Gesundheitsgründen absolvieren sollte. Man hielt sie an, in Zukunft sich zu freuen, dass sie gesundheitlich förderliche Übungen während ihrer Arbeitszeit absolvieren dürfen. Die Kontrollgruppe wurde nur über gesunden Lebensstil unterwiesen. Beim Vergleich beider Gruppen zeigte sich, dass die Gruppe, die beim Arbeiten ihre Gymnastik-Übungen absolvierten (während sie ihren Pflichten nachgingen), weniger Stress empfanden, einen niedrigeren Blutdruck hatten und sich insgesamt besser fühlten.

Aber solche Umorientierungen, bei denen wir unsere Pflicht positiv bewerten, finden wir auch im Alltag nur dann, wenn es uns gut geht. Kuhl[120] konnte durch seine Experimente nachweisen, dass wir Freude brauchen, um kreativ zu sein.

Der deutsche Philosoph Wilhelm von Humboldt[121], Sprachwissenschaftler und preußischer Regierungsbeamter, für den Pflicht wichtig war und der auf Bildung großen Wert legte, hat auch die Bedeutung der positiven Gefühle erkannt. Er war der Überzeugung, dass es zwar richtig ist, dass wir durch Probleme und Schicksalsschläge stärker werden („Was mich nicht umbringt, macht mich stärker"[122], sagt Nietzsche[123]), aber dass das nur eine Seite der Medaille darstellt:

> „Die Menschen müssen leiden, um **stark** zu werden, dacht' ich.
> Jetzt denk' ich, sie müssen Freude haben, um **gut** zu werden."

Hier ist er sich einig mit einem der wichtigsten Vertreter der „Positiven Psychologie" Mihaly Csikszentmihalyi[124]:

> „Es ist wichtig zu lernen, sich am Leben zu freuen. Es ist wirklich nicht sinnvoll, durch die ganzen Berge und Täler des Daseins zu gehen, wenn man nicht so viel wie möglich davon genießt."

Wissenschaftler konnten diesen Zusammenhang auch experimentell an Tieren zeigen: Mathias Schmidt und Anke Schlee vom Max-Plank-Institut für Psychiatrie wiesen an Mäusen nach,[125] dass es ein bestimmtes Hormon[126] gibt, das die Leistungsfähigkeit des präfrontalen Cortex bei Mäusen auch Stunden, nachdem sie unter sozialen Stress gesetzt wurden, behindert. Nach Ausschalten der Wirksamkeit dieses Hormons, fand keine Leistungsreduktion bei Stress statt. „Entscheidend ist, dass wir den Mechanismus identifizieren konnten, der den Leistungsabfall nach Stress bewirkt", fasst Schmidt die Studie zusammen. Das Verständnis dieses Mechanismus ist wichtig, um nachvollziehen zu können, wie Stress sich auf unser Denken, Fühlen und Wahrnehmen auswirkt. Man kann davon ausgehen, dass beim Menschen ähnliche Mechanismen wirksam sind.

Viele weitere positive Folgen, die das Glücklichsein für den Betroffenen mit sich bringen, lassen sich empirisch belegen. Nachfolgend gehe ich im Einzelnen auf sie ein.

Glückliche Menschen sind gesünder:

> *Die Leute glücklich machen, hieße, einen ansehnlichen Teil*
> *ihrer Krankheit zum Verschwinden bringen. Ein kleines Glück täglich ist*
> *mehr wert als alle Tabletten.*
> Montesquieu[127]

Immer wieder begegnet man Zitaten, in denen darauf hingewiesen wird, dass das Glücklichsein gesundheitsförderlich ist. Auch Voltaire war im 18. Jahrhundert davon überzeugt, dass das persönliche Glücksgefühl mit der eigenen Gesundheit in Verbindung steht. Von ihm wird das berühmte Zitat überliefert: „Da es sehr förderlich für die Gesundheit ist, habe ich beschlossen glücklich zu sein."[128]

Selbst der Skeptiker Sigmund Freud erkannt den Zusammenhang von Gesundheit und psychischen Faktoren, die sich aus dem Lieben und einer erfüllten beruflichen Tätigkeit ergeben: „Das Kopfkissen der menschlichen Gesundheit ist die Fähigkeit zu lieben und die Fähigkeit zu arbeiten."

Heute ist dieser Zusammenhang zwischen Wohlbefinden und Gesundheit wissenschaftlich nachgewiesen. Wenn wir glücklich sind, kann man in unserem Blut mehr T-Zellen nachweisen, die eine wichtige Rolle bei der Abwehr von Krankheiten spielen.

Die Forscherinnen Solberg Nies und Segerstrom haben in einem Überblicksartikel[129] untersucht, welchen Einfluss „Positivfaktoren" auf die Gesundheit und die Abwehrkräfte des Körpers haben. Sie zählen folgende sieben „Positivfaktoren" auf:

- Optimismus, d. h. der Glaube daran, dass die Dinge gut ausgehen;
- ein bestimmter positiver Attributionsstil, d. h. die Art und Weise, wie die Ursache von Ereignissen erklärt wird, dass wir nicht hilf-

lose Opfer, sondern immer auch in gewisser Weise Gestalter des Geschehens sind;

- Selbstwert, d. h. die Einschätzung einer Person hinsichtlich des eigenen Werts (s. Selbstbild);
- Selbstwirksamkeit, d. h. der Glaube an die eigenen Fähigkeiten, ein bestimmtes Ziel zu erreichen (s. Gestaltergrundhaltung);
- posttraumatisches Wachstum oder *benefit finding,* d. h. die Neigung, einem traumatischen Ereignis auch etwas Positives abzugewinnen und daran zu wachsen (s. Resilienzfaktor);
- positiver Affekt, d. h. positive Gefühle wie Begeisterung, Glück und Enthusiasmus;
- soziale Beziehungen, d. h. tatsächliche oder wahrgenommene Interaktionen mit anderen und Unterstützung durch diese.

Diese Punkte lassen sich – im weitesten Sinn – alle als Wege zum Glück, wie wir es definieren, auffassen. Die Autorinnen kommen zusammenfassend zu dem Schluss, dass „der Zusammenhang von Positivfaktoren und Immunaktivitäten … durch verschiedenste Befunde belegt wird." Die Positivfaktoren „stehen alle mit der Immunaktivität in Verbindung, wobei die genannten Faktoren bis zu einem gewissen Grad noch psychotherapeutisch steigerbar sind". Ich möchte ergänzen, dass wir selbst, auch ohne Hilfe von Therapeuten, es in der Hand haben, diese „Positivfaktoren" in uns zu fördern.

Schülerinnen und Schüler, die sich wohl fühlen, lernen besser.

Lernen ohne Begierde verdirbt die Erinnerung,
und der Lernende behält nichts, was es aufnimmt.
Leonardo Da Vinci[130]

Der Erfolg der Kinder und Jugendlichen in der Schule, vielleicht noch wichtiger: die guten Erfahrungen, die sie beim Lernen machen, sind wichtige Voraussetzungen für den Erfolg in ihrem späteren Leben. Nicht nur, weil sie mit guten Zeugnissen mehr Möglichkeiten haben, sondern auch, weil ihre Erlebnisse beim Lernen für ihr ganzes Leben prägend wirken können. In den heutigen Schulen, vor allem in den Ländern Europas, sind die Kinder und Jugendlichen wachsenden Anforderungen ausgesetzt. Sie erleben daher nicht selten Angst und Stress in der Schule. Daraus ergibt sich dann eine weit verbreitete Abneigung, in die Schule zu gehen. Das kommt zum einen daher, dass die Ablenkungen, die sie vom Lernen abhalten, deutlich mehr geworden sind (Internet, Handy), zum anderen, weil die Heterogenität in den Klassen durch die Migration in fast allen europäischen Ländern erheblich zugenommen hat und den Lehrinnen und Lehrern aber auch den Schülerinnen und Schülern Schwierigkeiten macht.

Dabei gehört es inzwischen zum Allgemeinwissen, dass die Lernerfolge umso größer sind, je weniger Stress die Lernenden erleben. Man ist daher weltweit dazu übergegangen, mehr auf das Wohlbefinden der Kinder und Jugendlichen in der Schule zu achten und das Erreichen dieses Ziel zu einem eigenen Bildungsziel zu machen.[131] Das zeigt sich auch darin, dass in der PISA-Studie von 2015 neben Leistungsfaktoren ebenso das "Well-being" (das Wohlbefinden) von Schülerinnen und Schülern untersucht wurde.[132]

Die Schule ist ein besonders wichtiger Entwicklungs- und Lebensraum für unsere Jugend und daher darf nicht nur auf eine optimale Vermittlung des Stoffes geachtet werden, sondern es muss ein wichtiges Ziel sein, dass das Lernen in einer unterstützenden, sicheren, angenehmen Lernumgebung stattfindet, oder in der hier verwendeten Terminologie ausgedrückt, dass die Jugend in der Schule glücklich und zufrieden ist.

Damit wird nicht nur erreicht, dass das Lernen effektiver wird, weil der lernhemmende Stress wegfällt, sondern man vermittelt auch die Überzeugung, dass „das Lernen" generell zu einem bedeutsamen und sinnvollen Leben gehört; dass es eine Tätigkeit darstellt, die einem gute Gefühle vermittelt, die glücklich macht. In einer Welt, die sich in immer größerer Geschwindigkeit laufend verändert und neue Herausforderungen im beruflichen wie im privaten Umfeld stellt, ist diese Überzeugung und die daraus abgeleitete Bereitschaft zu „lebenslangem" (oder besser: „lebensbegleitenden") Lernen entscheidend.

Die Frage, die sich aus den oben dargestellten Fakten ergibt, ist, wie man Wohlbefinden oder Zufriedenheit bei den Schülerinnen und Schülern sicherstellen kann. Grundsätzlich lassen sich zwei Bereiche unterscheiden, die zum Wohlbefinden der Jugendlichen beitragen:

Faktoren innerhalb der Schule, wie der Unterricht, die Lehrer oder die Klassenkameraden und

die Einflussfaktoren außerhalb der Schule, wie Lernmaterialien und Bedingungen beim außerschulischen Lernen.

Es würde hier zu weit führen, die vielen Faktoren im Einzelnen aufzuzählen, die dort für mehr Wohlbefinden sorgen könnten. Ich verweise auf die „Wege zum Glücklichsein", die im letzten Abschnitt dieses Buches dargestellt werden, die fast alle auch im Kontext der Schule und des Lernens umgesetzt werden können.

Unbestritten ist die immer wieder beobachtete positive Korrelation zwischen Wohlbefinden und Schulleistung.[133] Schüler, die in einer

Befragung über ihr Wohlbefinden höhere Werte erreichen, weisen bessere Schulleistungen auf und engagieren sich mehr für die Schule als Kinder und Jugendliche, die sich weniger glücklich und zufrieden fühlen.[134]

Allerdings hat man bisher keinen direkten, unmittelbaren Zusammenhang, sondern nur eine Korrelation gefunden. Es scheint, dass sich das Wohlbefinden nicht direkt auswirkt. Wohlbefinden entfaltet seine Wirkung eher indirekt, indem es die Motivation der Schüler und damit ihre Anstrengungsbereitschaft fördert, was letztlich zu einem erfolgreichen Umgang mit der Schule und ihren Herausforderungen führt und in bessere Lernergebnisse mündet[135].

Darüber hinaus kann Glück und Zufriedenheit (Wohlbefinden und Abwesenheit von Stress) als eigener Wert betrachtet werden. Man sollte ihn unabhängig von seiner Wirkung auf die Motivation fördern, da er die Grundbedingung für Bildungsbeteiligung und eine positive Einstellung zum Lernen innerhalb und außerhalb der Schule darstellt. Dies zeigt sich auch darin, dass ein Mangel an Wohlbefinden in der Schule zu Schulversagen führt.[136]

Glückliche und zufriedene Menschen sind weniger anfällig gegenüber Suchtverhalten

> *Glück findet man nicht auf dem Boden einer Flasche oder an der Spitze einer Nadel; man findet es nicht in einer Rauchwolke oder in einer zuckerhaltigen Pille.*
> *Wenn Sie es an diesen Orten suchen,*
> *werden Sie nichts als Verzweiflung finden.*
> Wayne Gerard Trotman[137]

Dieses Zitat macht deutlich, dass man mit Hilfe von Suchtmitteln vielleicht kurzfristige Hochgefühle erreichen kann, aber auf keinen Fall das, was wir hier unter Glück verstehen.

Süchtig oder abhängig kann man von einer bestimmten Substanz (Alkohol, Drogen, Rauchen) oder einem Verhalten (Spielsucht, Sexsucht) sein. Laut ICD-10 der internationalen Klassifikation der Krankheiten der Weltgesundheitsorganisation (WHO)[138], spricht man von krankhafter Sucht dann, wenn folgende Kernsymptome vorliegen:

1. Starkes Verlangen (Craving). Man verspürt einen zwanghaften Wunsch nach einer Substanz oder einem Verhalten.
2. Kontrollverlust. Man hat keine Kontrolle über die Häufigkeit, die Menge, Beginn und Ende dieses Verhaltens oder des Konsums.
3. Toleranzentwicklung. Man erlebt eine kontinuierliche Steigerung des Konsums oder des Verhaltens.
4. Entzugssymptome. Man erlebt körperliche Entzugserscheinungen, wenn man versucht, das Verhalten oder den Konsum zu reduzieren.
5. Vernachlässigung. Man vernachlässigt andere Verpflichtungen und eigene Interessen.
6. Fortgesetzter Konsum trotz schädlicher Konsequenzen. Man entdeckt körperliche, psychische oder finanzielle Nachteile, die durch den Konsum oder das Verhalten entstehen, und macht trotzdem weiter.

Von krankhafter Abhängigkeit wird dann gesprochen, wenn mindestens drei der Merkmale vorliegen.

Das Suchtmittel oder das Verhalten löst im Gehirn kurzfristig positive Gefühle (Glücksgefühle) aus, dadurch werden negative Stimmungen,

Konflikte, emotionale Belastungen, ein negatives Selbstwertgefühl oder auch nur Langeweile überdeckt.

Wenn es uns gut geht, wenn wir glücklich und zufrieden sind, und Zugang zu all unseren Ressourcen, vor allem zu unserem Extensionsgedächtnis und dem integrierten Selbst haben, dann sind wir nicht so sehr empfänglich für diese Formen der Ablenkung und wir verlieren nicht die Kontrolle über unser Verhalten. Das zeigt sich vor allem, wenn wir entdecken, dass unser Verhalten oder unsere Konsumgewohnheiten uns schaden könnten.

Eine „gestandene oder gereifte Persönlichkeit" ist nicht so anfällig gegenüber einer unkontrollierten Abhängigkeit, da sie Absichten und Ziele in ihrem Leben gebildet hat, mit denen sie sich wirklich identifizieren kann und die mit all ihren eigenen Bedürfnissen und Werten, aber auch mit den Erwartungen und Werten ihrer sozialen Umgebung, abgeglichen sind. Das geschieht im Kontakt mit dem Extensionsgedächtnis und schafft ein mächtiges Bollwerk, auch gegenüber der Versuchung, ein Verhalten zu praktizieren, das Abhängigkeit auslöst.

Auch hier sei auf das Selbstbild verwiesen. Wenn wir der Überzeugung sind, Gestalter unseres Lebens zu sein und das ein wesentlicher Teil unseres Selbstbildes ist, dann schrillen entsprechende Allarmglocken, sowie man ein Verhalten an sich entdeckt, gegen das rationale Überzeugungen sprechen und das einem zu der Überzeugung kommen lässt, dass man Opfer dieses Verhaltens sein oder werden könnte. Man wird dieses Verhalten dann einstellen, um seinem Selbstbild zu entsprechen, noch bevor sich die körperliche Abhängigkeit entwickelt hat.

Glückliche und zufriedene Menschen sind hilfsbereiter, sozialer, empathischer

Ein Mensch, der sich wohl fühlt, hat niemals das Bedürfnis, einen Mitmenschen zu attackieren oder zu verfolgen.[139]

Kay Pollak

Der Zusammenhang zwischen positiven Gefühlen und der mitfühlenden Einstellung zu anderen Menschen wurde mehrfach in psychologischen Experimenten wissenschaftlich untersucht und konnte empirisch nachgewiesen werden. Es zeigte sich immer wieder, dass die Hilfsbereitschaft steigt, wenn man in positiver Stimmung ist, und sei es auch ein noch so geringfügiges positives Gefühl.

Auch dieses Kapitel möchte ich mit einer Geschichte beginnen, die eines dieser Experimente beschreibt:

Glück macht hilfsbereit

Man beobachtete ein Telefonhäuschen auf einem Universitätscampus von der anderen Straßenseite aus und stellte fest, dass fast jeder Anrufer nach dem Auflegen des Hörers einen Blick in das Geldrückgabefach warf, um festzustellen, ob dort nicht – aus welchen Gründen auch immer – Geld liegen würde. (Das Experiment fand zu einer Zeit statt, in der das Handy noch nicht verbreitet war.)

Daraus entwickelten die Wissenschaftler ein sinnvolles und trickreiches Experiment: Sie legten nach dem Zufallsprinzip Münzen in die Geldrückgabe, sodass einige Telefonbenützer tatsächlich Geld vorfanden. Dann engagierte man eine junge Frau, die genau dann an dem Münztelefon vorbeigehen sollte, wenn die beobachteten Telefonbenutzer den Hörer auflegten und zum Teil die vorbereiteten Münzen fanden. Die junge Frau trug nun einen Stapel von

Büchern und »stolperte« ausgerechnet vor der Telefonzelle und alle Bücher fielen auf den Boden.

Die Wissenschaftler konnten nun beobachten, dass die Studenten, die gerade Münzen in dem Geldrückgabefach gefunden hatten, viermal so oft der Frau beim Aufheben der Bücher halfen, als die Personen, die keine Münze gefunden hatten. Sie zogen daraus den Schluss, dass man eher dazu neigt, Gutes zu tun, wenn man sich selbst wohlfühlt oder wenn man selbst Gutes erfahren hat.[140]

Barbara L. Fredrickson berichtet von ähnlichen „klassischen" Experimenten, die Alice Isen durchgeführt hat. „Sie demonstrieren, dass Menschen, die sich gut fühlen, eher bereit sind, sich Fremden gegenüber freundlich zu verhalten und ihnen ihre Hilfe anzubieten." Sie vermittelte „einem Teil der Probanden eine positive Grundstimmung, indem sie ihnen unerwartet Geschenke machte – einen Keks, ein Päckchen Briefpapier – oder indem sie dafür sorgte, dass sie kleine Entdeckungen machten, wie die Münzen in einer Telefonzelle. Im Vergleich zu den Versuchspersonen, die keine kleinen Geschenke erhielten, erwiesen sie sich im Anschluss als deutlich eher bereit, einem Fremden dabei zu helfen, ... sich freiwillig zu irgendwelchen Hilfsaktionen zu melden oder für jemand anderen ein Telefonat zu führen."[141]

Hier wurde wissenschaftlich ein Zusammenhang aufgezeigt, den wir im Alltag alle schon beobachtet haben, aus dem wir vielleicht nur noch nicht in genügendem Umfang die Konsequenzen gezogen haben.

Den umgekehrten Zusammenhang können wir ebenso oft beobachten. Er ist in einem in der Psychologie oft (und auch hier schon) zitierten Satz zusammengefasst: »Frustration schafft Aggression!« Menschen, deren Erwartungen gerade enttäuscht wurden, neigen sehr häufig dazu, die negativen Gefühle, die daraus entstanden sind, an andere weiterzugeben. Das hat viele Humoristen die weithin bekannte

Kettenreaktion darstellen lassen, bei der der Chef seinen Mitarbeiter tadelt, dieser wieder seinen Untergebenen, dieser, als er nach Hause kommt, seine Frau, diese dann ihr Kind, welches zuletzt dem Hund einen Fußtritt gibt.

Sicher konnten auch Sie den Zusammenhang zwischen Frustration und Aggression immer wieder beobachten, obwohl er häufig verborgen bleibt. Negative Stimmungen, das Gefühl überfordert zu sein, zu versagen, den Anforderungen der Umwelt nicht genügen zu können, schaffen »ideale« Bedingungen dafür, dass wir diese Gefühle an unsere Umwelt bzw. an unsere Mitmenschen weitergeben. Wir setzen unsere Mitmenschen dann (oft unbewusst) unter Druck oder schaden ihnen sogar. Ein Mensch mit der Überzeugung, Gestalter seines Lebens zu sein, übernimmt die Verantwortung für seine Gefühle, auch für diese negativen Gefühle, selbst dann, wenn sie von anderen ausgelöst wurden, und er lernt, sie zu neutralisieren. Dabei unterbricht er die Kette der Weitergabe solcher Gefühle von einem zum anderen, die durch das erneute Ausdrücken der negativen Gefühle entsteht. Wir sollten uns bewusst sein, dass sowohl die positiven als auch die negativen Gefühle, die wir bei anderen auslösen, weiterleben und wir gar nicht beurteilen können, was wir am Ende der Kette damit anrichten (wenn es überhaupt ein Ende gibt).

Als kluger »Egoist« oder besser gesagt als jemand, der bewusst sein Extensionsgedächtnis aktiviert und sich damit von der Gestaltungskraft der persönlichen Intelligenz leiten lässt, kann man sich die längerfristigen Konsequenzen seines Handelns vorher zu überlegen. Auch die von uns immer wieder empfohlene Anwendung der Integration persönlicher Interessen mit denen anderer Menschen bedeutet nicht, dass man die »Liebe zu anderen wie zu sich selbst« kontextblind verfolgt. Persönliche Intelligenz bedeutet, dass man immer den Zusammenhang berücksichtigt, besonders natürlich auch die Frage, mit welchen Menschen man sich einlässt. Wenn man das ausgedehnte Netzwerk persönlicher Erfahrungen (das Extensionsgedächtnis) häufig nutzt und immer weiterentwickelt, dann spürt man auch die Grenzen der Vereinbarkeit persönlicher Interessen mit denen anderer Menschen. Das lebenserfahrene Selbstsystem weiß auch, wann es – vielleicht auch einmal ganz egoistisch – darauf verzichten muss, eigene mit fremden Bedürfnissen zu verknüpfen. Das wird in der alten Lebensweisheit ausgedrückt: *Trau, schau, wem.*

Der 1938 geborene schwedische Regisseur des preisgekrönten Films „Wie im Himmel", Kay Pollak (siehe Eingangszitat zu diesem Abschnitt) hat offensichtlich gute Erfahrungen mit glücklichen Menschen gemacht. Ich bin mir sicher, dass auch Sie sich nicht daran erinnern können, dass Sie jemals von einem wirklich glücklichen und zufriedenen Menschen willentlich verletzt wurden, sei es körperlich oder seelisch. Mit glücklichen Menschen ist man lieber zusammen als mit unglücklichen. Sie haben einen größeren Freundes- und Bekanntenkreis. Sie bekommen mehr Unterstützung.

Hier noch einen Nachtrag zu dem Experiment mit der Telefonzelle oder ähnlichen Untersuchungen:

Auch die Tatsache, dass wir dann, wenn es uns gut geht, sozialer eingestellt sind, lässt sich mit der PSI-Theorie von Kuhl begründen. Wenn wir mit uns und der Welt im Reinen sind, wenn wir mit unserem Extensionsgedächtnis verbunden sind, dann gelingt es uns, nicht nur an unseren Vorteil zu denken, sondern wir können gleichzeitig die Wünsche, Bedürfnisse und Motive der Menschen unserer Umwelt mit in unsere Entscheidungen einbeziehen. Unser Extensionsgedächtnis ist darauf spezialisiert, mehrere Aspekte gleichzeitig zu sehen und zu berücksichtigen. Es kennt kein „Entweder-oder", sondern hat immer ein „Sowohl-als-auch" vor Augen. Es ist in der Lage, parallel mehrere Aspekte und damit auch die Interessen mehrerer Personen gleichzeitig zu beachten.

Glückliche Menschen sind kreativer und damit erfolgreicher

Erfolg ist nicht der Schlüssel zum Glücklichsein.
Glücklichsein ist der Schlüssel zum Erfolg.
Wenn du das, was du tust, liebst, wirst du erfolgreich sein.[142]

Glückliche Menschen sind kreativer und erfolgreicher. Der Zusammenhang zwischen guter Stimmung und Kreativität bzw. Leistung wird immer wieder bestätigt. Auch viele Firmen haben diesen Zusammenhang erkannt und geben große Summen aus, um die Belegschaft „bei Laune zu halten", oder wie es bei den Unternehmensberatern heißt, „zu motivieren".

Zwar gibt es manche Künstler, die trotz oder wegen unglücklicher Umstände Erstaunliches leisten. Man denke nur an die späten Symphonien von Beethoven, die dieser geschrieben hat, als es ihm nicht nur gesundheitlich sehr schlecht ging, oder an die Bilder von Chagall, die so viel Freunde auszustrahlen scheinen, obwohl er ein schweres Schicksal zu überwinden hatte. Auch sagte mir einmal mein Sohn, der für seine Band Lieder schreibt, dass seine besten Kompositionen entstanden sind, als er unglücklich verliebt war. Aber das sind eher die Ausnahmen – und die positive Grundstimmung des Verliebtseins mag auch eine Rolle gespielt haben.

Andererseits ist der Zusammenhang auch in anderer Richtung zu beobachten. „Lebensfreude stärkt die Schaffenskraft; und die Schaffenskraft erhöht die Lebensfreude" behauptet die deutsche Schriftstellerin und Dichterin Else Pannek. Es ist durchaus denkbar, dass manche kreative Leistung entstanden ist, weil der Schöpfer mit seiner Leistung die negativen Gefühle bekämpfen wollte. Auf die Tatsache, dass wir uns selbst zufriedener machen können, indem wir kreativ werden, kommen wir bei den Wegen zum Glück noch näher zu sprechen.

In einer Reihe von Experimenten, die Barbara L. Fredrickson[143] zitierte, wurde nachgewiesen, dass positive Gefühle unsere Kreativität und unsere Abstraktionsfähigkeit verbessern. Dabei wurden die „positiven Gefühle" dadurch ausgelöst, dass sich die Versuchspersonen an schöne Situationen erinnern sollten, dass man ihnen fröhliche oder traurige Musik vorspielte oder man ihnen einfach kleine Geschenke, wie z. B. eine kleine Tüte mit Pralinen machte. Immer wurden Experimentiergruppen, bei denen die Auswirkungen der positiven Gefühle gemessen werden sollten, mit Kontrollgruppen verglichen, bei denen negative oder keinen (neutrale) Gefühle ausgelöst wurden.

In diesen wissenschaftlich kontrollierten Experimenten wurde nachgewiesen, dass die Versuchspersonen mit positiven Gefühlen

- einen weiteren Blick hatten (sowohl im übertragenen Sinn als auch im ganz Konkreten: sie kamen auf Ideen, die nicht unbedingt mit dem gestellten Problem zusammenhingen und sie sahen auch Dinge, die am Rande des Gesichtsfelds lagen);
- kreativer waren, mehr Ideen zur Lösung eines Problems hatten;
- eine gesteigerte Aufmerksamkeit hatten;
- bessere Leistungen, z. B. optimale Lösungen bei Alltagsproblemen entwickelten;
- Ärzte bei Patienten mit Lebererkrankungen bessere Diagnosen stellten, indem sie sämtliche Informationen berücksichtigten, sodass sie nicht einer voreiligen Diagnose den Vorzug gaben;
- Studenten in einem Kurs zur Verhandlungstechnik mit einer kooperativen und freundlichen Grundstimmung am Verhandlungstisch die besten Verhandlungsergebnisse erreichten (und nicht diejenigen, die besonders tough, engagiert oder hitzköpfig waren, aber eine negative Stimmung ausstrahlten), was aber nicht mit Nettigkeit verwechselt werden sollte.

Die aufgezählten Beispiele könnten alle damit erklärt werden, dass die Betroffenen durch die positive Stimmung einen engen Kontakt zu ihrem umfassenden „Vorstellungs- und Ideenspeicher", dem Extensionsgedächtnis hatten. Es ließen sich sicher noch mehr Beispiele finden und es ist überraschend, dass sich bereits bei so kleinen Interventionen wie einer Pralinentüte oder positiver Musik ein Effekt nachweisen lässt. Einen wieviel größeren Effekt kann man erwarten, wenn man seinem Arzt eine Flasche Champagner oder einen großen Blumenstrauß überreicht, oder wenn man sich zur Vorbereitung auf ein Examen selbst durch vielerlei Maßnahmen in eine gute Stimmung versetzt und diese dann mit in die Prüfung nimmt. Haben Sie schon einmal versucht, in „Verhandlungen" (auch mit Polizisten, wenn es um ein mehr oder weniger hohes Ticket wegen Vergehen im Straßenverkehr geht) dem Gegenüber durch Komplimente oder durch gezeigte Empathie in eine positive Stimmung zu versetzen? (Ich habe eine Ehefrau, die sich darauf spezialisiert hat, und die durch „gute Stimmung auslösen"[144] mancher Strafe wegen Falschparkens oder anderen „Vergehen" entgangen ist.)

Wenn man sich einmal die Wirkung von „positiven Gefühlen" bei einem selbst und bei anderen vor Augen geführt hat, dann ist es nur noch ein kleiner Schritt, diese Erkenntnis in die Praxis des Alltags umzusetzen. Sie werden überrascht sein, welche Möglichkeiten ein normaler Tag bietet, bei sich selbst und bei anderen eine solche gute Stimmung auszulösen. Wenn Sie regelmäßig üben, finden Sie immer neue Möglichkeiten. Es müssen nicht immer Blumen, Pralinen oder sonstige Geschenke sein, Komplimente oder das Auslösen positiver Erinnerungen beim Gesprächspartner allein können schon überraschende Effekte haben. Lassen Sie sich nicht entmutigen, wenn Sie nicht gleich die positiven Auswirkungen Ihrer Aktionen zu spüren bekommen. Sie wissen, dass sie (auch langfristig) wirken und irgendwann werden auch Sie wieder Nutznießer der dadurch in Gang gesetzten positiven Kette von Ereignissen sein.

Jan Delhey, Professor für Soziologie an der Otto-von-Guericke Universität in Magdeburg sieht in seinen Erhebungen sogar einen Zusammenhang zwischen den „glücklichen Menschen" und dem Fortschritt: „Es könnte sich zeigen, dass die ‚vielen Glücklichen' der wahre Motor des weiteren Fortschritts sind."[145] Er ist der Überzeugung, dass fortschrittliche, moderne Gesellschaften und damit gute objektive Lebensbedingungen unsere Zufriedenheit vergrößern und daher die Kreativität als Motor der Wirtschaft immer weiter gefördert wird.

Glückliche Menschen sind weniger leicht manipulierbar

> *Machtgelüste sind die entsetzlichsten aller Leidenschaften.*
> Tacitus[146]

Zuletzt möchte ich noch auf eine positive Eigenschaft zufriedener Menschen eingehen, die gerade in der jüngsten Geschichte große Relevanz bekommen hat:

Glückliche, zufriedene Menschen sind schwerer zu manipulieren, während das bei unglücklichen, unzufriedenen Menschen sehr viel leichter gelingt. Ist das vielleicht der Grund, warum autoritäre Führer offensichtlich gar kein großes Interesse haben, ihr Volk glücklich und zufrieden zu machen, oder warum autoritäre Führer bei unglücklichen, verängstigten Wählern so viel Erfolg haben?

Viele der oben geschilderten Probleme, unter denen die Welt heute und schon seit der Existenz von Menschen leidet, haben mit Machtmissbrauch zu tun. Autoritäre Regime, z. B. im Iran, in Russland, in China, in Nordkorea, unter denen die „Untertanen" leiden (meist der größere Teil von ihnen, nämlich diejenigen, die nicht zum Machtapparat gehören) oder aber Politiker, die mit Lügen und Korruption an die Macht kommen, findet man immer wieder. Oft fragt man sich, warum diese Machthaber auch noch oft von der Mehrheit unterstützt werden, obwohl sie unter dem Einfluss ihrer Macht leiden; sei es, weil ein verlustreicher Krieg entfacht wurde, sei es, weil sie ihrer Freiheit beraubt werden. Manche dieser Machthaber wurden sogar in mehr oder weniger freien Wahlen gewählt. Liegt das daran, dass die Gefolgsleute nicht ahnten, was auf sie zukommt? Konnten sie es nicht wissen, oder wollten sie es nicht wissen? Haben sie die Gefahren ignoriert?

Auch bei der Beantwortung dieser Fragen hilft die oben getroffene Unterscheidung verschiedener Hirnfunktionen, wie sie Kuhl dargestellt hat. Um die Schlussfolgerung vorwegzunehmen. Der von 1861 bis 1941 in Bengalen lebende Philosoph, Dichter, Musiker und erster Nobelpreisträger für Literatur aus Asien Rabindranath Tagore hat es prägnant ausgedrückt:

> „Die Macht ist ein wissenschaftliches Produkt geworden, das in dem politischen Laboratorium erzeugt wird, durch Einschmelzung der menschlichen Persönlichkeit."[147]

Was Tagore „Einschmelzen der menschlichen Persönlichkeit" nennt, würde Kuhl wahrscheinlich als ein „Entfremden vom Selbst" bezeichnen. Auch bei diesem Phänomen beziehen wir uns auf das Extensionsgedächtnis. Diesen Teil des Gehirns haben wir auch im Sinn, wenn wir „aus dem Selbst heraus" handeln. Dieser, weitgehend unbewusst agierende Teil sorgt in der Regel dafür, dass unsere Handlungen den tiefverwurzelten Bedürfnissen und Motiven unserer Persönlichkeit und der Menschen in unserer Umgebung entsprechen.

Es gibt nun Situationen, in denen der Zugang zu diesem Hirnareal gestört ist und das Extensionsgedächtnisses bzw. das Selbst nicht mehr oder nur eingeschränkt funktioniert. Das konnten Kuhl und seine Mitarbeiter in mehreren empirischen Untersuchungen nachweisen. Wenn die Versuchspersonen unter Stress gesetzt werden, zeigten sie eine Reihe von Funktionsdefiziten: „Alienation (Entfremdung) im Sinne eines geschwächten Wissens über eigene Präferenzen, Selbst-Infiltration im Sinne einer Verwechslung eigener mit fremden Wünschen"[148] u.a. Sie wissen buchstäblich nicht mehr, was gut für sie ist, was sie wollen. Dieser Effekt ist besonders bei Menschen zu beobachten, die in ihrer Kindheit und Jugend gelernt haben, dass sie „Opfer des Schicksals" sind, selbst wenig oder nichts gestalten können, vom Wohlwollen der „übergeordneten Instanzen" abhängig sind.[149] In solchen Fällen spricht Kuhl von „der Hemmung von Selbstrepräsentationen (z. B. eigener Bedürfnisse, Überzeugungen und Werte)" und „der Hemmung der willentlichen Umsetzung entsprechender Ziele".

Damit hängt auch zusammen, dass in vielen Diktaturen, aber manchmal auch bei Sekten, von der Obrigkeit Unterwerfungsgesten verlangt werden, die nur symbolischen Wert besitzen: Dadurch, dass sie die Gesten praktizieren, zeigen sie anderen und vor allem sich selbst gegenüber, dass ihr eigener (freier) Wille, für das Verhalten keine Rolle spielt, dass man sich den Wünschen der Obrigkeit unterordnet. Man passt sich den Wünschen an und verteidigt diese sogar noch gegenüber „Abweichlern". Beispiele dafür sind etwa die Sittenpolizei im Iran oder die Kleiderordnung in Nordkorea oder auch die Weisung in Russland, den Krieg gegen die Ukraine „Militäroperation" zu nennen.

Daraus folgt für die Führung von autoritären Staaten oder autoritären Gemeinschaften: Wenn man im Sinn hat, Menschen zu manipulieren, also erreichen will, dass sie sich gegen ihre eigenen Interessen verhalten, ohne zu merken, dass sie von außen beeinflusst werden, dann ist es sehr hilfreich, wenn die Mehrheit der Überzeugung ist, sie seien „Opfer des Schicksals" oder anderer „höherer Mächte". Darüber hinaus muss man sie unter Stress setzen, ihnen z. B. Angst machen. Man muss immer wieder vor einem übermächtigen Gegner, oder einem „jüngsten Gericht" warnen. Wir haben das in jüngster Vergangenheit mehrfach beobachten können, etwa bei der Corona-Pandemie, bei der Reaktion der russischen Bevölkerung auf den Angriffskrieg auf die Ukraine, bei der Wahl von rechtsextremen Politikern. Allerdings ist das keine neue Erkenntnis der Psychologie. In der Geschichte wussten oder ahnten das die meisten autoritären Herrscher – freilich ohne es wissenschaftlich erklären zu können.

Heute kann man die Zusammenhänge nicht nur erklären, man kann mit Experimenten diese Erklärungen empirisch untermauern,[150] aber wir können auch ableiten, wie man Menschen davor schützt, auf dieses Weise manipuliert zu werden. Wem es gelingt, den Zugang zum Selbst und zum Extensionsgedächtnis aufrechtzuerhalten, der ist gegenüber solchen Versuchen der Fremdbestimmung bzw. der Manipulation weitgehend gefeit. Wir erleben den Zustand, wenn wir „bei uns selbst sind", wenn wir „mit uns selbst eins sind" als glücklich und zufrieden. Glückliche Menschen sind also weniger manipulierbar.

Kann man denn wirklich aktiv zu seinem Glück beitragen?

Was können wir im Einzelnen ganz konkret dazu tun, dass wir mehr Glücksgefühle erleben, dass sich unser Leben insgesamt glücklicher anfühlt und wir auf diese Weise zum Wohlergehen des Planeten beitragen? Wie könnten unsere Wege zum Glücklichsein aussehen?

Ich gehe in diesem Buch davon aus, dass wir für unsere Gefühle, und damit auch für unser Wohlergehen, unser Glücklichsein und unsere Zufriedenheit, weitgehend selbst verantwortlich sind. Mit dieser Überzeugung bin ich nicht allein und ich zitiere ein paar Gewährsleute, die meiner Überzeugung zustimmen: Abraham Lincoln[151], der nicht nur ein bedeutender Präsident der USA war, sondern sich auch sehr viel mit Lebensführung auseinandergesetzt hat, soll einmal gesagte haben:

> „Tatsache ist, dass wir weitgehend wählen können, ob wir eher glücklich oder unglücklich sein wollen. Tausende von Büchern geben uns Anleitung, wie wir glücklich sein können – wir müssen uns nur an diese Regeln halten."

Häufig wird seine Überzeugung zitiert:

> „Die meisten Menschen sind so glücklich, wie sie es sich selbst vorgenommen haben. "[152]

In gleicher Weise äußert sich Zig Ziglar[153], ein erfolgreicher Motivationsredner aus den USA:

„Glücklichsein ist nicht etwas, was man findet, sondern etwas, was man herstellt."

Goethe[154] bringt einen zusätzlichen Aspekt in die Diskussion. Auch er ist überzeugt: „Glück setzt Aktivität voraus". Aber das alleine reicht nicht: „Glück hat man nur, wenn man etwas wagt." Auch viele Beispiele in diesem Buch belegen, dass man vor allem dann die Chance hat, außergewöhnliche Glücksmomente zu erleben, wenn man sich neuen Eindrücken aussetzt; wenn man sich fremden Menschen öffnet; wenn man sich mit bisher unbekannten Kulturen auseinandersetzt; wenn man etwas Neues wagt usw. Dabei ist natürlich ein gewisser Grad an Freiheit die Voraussetzung. Wir folgen also der Erkenntnis von Perikles[155]:

„Das Geheimnis des Glücks ist die Freiheit. Das Geheimnis der Freiheit aber ist der Mut."

Ein ausführlicheres Zitat stammt von dem Professor für Populationsgenetik an der berühmten Standford Universität Luca Cavalli-Sforza und seinem Sohn Francesco dem Philosophie-Professor. Sie schreiben in ihrem Buch[156]:

„Das Glück fällt uns nicht einfach so in den Schoß. Es ist kein Geschenk, das Fortuna über uns ausschüttet und das uns durch eine Wendung des Schicksals wieder genommen wird. Vielmehr hängt es ganz allein von uns ab. Glücklich wird man nicht über Nacht, sondern indem man Tag für Tag geduldig danach strebt. Wir sind unseres eigenen Glückes Schmied. Das erfordert Bemühung und kostet Zeit. Um glücklich zu werden, müssen wir lernen, uns zu verändern."

Andererseits: Können wir denn mit rationalen Mitteln unser Leben in Richtung Glück steuern? Hat nicht Aldous Huxley recht, wenn er sagt:

> „Glücklichsein wird nicht durch bewusstes Bemühen um Glück erreicht; es ist häufig ein Nebenprodukt anderer Aktivitäten."[157]

Vertreiben wir denn nicht das Glück, wenn wir unseren Verstand und unseren Willen einschalten? Ich erinnere an Kuhl, der herausgefunden hat, dass das Intentionsgedächtnis, mit dem wir Vornahmen umsetzen, unsere Stimmung eher drückt. Wie gehen wir mit diesem Dilemma um?

Die Lösung kann nur heißen: Wir können uns nicht direkt um Glücklichsein bemühen, aber wir können Bedingungen herstellen, die die Chance in sich tragen, dass sich Glücksmomente einstellen. Der Rest des Buches wird also davon handeln, welche Bedingungen das sein können.

Hierzu erneut eine Geschichte aus persönlicher Erfahrung. Eine der wichtigsten Bedingungen im Leben, die für die meisten Menschen langfristig Glück und Zufriedenheit mit sich bringen, sind Freundschaft und Liebe. Kann man sie mit geplantem Handeln erreichen?

Mein Kampf um eine Familie

Nachdem ich mit dreißig Jahren meine erste Frau und unsere zwei kleinen Kinder durch ein Flugzeugunglück verloren hatte, gab ich mir drei Jahre Zeit, um wieder eine Partnerin zu finden, mit der ich Kinder haben würde. Ich meinte, drei Jahre müssten reichen, um dieses schwere Schicksal zu verarbeiten und mit 33 Jahren wäre ich doch sicher nicht zu alt, noch einmal von vorne anzufangen.

Ich bin das Kind einer großen Familie und für mich war es schon immer, mein Lebenstraum, Vater einer Familie zu sein. Es war mein wichtigstes Ziel, das mich – davon war ich überzeugt – glücklich machen würde, und nachdem ich meine erste Familie verloren hatte, hat dieses Ziel für mich noch deutlich an Bedeutung gewonnen.

Ich hatte nach dem Unfall den Kontakt zu meinen Emotionen zeitweise verloren, ich handelte daher nur aus dem Verstand heraus. Ich machte das Finden einer Partnerin, mit der ich wieder Kinder haben könnte, zu meinem wichtigsten Projekt. In meinem Institut war ich es gewohnt, Projekte zu realisieren und ich war überzeugt, auch dieses würde mir gelingen. Bei solchen Planungen kann uns die Statistik sehr helfen: Ich musste nur möglichst viele Frauen kennenlernen, dann würde ich die Chance erhöhen, dass ich „die Richtige" finden würde. Ich wusste genau, wen ich suchte (Single, Nichtraucherin, dunkelhaarig, passendes Alter usw.) und ich rechnete mir aus, dass es in der Millionenstadt München, in der ich lebte, mindestens 200 Frauen geben müsste, die meinen Vorstellungen entsprechen.

Also ging ich auf jedes Fest, zu dem man mich einlud, ging auf jede Vernissage, oder häufig in Biergärten usw., nur um möglichst vielen Frauen zu begegnen. Ich war überzeugt, ich musste nur meine Chancen erhöhen, so wie man die Wahrscheinlichkeit auf einen Gewinn erhöht, wenn man mehrere Lose kauft.

Aber: Nach zehn Jahren war ich noch immer nicht der Frau begegnet, mit der ich eine Familie gründen wollte und konnte. Im Alter von inzwischen 40 Jahren glaubte ich langsam zu alt zu sein – und ich beschloss Junggeselle zu bleiben. Ich feierte meinen 40. Geburtstag mit vielen Gästen und ich erzählte allen – ob sie es hören wollten oder nicht – welche Vorteile es hat, wenn man alleine bleibt. Ob ich das selbst glaubte, weiß ich heute nicht mehr. Man kann sich vieles einreden! Faktum ist, dass ich – nachdem ich das Suchen eingestellt hatte – drei Monate später meine jetzige Frau kennenlernte, mit der ich heute vier Kinder und sechs Enkelkinder habe.

Warum erzähle ich hier diese Geschichte? Ich habe in der Rückschau aus ihr viel gelernt:

I.   Wie dumm war ich doch – oder wie Kuhl sagen würde: Wie sehr hatte ich den Kontakt zu meinem Extensionsgedächtnis verloren!

Die richtige Partnerin zu finden, ist keine Frage der Statistik. Natürlich hat man geringe Chancen, wenn man seine gesamte Freizeit alleine vor dem Fernseher verbringt. Aber die innere Bereitschaft, sich einem anderen Menschen zu öffnen, ihm zu vertrauen, ihm sein Herz zu Füßen zu legen, oder was einem noch für Metaphern für Liebe einfallen, ist wichtiger als jede Statistik. Heute weiß ich, dass ich eine unbewusste Angst vor Bindung hatte, was nach dem Schicksalsschlag, den ich erlitten hatte, durchaus verständlich war. Das war das eigentliche Hindernis.

2. Unser Verstand, unsere Ratio in Verbindung mit unserem Handlungswillen, kann viele Probleme im Leben lösen – aber dieser Verstand ist ungeeignet, Liebe oder Freundschaft herzustellen. Ob und warum Menschen zusammenpassen, ist für mich immer noch ein großes Rätsel, ein Mysterium. Wenn man mitten in einer Krise steckt, ist es unmöglich, alle Einflussfaktoren zu überblicken und danach „richtig" zu handeln. Einstein soll einmal gesagt haben: „Um ein Problem lösen zu können, brauchen wir Distanz. Die Fische werden die letzten sein, die das Wasser entdecken." Wie konnte ich genügend Distanz zu meinem Problem finden, die Mutter meiner zukünftigen Kinder zu finden? Das war unmöglich, solange ich „mitten in meinen Problemen" steckte.

3. Auch das „Problem" glücklich und zufrieden zu sein ist mit rationalen Mitteln allein nicht erreichbar. Die wichtigsten Dinge im Leben, wie die Liebe und das Glück, kann man nicht kaufen, man kann sie aber auch nicht mit rationalen Überlegungen, aus dem „Intentionsgedächtnis" heraus und einem Handeln, das sich daran orientiert, finden. Ich musste erst die inneren, mir weitgehend unbewussten Hindernisse überwinden, bevor ich eine Partnerin finden konnte, mit der ich Kinder haben wollte. Ich musste in mich hineinhorchen, um diese Hindernisse zu finden und zu überwin-

den. Ich musste die geeigneten Grundbedingungen herstellen: Offenheit sich selbst gegenüber, Kontakt zum eigenen Selbst, mit all seinen bewussten und unbewussten Bedürfnissen, Demut und Ausschalten der überheblichen Ansprüche der Ratio.[158]

Teil II – Wege zum Glücklichsein

Der Pfad eines jeden Menschen zu Glück und Erfüllung ist einzigartig.
Barbara L. Fredrickson[159]

In diesem Teil des Buches werde ich eine Reihe von konkreten Situationen beschreiben, die geeignet sind, positive Gefühle in den Beteiligten auszulösen. Jeder Mensch hat seine eigenen Vorlieben und daher werden für Sie nur einige der Glücksbringer nutzbar sein. Suchen Sie sich die heraus, die für Sie passend sind.

In jedem Fall geht es darum, dass wir, um glücklich und zufrieden zu sein, positive Erlebnisse herbeiführen und in den Vordergrund unseres Bewusstseins rücken, damit wir sie dann auch voll auskosten können.

Es sind nicht nur die „großen Momente", bei denen wir Glücksgefühle erwarten können, wie z. B. große Feste, Begegnungen mit außergewöhnlichen Menschen, oder herausragende Kunst, sondern oft kleine, unscheinbare Augenblicke. Die Autorin Birgit van Hulst schlägt eine Reihe von Situationen vor, von denen ich einige gut nachempfinden kann, z. B.: Zeit mit der Familie, spazieren gehen in der Natur, ein Abend mit guten Freunden, Autofahren mit guter Musik usw.

Wichtig ist, dass man empfänglich für das ist, was einem der Tag bietet. Paul McCartney[160] ist überzeugt: „Einfache Dinge sichern mir innere Zufriedenheit."

Margaret Storm Jameson[161] fasst zusammen: „Glücklichsein kommt aus der Fähigkeit tief zu fühlen, sich an Einfachem zu freuen, frei zu denken, das Leben zu riskieren und gebraucht zu werden." Sie hat zu der obigen Liste in dem Zitat noch das „Gebraucht-Werden" und das „Risiko" hinzugefügt, auf die wir weiter unten zu sprechen kommen. Wir sollten also auf der Suche nach Glück unsere Erwartungen nicht zu hochschrauben. Es geht nicht um Ekstase, es geht um die alltägliche Zufriedenheit.

Im Folgenden werden wir auf die wichtigsten Bedingungen für das Erleben von Glücksmomenten und einem zufriedenen Leben gesondert eingehen. Ich habe 21 Wege zum Glück zusammengestellt, die ich in fünf Gruppen gliedere:

1. Physische Bedingungen erfüllen,
2. soziale Beziehungen pflegen (eingeschlossen: das Phänomen Liebe),
3. geistige Bedürfnisse befriedigen,
4. Aufbau eines positiven Ich-Bewusstseins und
5. ein übergeordneter Aspekt.

Physische Bedingungen

Wege zum Glücklichsein: Sinnliches Genießen

Glück besteht eher aus den kleinen Annehmlichkeiten und Freuden des Alltags als aus großen und seltenen Glückfällen.

Benjamin Franklin[162]

Die Relativität der Genüsse

Eines meiner schönsten Abendessen, mit den größten Glücksgefühlen, an die ich mich heute noch – Jahrzehnte später – lebhaft erinnern kann, erfuhr ich nicht in einem Dreisterne-Restaurant bei einem Sieben-Gänge-Menü und einem berühmten Wein, sondern in einem ganz einfachen Gartenrestaurant.

Ich war mit einigen Freunden in den Bergen auf einer Wanderung. Das Wetter war perfekt, die Sonne schien den ganzen Tag, die Temperatur war angenehm. Wir waren etwa sechs Stunden unterwegs gewesen und erreichten am Ende der Wanderung hungrig und vor allem durstig ein Restaurant im Tal. Wir setzten uns in den Garten dieser Gastwirtschaft, mit dem Blick auf die untergehende Sonne, tranken eine Schorle aus einem (billigen) Landwein und aßen frisches Brot mit etwas getrocknetem Fleisch. Die müden Beine legten wir auf einen Stuhl vor uns – und die Welt war in Ordnung. Ich werde diese Momente nie vergessen, sie gehören zu den perfekten Glücksmomenten, die mir in meinem Leben geschenkt wurden.

Ein Grund für das Wohlbefinden, war sicher auch, dass die kleinen Schmerzen, die mit einer solchen Wanderung für einen Ungewohnten verbunden sind, plötzlich vorbei waren. Schmerz ist also nicht immer das Gegenteil von Lust oder Freude. Es gibt ohne Zweifel erstrebenswerten Schmerz, wenn daraus später Lust entstehen könnte und wir lehnen manche Lust ab, wenn wir erwarten, dass aus ihr Schmerz hervorgehen könnte.

Auch Schopenhauer hat uns das gelehrt: Wir streben „nicht nach jeder Freude, sondern übergehen bisweilen viele, wenn uns von ihnen nur ein desto größeres Unbehagen droht. Ja, viele Schmerzen bewerten wir sogar höher als Freuden, nämlich dann, wenn auf eine längere Schmerzenszeit eine um so größere Freude folgt. So ist zwar jede Freude, weil sie an sich etwas Angenehmes ist, ein Gut; aber nicht jede erstrebenswert. Wie der Schmerz wohl ein Übel, aber darum doch nicht unbedingt vermieden werden muss.“[163] Wenn meine Frau bei ihrer Diät unangenehme Hungergefühle in Kauf nimmt, um ein paar Kilogramm abzunehmen, dann ist das ein Beispiel für so ein Verhalten.

Wie kann man die Erkenntnisse nutzen, die ich nach der Bergwanderung erlebt habe? Die erwähnten Erlebnisse legen einen Schluss nahe: Es gibt offensichtlich einen Weg, auf dem man mit relativ großer Sicherheit sich selbst Glücksmomente verschaffen kann. Man schaffe starke Bedürfnisse und befriedige sie auf angenehme Weise. Die entscheidenden Punkte dabei sind die Bedürfnisse.

Wir erleben also Glücksgefühle, wenn wir unsere Bedürfnisse befriedigen können. „Der Hunger ist der beste Koch“, sagt der Volksmund und meint damit, dass es uns umso besser schmeckt, je hungriger wir sind, oder allgemeiner ausgedrückt: Je größer unsere Bedürfnisse sind, desto glücklicher macht uns die Befriedigung dieser Bedürfnisse. Wenn wir die Intensität der Glücksmomente vermehren wollen, müssen wir auf die Bedürfnisse achten. Wir sollten vielleicht bewusst Bedürfnisse eine gewisse Zeit aushalten, sie nicht sofort befriedigen, denn das daraus entstehende größere Bedürfnis verspricht auch ein intensiveres Glücksgefühl.

Glücksgefühle durch Bedürfnisbefriedigung

Epikur unterschied drei Klassen von Bedürfnissen, deren Befriedigung in der Regel Glücksgefühle auslösen:

1. Natürliche und notwendige Bedürfnisse, die sogenannten Grundbedürfnisse, solche, die Schmerz oder zumindest Unwohlsein verursachen, wenn sie nicht befriedigt werden:
    z. B. das Bedürfnis nach Nahrung und Kleidung, in unseren Breiten auch das Bedürfnis, ein Dach über dem Kopf zu haben.
2. Natürliche, aber nicht notwendige Bedürfnisse, solche, die einem inneren Mangel entsprechen, aber nicht unbedingt befriedigt werden müssen:
    z. B. das Bedürfnis nach sexueller Befriedigung, nach körperlicher Berührung, nach Sicherheit, nach Liebe, nach einem positiven Selbstbild u. a.
3. Ein nicht natürliches und ebenso nicht notwendiges (anerzogenes) Verlangen:
    z. B. der Wunsch nach Luxus, nach Reichtum, nach Anerkennung, nach einem hohen Prestige, der Wunsch einzukaufen, mehr zu besitzen als der Nachbar oder eine andere Person, mit der man sich vergleicht. Aus diesen Wünschen entsteht in ihrer Summe das Bedürfnis nach Geldverdienen, denn vor allem diese Bedürfnisse lassen sich mit Geld befriedigen.

Epikur zählt aber nicht nur die Bedürfnisse auf, sondern er gibt konkrete Anweisungen, wie man damit umzugehen hat:

An seinen Schüler Menoikeus gerichtet, empfiehlt er: Die Bedürfnisse der letzten Gruppe (3) (wie Ruhm und Reichtum) gilt es zu untersagen, weil sie früher oder später zu Frustration und damit zu Leid führen. Die Bedürfnisse der zweiten Gruppe (2) sind angenehm aber optional (wie Wissenschaft, Kunst, Sexualität...). Erstere (1) sind unumgänglich, weil ihre Abwesenheit zu Leid führt.

Viele der Bedürfnisse der zweiten Gruppe muss man im Laufe seines Lebens zu schätzen lernen. Das gilt vor allem für den Kunstgenuss, z. B. Musikgenuss, aber auch, wenn es um die Feinheiten der kulinarischen Genüsse geht.

Während die Bedürfnisse der ersten zwei Gruppen von Epikur verschwinden, wenn sie befriedigt sind, gilt das nicht für die dritte Gruppe. Diese nehmen mit der Befriedigung immer weiter zu und drängt danach, dass sich der Bedürfnisträger mit anderen vergleicht, meist mit Personen, die mehr besitzen als man selbst. Vor ihnen sollte man sich hüten, sie machen unglücklich.

Eine an unsere Zeit angepasste Empfehlung kann daher lauten, dass man sich durchaus auch die Befriedigung der Bedürfnisse (auch die der dritten Klasse) gönnen sollte, dass man aber dabei darauf achtet, dass sie nicht überhandnehmen. Wie weit das gehen kann, wird aus einem Erlebnis deutlich, von dem ein Therapeut in Wien vor vielen Jahren berichtete:

Der unglückliche Millionär

Es kam ein Patient zu ihm, der entsetzlich unter seinem Zustand litt. Er klagte:

„Sie müssen mir unbedingt helfen! Ich kann so nicht weiterleben."

„Gerne helfe ich ihnen. Woran leiden sie denn?"

„Ich kann mir keinen Jet leisten. Alle meine Freunde haben einen Jet, ich habe nur eine Propeller-Maschine. Ich verdiene nicht so viel wie diese und habe es mir mehrfach durchgerechnet. Allein die Elektronik dieser Düsenmaschinen überfordert meine Möglichkeiten."

> Es ist nicht berichtet, ob der Psychotherapeut seinem Patienten helfen konnte, aber für uns mag es eine Warnung sein, wie unglücklich man werden kann, wenn man sich mit den falschen Menschen vergleicht und es ihnen unbedingt gleichtun will.

Viele Autoren werten die Glücksgefühle, die aus der Befriedigung von körperlichen Bedürfnissen entstehen, ab. Welche Rolle spielen körperliche Freuden im Spiel der guten Gefühle? Sicher gibt es einen riesigen Unterschied zwischen dem guten Gefühl, das wir empfinden, wenn wir Hunger haben und man uns ein leckeres Essen serviert und dem Gefühl der Dankbarkeit, das wir unserem Schicksal oder unserem Schöpfer gegenüber haben, wenn er uns ein lang ersehntes Kind schenkt. Kann man solche Gefühle überhaupt miteinander vergleichen? Es gibt Autoren, die sich mit „guten Gefühlen" auseinandersetzen und solche profanen Gefühle, die durch körperliche Genüsse entstehen, ausklammern.[164] Andererseits zeigen entsprechende Experimente, in denen die positiven Konsequenzen positiver Gefühle demonstriert werden, dass es für die Psyche und für unseren Körper offensichtlich keinen großen Unterschied macht, wie die guten Gefühle ausgelöst wurden. Sie haben immer die oben erwähnten positiven Effekte.

Auch die Philosophen der Antike haben immer auch die Glücksgefühle im Sinn gehabt, die von materiellen Gütern ausgelöst werden, wobei sie natürlich die Unterschiede zwischen den Freuden, die uns Wohlstand beschert und denen die eine erfüllte Freundschaft auslöst, deutlich vor Augen hatten und entsprechend beschrieben haben.

Richten wir unser Verhalten an unserer Vernunft oder unserer Lust aus?

Die Diskussion um die körperlichen Bedürfnisse und ihre Beziehung zum Glücklichsein zieht sich auch durch die antike Philosophie bis hin zum Mittelalter und dem damals die Moral der westlichen Welt bestimmenden Christentum.

Der Philosoph Platon, hat über 400 Jahre vor Christi Geburt in seinen Schriften immer wieder darauf hingewiesen, dass Lustgewinn durch Bedürfnisbefriedigung langfristig eher unglücklich macht. Körperliche Bedürfnisse zu erfüllen sei etwas, das Tiere tun, und das des Menschen unwürdig sei, außerdem würde es letztlich immer ins Unglück führen, wenn wir uns unseren körperlichen Bedürfnissen hingeben: wir würden zu dick und letztlich krank, wenn wir alles essen, was uns schmeckt und wir würden sicher untreu und vielleicht sogar kriminell werden, wenn wir all unseren sexuellen Bedürfnissen folgten usw.

Welchen Wert hat also die Befriedigung der sinnlichen Genüsse. Machen sie ein „gutes Leben" aus, oder lenken sie einen nur von den „wahren, den geistigen Genüssen" ab. Letztlich läuft das auf die Frage hinaus, vor der jeder von uns schon mehrfach stand: Was macht langfristig glücklicher, wenn ich meinen Vorsätzen folge, oder wenn ich mich meinen „niedrigen" Bedürfnissen überlasse? Oder plakativ ausgedrückt: Vernunft oder Lust?

Wahrscheinlich haben Sie diese Frage schon mehrfach dahingehend beantwortet, dass sie sich vorgenommen haben, der Vernunft zu folgen. Die vielen Anmeldungen Anfang Januar in den Fitnessstudios sprechen eine deutliche Sprache. Fakt ist aber auch, dass wenige Wochen später die meisten der Angemeldeten sich kaum noch oder gar nicht mehr beim Training blicken lassen.

Offensichtlich ist es sehr schwer, sich bei seinen Handlungen dauerhaft der Vernunft zu überlassen. Der unmittelbare, nicht zu übersehene, aber flüchtige Lustgewinn ist für uns allem Anschein nach attraktiver als die langfristige und dauerhafte Zufriedenheit, die uns die Vernunft verspricht.

Psychologen verorten die Willenskraft, ohne die wir langfristig der Vernunft nicht folgen können, im linken präfrontalen Cortex, einem Hirnareal hinter der Stirn. Verletzungen in diesem Bereich führen dazu, dass sich der Betroffene nicht mehr „in der Hand hat", dass er seinen spontanen Impulsen ausgeliefert ist.

Das erste Mal wurde das 1848 bei nach einem Unfall des Sprengmeisters Phineas Gage beobachtet.[165] Versehentlich schoss eine Eisenstange aus einem Bohrloch eines Felsens, den er sprengen wollte, und verletzte ihn so sehr, dass Teile seines Hirnlappens buchstäblich herausgeschossen wurden. Der Sprengmeister überlebte diesen Unfall erstaunlicherweise, aber sein „Charakter" war seitdem völlig verändert. Der bis dahin zuverlässige, gewissenhafte Gage war auf einmal völlig unzuverlässig, launenhaft und impulsiv und er verlor schließlich seinen Job.[166]

Ein Bekannter von mir erzählte ähnliches nach einer Behandlung des präfrontalen Cortex auf Grund eines Aneurysmas in seinem Gehirn. Er ist Unternehmer und konnte sich nach der Behandlung nicht mehr „beherrschen", schrie seine Mitarbeiter aus nichtigem Anlass an. Sein Verhalten machte ihm selbst Angst. Er schrieb sich selbst krank, ging nicht mehr ins Büro, bis sich der Zustand wieder verbesserte.

Das weist auf eine Fähigkeit dieses Gehirnareals hin, in dem es sich von anderen Arealen und anderen Organen des Körpers allgemein nicht unterscheidet. Unser Körper ist in erstaunlichem Maße fähig, sich selbst zu heilen. Das gilt auch für die Funktionsweise der Organe, die sich je nach Bedarf entwickeln oder die verkümmern, wenn sie nicht benötigt werden. Jeder, der schon einmal längere Zeit ein Gips benötigt hat, etwa weil der Arm gebrochen war, hat erlebt, wie schnell Muskeln an Umfang und Kraft verlieren, wenn sie „ruhiggestellt" sind.

Das Gleiche kann man für Hirnareale vermuten. Das Sprichwort „use it oder loose it" (gebrauche oder verliere es), gilt offensichtlich für alle unsere Organe. Nachweisen konnte man das bei Taxifahrern in London. Man hat deren Gehirn, nachdem sie gestorben sind, obduziert und festgestellt, dass ihr Hypocampus, (das Areal im Gehirn, das für Orientierung zuständig ist), gegenüber normalen Menschen vergrößert war. (Die Untersuchung wurde in der Zeit durchgeführt, als es noch kein Navi gab und die Taxifahrer große Schwierigkeiten hatten, sich im unübersichtlichen London zu orientieren).

Die Konsequenz aus diesen zitierten Untersuchungen: Ganz offensichtlich lassen sich auch Gehirnareale trainieren und werden dadurch effektiver, also „stärker". Warum sollte das nicht auch für den präfrontalen Cortex bzw. das entsprechende Netzwerk gelten. Wenn Sie sich immer wieder „überwinden", wenn sie immer wieder nicht ihren spontanen Bedürfnissen, sondern ihrer Vernunft folgen, vor einer Hauptmalzeit keine Schokolade essen, zu Essen aufhören, wenn sie satt sind, obwohl es so gut schmeckt und noch einiges auf dem Teller liegt, sich regelmäßig bewegen, auch wenn sie „keine Lust" haben usw., dann trainieren sie damit das im Gehirn für diese Leistung zuständige Areal und es wird Ihnen deutlich leichter fallen, in den meisten Fällen den Ratschlägen ihrer Vernunft und nicht den Verlockungen Ihrer Lust zu folgen. (Ich schreibe „in den meisten Fällen", denn wie traurig wäre es, wenn alle Menschen nur noch Vernunftwesen wären? Ab und zu muss man sich erlauben, „unvernünftig" zu sein.) Aber in der Regel ist es sicher ratsamer, eine dauerhafte Zufriedenheit gegenüber einem momentanen, kurzfristigen Lustgewinn zu bevorzugen, also bei der Frage „Vernunft oder Lust" der Vernunft zu folgen, wenn man langfristig glücklich werden will.

Ich komme auf den zu Eingang dieses Abschnittes erwähnten Platon zurück. Nach seiner Überzeugung machen nicht Sex, Essen und Trinken, Besitztümer und Geld oder andere sinnliche Genüsse dauerhaft glücklich, sondern die enthaltsam-philosophische Lebensführung.

Heute wird man das nicht so eng sehen. Allerdings sind wir wahrscheinlich auch mehr Versuchungen ausgesetzt als Platon das war. Wir müssen uns jeden Tag gegen die Verführungen der Werbung wehren. Die Wahrheit bzw. das gute, glückliche Leben liegt wahrscheinlich in der Mitte. Umso wichtiger, dass man seinen präfrontalen Cortex immer wieder trainiert, sich immer wieder „an die Kandare nimmt", damit man den Versuchungen nicht hilflos ausgeliefert ist.

Kann man Glücksmomente wie Briefmarken sammeln?

Die meisten Menschen wissen gar nicht, wie schön die Welt ist und wie viel Pracht in den kleinsten Dingen – in irgendeiner Blume, einem Stein, einer Baumrinde oder einem Birkenblatt – sich offenbart.
Rainer Maria Rilke[167]

Das Erlebnis des Genusses ist dann besonders intensiv, wenn wir aus der üblichen Erfahrung heraustreten und uns bewusst machen, dass das Schöne, das wir gerade erleben, etwas Seltenes, vielleicht sogar Einzigartiges ist: wenn wir an einer Rose riechen, die besonders schön duftet; wenn wir ein Stück köstlichen Kuchen in den Mund schieben; wenn wir im Konzert oder auch nur im Radio ein paar Takte einer Musik hören, die unsere volle Aufmerksamkeit in Anspruch nimmt und unerklärlich schöne Gefühle in uns wachruft; wenn wir auf einer Wanderung auf eine Lichtung kommen und die untergehende Sonne die blumenübersäte Wiese in ihrem schönsten Glanz erstrahlen lässt. Häufig bezieht sich das Glückserleben dabei auf etwas nicht Alltägliches, meist Unerwartetes. Ich hoffe, Ihnen fällt es nicht schwer, diese Liste zu ergänzen, indem Sie in Ihrer Erinnerung nach solchen außergewöhnlichen Momenten suchen.

Die Tatsache, dass es sich um seltene Ereignisse handelt, impliziert, dass wir sie nicht beliebig oft herstellen können, sie werden uns geschenkt. Aber wir können solche Erlebnisse bewusst sammeln und uns jeden Tag fragen, was heute in die gedankliche „Schatzkiste des Glückserlebens" wandern oder in einem ganz konkreten „Glückstagebuch" festgehalten werden könnte.

Das erinnert mich an eine Aussage meiner Eltern, die ich vor vielen Jahrzehnten während der schweren Tage am Ende des zweien Weltkrieges mitanhörte und niemals vergessen habe: Sie sprachen davon, dass die positiven Erinnerungen einem niemand nehmen kann und dass diese ein gutes Polster für schwere Tage sein können. Ich fragte mich damals (ich war nicht älter als fünf Jahre), ob das denn möglich sei, und ich wollte es unbedingt ausprobieren. Heute weiß ich, was meine Eltern gemeint haben – und sie hatten Recht.

In einem Experiment konnten Bryant, Smart und King[168] diese Erwartung meiner Eltern, wenn auch in einem eingeschränkten Maß, nachweisen. Man kann üben, sich geistig an bestimmte Orte mit angenehmen Erinnerungen zu versetzen. Ihre Versuchspersonen stellten zuerst eine Liste von angenehmen Erinnerungen auf und trugen zur Unterstützung persönliche Erinnerungsstücke wie Fotos und Geschenke zusammen, um dann eine Woche lang zweimal pro Tag in positiven Erinnerungen zu schwelgen. Die Teilnehmer, die diese Übung regelmäßig durchführten, zeigten einen deutlichen Anstieg ihres Glücksempfindens. Dabei waren die positiven Emotionen umso stärker, je lebendiger die Details der Erinnerung vor Augen lagen.[169]

Mit dieser Technik und einem Reservoir an positiven Erinnerungen können Sie Trost in schweren und schmerzlichen Zeiten finden. Das hatte wohl auch Humphrey Bogart in der letzten Szene in dem berühmten Film „Casablanca" im Sinn, als Ingrid Bergmann das Flugzeug nach Lissabon besteigt und er sich an die gemeinsame Zeit in Paris erinnert, wobei beide wussten, dass sie sich nie wieder sehen würden. Er sagt: „Wir haben Paris immer noch in der Hinterhand" und das gilt, auch für Sie, selbst wenn Sie schon seit Jahrzehnten nicht mehr in Paris oder irgendeinem anderen schönen, beglückenden Ort waren.[170]

> „Genießen Sie die kleinen Dinge, denn vielleicht werden Sie eines Tages zurückblicken und erkennen, dass das die großen Dinge waren."[171]

Genussalben oder Glückstagebücher können eine „greifbare" Hilfe sein, mit der man sich an schöne Erlebnisse oder Glückmomente zurückerinnern kann. Das sind Fotobücher oder Tagebücher mit Erinnerungsstücken wie Konzert- oder Theaterkarten von besonders schönen Aufführungen, Briefen oder Postkarten von lieben Freunden usw. Mit Hilfe solcher Bilder und Erinnerungsstücke können wir uns an längst vergangene Augenblicke des Glücks zurückbesinnen und uns vielleicht sogar ein paar Minuten bewusst in die Situation zurückversetzen. Das geht am besten mit einem Partner zusammen, der diese Situation mit uns erlebt hat. „Weißt du noch ..." beginnt dann eine solches Gespräch, das wir im Idealfall mit einem seligen Lächeln beenden. Vielleicht hilft dafür auch ein eigenes Album auf Ihrem Handy, in dem sie nur Fotos von Glücksmomenten speichern – getrennt von der Flut der sonstigen Fotos.

Wir können nicht bewusst, durch Willensanstrengung, positive Gefühle herbeizaubern, aber wir können glückliche Gefühle in uns wecken, wenn wir an schöne Erlebnisse zurückdenken, wenn wir uns auf etwas anderes als uns selbst konzentrieren.

Schooler, Ariely und Loewenstein[172] konnten das in einer Untersuchung nachweisen: Den Versuchspersonen wurde Strawinskys „Le Sacre du Printemps" vorgespielt. Einige lauschten nur der Musik, während andere versuchen sollten, bewusst glücklich zu sein (und so das Intentionsgedächtnis aktivierten, das eine positive Stimmung bremst[173]). Am Ende der Musik waren diejenigen, die versucht hatten, bewusst glücklich zu sein, in einer schlechteren Stimmung als diejenigen, die nur der Musik gelauscht hatten.

Wege zum Glücklichsein: Körperliche Bewegung, Sport treiben

Gesundheit ist eine der wichtigen Voraussetzung für ein glückliches, freudvolles, erfülltes Leben. („Überhaupt beruhen neun Zehntel unseres Glücks allein auf der Gesundheit."[174]). Wie gesund wir sind, ist nicht nur ein Geschenk des Schicksals, sondern wir können sehr viel selbst dafür tun. Ein mir befreundeter Arzt hat einmal gesagt, dass mehr als die Hälfte aller Krankheiten, mit denen seine Patienten zu ihm kommen, „Lebensstil-abhängig sind".

Mit „Lebensstil" sind die Gewohnheiten gemeint, die Einfluss auf die Gesundheit haben: z.B. wie viel und welche Nahrungs- (Zucker, Fett) und Genussmittel (Alkohol, Rauchen) man zu sich nimmt, vor allem aber auch, wie viel man sich bewegt. Auf einer gesellschaftlichen Ebene betrachtet, ist es problematisch, daraus zu folgern, dass diese Patienten „selbst schuld" an ihrer Krankheit haben. Es geht um die Frage, ob etwa Alkoholismus oder Adipositas Krankheiten sind,[175] oder eine Störung, die durch den Lebensstil ausgelöst wurde, also vermeidbar gewesen wäre.

Man weiß heute, dass diese Störungen durch viele, auch angeborene oder sehr früh erworbene Faktoren begünstigt wird und man ist übereingekommen, sie als Krankheiten zu bezeichnen. Damit soll ausgedrückt werden, dass Menschen, die darunter leiden, ärztliche und therapeutische Hilfe benötigen. Auf einer individuellen Ebene kann man aber argumentieren, dass keine dieser Faktoren, die diese Störungen verursachen, notgedrungen in der Störung enden. Jeder Betroffene kann (theoretisch) – vor allem in der Anfangsphase – seinen Lebensstil umstellen und so die „Krankheit" vermeiden. Ob ihm das gelingt, hat viel mit den hier beschriebenen psychischen Mechanismen zu tun.

Eine der wichtigsten Voraussetzungen für ein gesundes Leben ist die körperliche Bewegung. Suchen Sie sich einen Sport oder eine andere Form regelmäßiger Bewegung, die Ihnen Spaß macht, bei der Sie Freude empfinden und die für Sie nicht zu viel Aufwand bedeutet. Wenn Sie diese Bedingungen nicht herstellen können, wenn Sie nur aus Pflichtgefühl Sport treiben, werden sie nicht durchhalten! Am besten bewegen Sie sich an der frischen Luft. Man möchte meinen, dass diese Fitness-Empfehlung und damit die Fitness-Bewegung ein Phänomen unserer Zeit ist, aber ein Zitat von Schopenhauer, einem „Schreitisch-täter" besonderer Art, zeigt, dass dem nicht so ist: „Ohne tägliche gehörige Bewegung kann man nicht gesund bleiben"[176] schreibt er Mitte des 19. Jahrhunderts.

Es würde zu weit führen, wenn ich hier eine Abhandlung über gesunde Lebensführung einfügen würde. Ich verweise auf die entsprechende Literatur[177] oder empfehle den Rat eines Arztes einzuholen, der „über den Tellerrand" schaut und sich nicht nur für die Krankheiten zuständig fühlt, sondern auch Ihre Gesunderhaltung zu seinen Aufgaben zählt.

Eine Reihe von Autoren sehen in Yoga und/oder Meditation[178] den einzigen oder auch den Königsweg zu Ausgeglichenheit, Glück und Zufriedenheit.[179] Die Wirksamkeit dieser Praktiken, ihr positiver Einfluss auf die psychische Befindlichkeit und auf eine Reihe von körperlichen Parametern wie Blutdruck, Reduzierung des Stresslevels u.a. wurde mehrfach nachgewiesen. Wichtig scheint es dabei zu sein, dass man die entsprechenden Übungen regelmäßig (möglichst jeden Tag) macht. Das Gemeinsame der Praktiken scheint darin zu liegen, dass sie die Achtsamkeit[180] fördern, allerdings könnten wenigstens ein Teil der positiven Effekte auch auf die Körperübungen zurückzuführen sein.

Wege zum Glücklichsein: Schönheit erleben, Kunst genießen

Jeder spricht über meine Kunst und gibt vor, sie zu verstehen,
als müsste man sie verstehen. Die einzige nötige Sache ist, sie zu lieben.
Claude Monet[181]

Für viele Menschen ist Kunstgenuss eine wichtige Quelle für Glücksgefühle:

- Das Betrachten eines Gemäldes;
- der Besuch einer Ausstellung mit Skulpturen;
- der Besuch einer Oper oder eines Konzerts;
- ein Theater- oder Museumsbesuch
- usw.

Wie kann man erklären, dass wir Glücksmomente empfinden, wenn man Schönheit betrachtet? Um dieser Frage näher zu kommen, möchte ich von zwei besonderen und sehr unterschiedlichen Glücksmomenten in meinem Leben berichten, die mit Kunstgenuss zu tun hatten.

„My Fair Lady"

Vor vielen Jahrzehnten hatte ich die Chance, New York zu besuchen. Ich war alleine in dieser faszinierenden Weltstadt, hatte keine Verpflichtungen und genoss meine Freiheit, da ich zum ersten Mal in meinem Leben (ich war gerade 18 Jahre alt geworden) ohne Aufsicht meiner Eltern war. Zufällig kam ich bei meinen Streifzügen durch die Häuserschluchten dieser Stadt an einem Theater vorbei, in dem das Musical „My Fair Lady" gespielt wurde. Ich hatte durch meine Eltern von diesem Musical gehört. Spontan beschloss ich, mir eine Karte zu kaufen.

Die Musik von Frederick Loewe verzauberte mich. Die sehr eingängigen Melodien beschwingten mich; ich war so glücklich wie lange nicht mehr; ich weiß noch, dass ich auf dem Weg ins Hotel die Melodien summte und mich wie auf Wolken fühlte. Ich hätte gerne meine Begeisterung mit jemandem geteilt.

Warum war ich so glücklich? Lag es daran, dass ich schon viele Tage keine Musik mehr gehört hatte, oder daran, dass ich seit Tagen allein und daher besonders empfänglich war? Ich fand und finde bis heute keine Erklärung.

Eine andere Situation ereignete sich viele Jahrzehnte später anlässlich eines Besuches bei meiner Tochter Irja in Paris, die dort studierte.

Die Skulpturen von Rodin

Sie war damals Anfang 20 und zeigte mir die schönsten Flecken dieser bezaubernden Stadt. Einer der Höhepunkte war der Besuch des Museums von Rodin. Ich habe zu Skulpturen eine engere Beziehung als zu Gemälden und die Statuen dieses Ausnahmekünstlers stehen dort in einem Garten verstreut. Wir trafen nicht viele Besucher und auch meine Tochter und ich machten uns „selbstständig", das heißt, wir ließen uns unabhängig voneinander durch diesen Garten treiben. Ich ließ die Skulpturen auf mich wirken und war bald wie in Trance. Ich glaubte zu fühlen, was Rodin wohl auszudrücken versuchte. Zuletzt legte ich mich auf eine Bank in die Sonne und genoss dieses Gefühl des Glücks. Wie schön war es doch zu leben!

Wie gerne würde ich solche Momente häufiger erleben! Kann man solche Glücksmomente gezielt und bewusst herstellen? Kann man dafür sorgen, dass sich solche Gefühle einstellen? Wenn ich zurückblicke, dann gab es natürlich viele Besuche von Musicals und Museen, auch von Ausstellungen mit Skulpturen, aber so ein Gefühl, wie ich es damals in Paris beim Anblick der Werke von Rodin gefühlt habe, hat sich nie wieder eingestellt. Es müssen wohl viele Bedingungen zusammenkommen, wenn man so etwas erleben will, und diese Bedingungen hat man in der Regel nicht in seiner Gewalt. Aber indem wir uns bewusst machen, welche Bedingungen in glücklichen Momenten eine Rolle gespielt haben könnten, können wir versuchen, zukünftige Situationen ähnlich zu gestalten und so die Chance für eine Wiederholung zu erhöhen. Herstellen können wir sie nicht. Glücksmomente dieser Art sind ein Geschenk.

Die Schönheit der Menschen

Schönheit finden wir nicht nur in Museen oder Kunstausstellungen. Schönheit gibt es für uns auch in „lebendiger Form". Eine für unsere Gattung besonders wichtige Form der Schönheit bezieht sich auf das Aussehen der Menschen. Das hat eine aktive und eine passive Seite: Wir sehen gerne gutaussehende Menschen, fühlen uns häufig in ihrer Gesellschaft wohl und gutaussehende Menschen haben es leichter im Leben, das bestätigen unzählige Untersuchungen:[182]

- Hübsche Säuglinge bekommen statistisch mehr Zuwendung als weniger attraktive Säuglinge – sogar von der eigenen Mutter.
- Attraktive Schulkinder bekommen mehr Aufmerksamkeit von ihren Mitschülern und von ihren Lehrern.
- Allgemein für attraktiv gehaltene Menschen sind nicht nur bei der Einstellung, sondern auch bei Gehaltsverhandlungen und Beförderungen im Vorteil – und das gilt für beide Geschlechter.
- Gutaussehende Angeklagte treffen auf verständnisvollere Richter.

Eine positive Beurteilung des Aussehens eines Menschen durch seine Umgebung bringt ihm mehr Aufmerksamkeit und eine bessere Beurteilung ein. Dass gutaussehende Menschen es im Leben leichter haben und sie erfolgreicher sind, ist zwar ungerecht, lässt sich aber in der Praxis immer wieder beobachten und ist durch zahlreiche Studien belegt.

Auch Schönheit kann eine Quelle von Glück sein:[183] Wer sich als schön oder gutaussehend empfindet, ist eher mit sich zufrieden und erlebt eher Wohlbefinden. Von anderen als körperlich attraktiv bewertete Menschen sind allerdings nicht per se glücklicher.[184] Es kommt darauf an, dass sich die Menschen selbst als attraktiv einschätzen, dann sind sie glücklich – auch wenn andere darüber anderer Meinung sind.[185]

Schönheit kann ein Hilfsmittel zum Glück sein, eine Glücksgarantie ist es jedoch nicht. Eine Untersuchung von Meyer[186] zeigte sogar, dass Models weniger glücklich sind als „normale" Frauen, obwohl sie doch sicher mehr Aufmerksamkeit bekommen und stärker dem gesellschaftlichen Schönheitsideal entsprechen als „normale" Frauen. Es scheint so zu sein, dass körperliche Attraktivität nicht zwingend glücklicher macht, allerdings macht es unglücklich, wenn man sich mit besonders „schönen" Menschen vergleicht, also einen „Aufwärtsvergleich" vornimmt, was sicher viele Models tun.

Nachdem zwei Gruppen von Frauen, eine Gruppe übergewichtig, die andere durchschnittlich, die Fotos von schlanken Blondinen betrachtet hatten, waren *beide* mit ihrem Aussehen weniger zufrieden als vorher.[187] Ähnliche Ergebnisse brachte eine Untersuchung mit Männern: Nachdem sie in Magazinen spärlich bekleidete oder nackte junge Frauen betrachtet hatten, waren sie mit dem Aussehen ihrer Partnerinnen weniger zufrieden.[188]

Auch hier kommt es wieder auf den Bezugsrahmen an, darauf, wie unser Maßstab beschaffen ist, nach dem wir unser Aussehen oder das anderer beurteilen. Leider sind wir den ganzen Tag auf Plakaten, im Internet und in Fernsehsendungen von „unnatürlich" (durch Operation oder Computerbearbeitung optimierte) gutaussehenden Menschen umgeben. Dadurch ist die Bedeutung der Schönheit im Bewusstsein der Menschen gegenüber früheren Zeiten, in denen es noch keine Massenwerbung gab, sehr gestiegen. Wir sollten unseren Bezugsrahmen durch diese Bilder nicht beeinflussen lassen. Wir sind gut beraten, uns von diesen Einflüssen des Äußeren zu befreien – wenn uns das überhaupt gelingen kann – und uns immer wieder vor Augen zu führen, dass es auf die Schönheit vor allem und häufig nur im ersten Augenblick einer Begegnung ankommt.

Soziale Beziehungen

Wege zum Glücklichsein: Freundschaften

Amanda, eine der Buddhistischen Schülerinnen,
sagte eines Tages zu Buddha:
„Ich habe herausgefunden, dass die Hälfte des Weges zu einem
göttlichen Leben aus guter Freundschaft gemacht ist."
„Nein, Amanda," antwortete Buddha. „Freunde sind nicht die
Hälfte des göttlichen Weges. Sie sind der ganze göttliche Weg."
Upaddha Suta[189]

Der Mensch ist ein soziales Wesen. Wir brauchen das Gegenüber, um uns selbst zu finden. Wir brauchen den Vergleich mit anderen, um unser Inneres zu identifizieren, um unser Selbstbild zu erkennen und zu formen.

Wir brauchen die Beachtung und die Bestätigung unserer Umgebung. Beachtung zu bekommen, ist eines der dringlichsten und wichtigsten Bedürfnisse, die wir haben. Waisenkinder, die ohne enge Bezugspersonen aufwachsen, werden oft krank und haben eine erhöhte Mortalitätsrate, auch dann, wenn ihre körperlichen Bedürfnisse ausreichend befriedigt werden.

Eine der wichtigsten Langzeitstudien zu diesem Thema läuft seit über 80 Jahren und wird z. Zt. von Robert Waldinger und Marc Schulz von der Universität Harvard geleitet und betreut. Ein ganzer Jahrgang von Studierenden und deren Kinder und Kindeskinder sind Gegenstand dieser Forschungsstudie. Es wurden und werden wichtige Gesundheits-

parameter und ihre Lebensgewohnheiten mehrfach in jedem Jahr er-
hoben. Es geht vor allem um Gesundheit und Glücklichsein, wobei die
Korrelation dieser beiden Parameter so hoch ist, dass Waldinger und
Schulz[190] zwischen „health and happiness" kaum differenzieren.

In dieser Studie wurde festgestellt, dass der wichtigste Faktor,
durch den ein langes, gesundes und glückliches Leben gewährleistet
werden kann, ein befriedigender sozialer Kontakt, mit Familie und/oder
Freunden darstellt. Waldinger betont die Bedeutung, die der soziale
Kontakt für ein langes, gesundes und glückliches Leben hat. In einem
Vortrag in Boston behauptete er: „Einsamkeit tötet. Sie ist so mächtig
wie Rauchen oder Alkoholismus".

Eine andere Langzeitstudie, die auch von Waldinger erwähnt wurde, hat ebenfalls die Bedeutung von sozialen Bindungen für eine positive Entwicklung nachgewiesen. Emmy Werner begleitete auf der Ha-
waii-Insel Kauai 698, d. h. alle 1955 geborenen Kinder, fast 40 Jahre lang.[191]
Knapp 210 dieser Kinder hatten sehr schlechte Startbedingungen, ihre
Eltern oder Großeltern waren als Einwanderer auf die Insel gekommen,
um auf den Zuckerrohrplantagen zu arbeiten: Sie waren in Armut geboren und wuchsen in Armut auf. Bei einigen von ihnen gab es Probleme bei der Geburt, einige sind missbraucht worden. In der Folge hatten
viele von ihnen gesundheitliche Probleme und Lernschwierigkeiten.
Das war zu erwarten. Was Emmy Werner überraschte, war die Tatsache, dass es einem Drittel der Kinder, die diese schlechten Erfahrungen
in ihrer Kindheit gemacht haben, gelang, ihre schwierige Situation zu
meistern. Sie zeigten keine Verhaltensauffälligkeiten, waren gut in der
Schule, waren in das soziale Leben ihrer Insel eingebunden und setzten
sich realistische Ziele. Im Alter von 40 Jahren war keine dieser 72 Personen arbeitslos, straffällig oder auf staatliche Unterstützung angewiesen. Werner gab als Grund für diese positive Entwicklung an, dass diese
Kinder schützende Faktoren um sich hatten und der wichtigste dieser

„schützenden Faktoren" war, dass diese Kinder wenigstens zu einen Erwachsenen Kontakt hatten, der emotionales Interesse an ihnen hatte, sie konstant betreute und auf den sich die Kinder verlassen konnten.[192]

Die Zahl der Philosophen und Psychologen, die die Bedeutung sozialer Beziehungen hervorheben, ist riesig. Ich zitiere hier nur zwei Autoren, die ich für besonders kompetent halte. Aristoteles: „Ohne Freunde würde niemand das Leben wählen"[193] sowie Martin Seligman: „Es betrübt mich etwas, das als Professor sagen zu müssen, aber es sind vor allen die interpersonalen, nicht die zerebralen (auf das Denken bezogenen) Tugenden, die uns glücklich machen."[194]

Auch den Abschnitt über soziale Beziehungen möchte ich mit einem persönlichen Erlebnis abschließen. Ich hätte vor einigen Jahren beinahe eine der größten Quellen für positive Erlebnisse, für Glücksmomente verpasst, die ich heute genieße. Aber lassen Sie mich von vorne beginnen:

Der Stammtisch

Ich lebe zeitweise in der Schweiz. Dort wurden vor einigen Jahren drei Freunde fast gleichzeitig von ihren Frauen verlassen. Die Freunde beschlossen daraufhin, einen „Stammtisch der einsamen Herzen" zu gründen. Sie verabredeten sich jeden Freitag zu einem gemeinsamen Mittagessen. Ich hatte mit einem dieser Herren einen oberflächlichen Kontakt und als ich ihn einmal wieder traf, fragte er mich nach meiner Frau. Ich gestand wahrheitsgemäß:

„Meine Frau und ich haben zurzeit einige Differenzen. Ich bin alleine hier."

„Dann müssen sie unbedingt zu unserem Stammtisch kommen!" antwortete er ganz spontan. „Wir treffen uns jeden Freitag, also auch morgen, um 12:30 Uhr in dem Restaurant des Hotels Huber!"[195]

Als ich nachhause ging, kam mir seine Einladung wieder in den Sinn.

„War das wirklich ernst gemeint? Ich kenne doch diesen Herren kaum und seine Freunde, mit denen er sich trifft, überhaupt nicht. Wahrscheinlich wollte er nur freundlich sein. Seine Einladung hat er sicher nicht ernst gemeint. – Andererseits: die Männer haben doch recht. Gerade wenn man unglücklich ist, sollte man Kontakt zu Menschen haben, am besten zu solchen, die in einer ähnlichen Situation sind. Und ich bin doch auch unglücklich und habe im Moment niemanden."

Ich beschloss, die Entscheidung, ob ich die Einladung annehme, auf den nächsten Tag zu verschieben. Am Freitagmittag konnte ich mich dann nicht mehr um eine Entscheidung herumdrücken. Ich fuhr zu dem Hotel, ohne eigentlich schon eine Entscheidung getroffen zu haben. Vor dem Eingang zu dem Restaurant kamen mir erneut erhebliche Zweifel. Ich blieb stehen und überlegte:

„Die Menschen, die ich jetzt treffen soll, sind doch alles Schweizer, die hier im Ort groß geworden sind, ich bin ein Fremder, noch dazu aus einem anderen Land. Ich bin eigentlich eher schüchtern, habe Schwierigkeiten mit Fremden Kontakt aufzunehmen. Ich sollte umdrehen und nachhause gehen!"

Aber es gab auch eine andere Stimme in mir: „Du bist doch nur feige. Du hast Angst, dass du nicht willkommen bist. Was soll denn schon passieren? Im schlimmsten Fall geben sie dir nicht die Aufmerksamkeit, die du dir wünscht. Mehr kann doch nicht passieren. Aber es gibt doch eine – wenn auch zugegebenermaßen kleine – Chance, dass sie dich einigermaßen herzlich, oder zumindest höflich, aufnehmen. Du weißt nicht, was auf dich zukommt. Fass dir ein Herz und gib deinem Schicksal eine Chance!"

Schließlich habe ich all meinen Mut zusammengenommen und bin in das Restaurant gegangen. Ich hatte Glück: Der Herr, der mir den Vorschlag gemacht hatte, war schon da, begrüßte mich und stellte mich den anderen vor. Man ließ mich nicht links liegen, reagierte distanziert, aber höflich und bezog mich immer wieder in die Gespräche ein. Man versuchte sogar, einigermaßen hochdeutsch zu sprechen, da ich zugab, des Schwyzerdütsch nicht mächtig zu sein (eine zusätzliche Schwierigkeit, an die ich gar nicht gedacht hatte).

Ich kürze die Geschichte hier ab: Heute, Jahre später, sind diese Männer alle meine Freunde geworden, gute echte Freunde. Alle Männer haben inzwischen neue Frauen (nur ich bin zu meiner Frau zurückgekehrt, wir haben uns wieder ausgesöhnt) und der Stammtisch hat auch einen neuen Namen bekommen: Es treffen sich heute die „Happy Few". Sie haben ihre anfängliche Zurückhaltung schon lange aufgegeben und begegnen mir sehr herzlich, wir haben als Gruppe auch schon viele interessante Wanderungen und Reisen unternommen, auf denen ich viele Glücksmomente sammeln konnte. Meine Besuche in der Schweiz plane ich seitdem immer so, dass ich an dem Stammtisch der „Happy Few" teilnehmen kann. Der Besuch meiner Freunde am Stammtisch ist immer einer der Höhepunkte dieser Reisen.

Das alles hätte ich nicht erlebt, wenn ich mich damals nicht überwunden hätte. Die Entscheidung, mit diesen Fremden Kontakt aufzunehmen, hat viel zu meinem insgesamt positiven Lebensgefühl, zu meinem Glück beigetragen.

Ich habe mich oft gefragt, warum mir gerade diese Gruppe Menschen so sehr ans Herz gewachsen ist, und warum ich jedes Mal, wenn ich vom Stammtisch der „Happy Few" komme, beschwingt und fröhlich (glücklich) bin. Liegt es daran, dass die Teilnehmer dieser Schweizer Gruppe einander so schätzen, wie sie sind? Sie vermitteln fast immer zwischen den Zeilen, wenn sie sich z. B. für die Sorgen und Nöte des Anderen interessieren, oder wenn sie auch nur aufmerksam zuhören: "Du bist gut, so wie du bist. Ich schätze dich in deinem So-Sein." Das heißt nicht, dass sie die Schwächen, die jeder von uns hat, nicht sehen, aber sie werden nicht als Fehler bewertet, sondern als „liebenswerte Eigenarten", die eben zu jedem Individuum dazugehören.

Es wurde mir klar: Jeder Fremde, dem ich begegne, ist wie eine Schatzkiste, die ich unvermittelt finde. Ich weiß nicht, was darin ist. Es könnten Schlangen oder giftige Kröten sein, oder sie ist leer. Aber es kann darin auch ein echter, kostbarer Schatz verborgen sein. Um das herauszufinden, muss ich diese Schatztruhe öffnen. Der Schlüssel, mit dem ich sie öffnen kann, liegt darin, sich selbst zu öffnen. Wenn ich dem Fremden vorbehaltlos und offen begegne, dann wird er sich auch mir öffnen. Allerdings liegt darin eine Gefahr. Es kann sein, dass er mich verletzt, dass er mir z. B. zu verstehen gibt, dass ich ihn nicht interessiere, oder dass er meine Art nicht ausstehen kann – oder von mir aus betrachtet: dass ich ihn nicht leiden kann. (Das wäre die Kröte in dem obigen Gleichnis). Wenn der Andere sich wirklich abweisend verhält, dann gibt es tausend Erklärungen für sein Verhalten, die nichts mit mir Person zu tun haben. Aber wenn ich mich aus Angst selbst abweisend oder indifferent zeige, dann werde ich nie erfahren, ob ich nicht einen echten Schatz übersehen habe. Wie viele „Schatzkisten" habe ich wohl in meinem Leben unbeachtet liegen gelassen?

> *Die Fähigkeit, Freundschaft zu gewinnen,*
> *ist unter allem, was Weisheit zur Glückseligkeit beitragen kann,*
> *bei weitem das Bedeutendste.*
> Epikur[196]

Familie und Kinder

> *Das große Glück besteht in einer außerordentlich glücklichen Familie.*
> Tolstoi[197]

Tolstoi, der häufig depressiv war, ist durch die Familie aus seiner Vereinzelung herausgetreten. Er hatte mit seiner Frau 13 Kinder. Allerdings reichte ihm die Familie auf Dauer nicht, um glücklich zu werden.

Kinder sind sicher auf der einen Seite ein unvergleichlicher „Lieferant" von Glücksmomenten. Welche Eltern könnten nicht eine Reihe von Anekdoten über ihre (meist kleinen) Kinder erzählen und wenn man dabei ihre Augen beobachtet, dann erübrigt sich die Frage, ob sie damals glücklich waren – und sie sind es bei der Erinnerung an diese Momente noch heute. Allerdings können Kinder ihre Eltern auch ganz schön nerven. Es gibt wohl kein Elternpaar, das nicht auch davon erzählen könnte. „Wo ein Kind im Haus ist, erlebt man wahrscheinlich alle Emotionen des Alltags deutlich stärker – die positiven wie die negativen, die Stress-erzeugenden und die Glück-bringenden."[198]

Zu der Frage, ob Kinder eher glücklich machen, gibt es eine Reihe von Untersuchungen mit sehr unterschiedlichen, zum Teil widersprüchlichen Ergebnissen.[199]

In einer Studie von Pollmann-Schult, bei der fast 4900 Frauen und Männer zwischen 25 und 37 Jahren erfasst wurden, kommt er zu einem ausgewogenen Urteil: „Insgesamt zeigen die Querschnittanalysen, dass Eltern zwar eine verringerte Zufriedenheit mit ihrer Freizeit, ihren sozialen Kontakten und ihrer Partnerschaft verzeichnen, jedoch mit ihrem Leben allgemein zufriedener sind als kinderlose Paare."[200]

Weber, der diese Studie zitiert, betont, dass diese Aussage jedoch nur im großen Durchschnitt gelte. Leben die Eltern in Armut oder sind sie von Armut bedroht, dann erhöhen auch Kinder die Lebenszufriedenheit nicht. Gutverdienende Eltern sind dagegen glücklicher als kinderlose Paare. Die höchste Zufriedenheit gegenüber kinderlosen Eltern zeigte sich bei Eltern mit mittlerem Einkommen. Der Autor vermutet, dass gutverdienende Eltern, die vermutlich oft Doppelverdiener-Paare seien, „... nach der Geburt eines Kindes möglicherweise größere Probleme mit der Vereinbarkeit von Beruf und Familie haben. ... Kinder haben einen emotionalen Nutzen für die Eltern, verursachen aber eben auch finanzielle und psychische Kosten". Dabei deuten die Ergebnisse darauf hin, dass „der emotionale Nutzen der Kinder bereits im Vorschulalter abnimmt". Bis zum vierten Lebensjahr des Kindes weisen die Eltern höhere Zufriedenheitswerte auf als Kinderlose. Gründe für diesen Stimmungswechsel werden in der Studie nicht genannt.

Wege zum Glücklichsein: Die Liebe

Glücklich allein ist die Seele, die liebt.
Johann Wolfgang von Goethe[201]

All you need is love.
Titel eines Songs von John Lennon, The Beatles

Liebe ist die vielleicht mächtigste Quelle für Glücksgefühle überhaupt, daher möchte in einem Buch über Glück auf dieses besondere aller Gefühle ausführlicher eingehen. Ich beginne hier mit einer Geschichte, die ich in Südafrika erlebt habe und die mir sehr ans Herz gegangen ist.

Armut und Nächstenliebe

Bei einem meiner Besuche in Kapstadt lernte ich ein dunkelhäutiges Mädchen kennen, das in einem der Slums rund um die Stadt wohnte. Ihr Name war Maria. Ich sah sie jeden Morgen beim Frühstücken im Hotel. Sie war mir als besonders scheu aufgefallen und es war für sie offensichtlich unbegreiflich, dass sich ein Fremder, ein Weißer, ein europäischer Geschäftsmann für sie interessierte. Es war, als lauerte sie darauf, jeden Moment den „Haken" zu finden, zu entdecken, was ich von ihr wollte und wie ich sie ausnützen würde. Als Maria langsam erkannte, dass mein Interesse an ihr als Person ehrlich war und dass ich nichts anderes wollte, als ein wenig über ihr Leben zu erfahren, da fasste sie langsam Vertrauen, öffnete sich etwas und begann zu erzählen.

Maria war eines der vielen Waisenkinder in Südafrika. Ihren Vater hat sie nie kennengelernt. Ihre Mutter, eine Prostituierte, hat sie sehr früh weggegeben. Bis sie 16 Jahre alt war, wurde sie von Familie zu Familie gereicht. In den meisten Familien wurde sie missbraucht, bis sie weggelaufen ist, um dann wieder aufgegriffen zu werden, um in eine neue Familie zu kommen. Dort begann das Spiel von vorne.

Als ich sie kennen lernte, war sie 19 Jahre alt und hatte einen Hilfsjob in dem Hotel, in dem ich wohnte. Sie war sehr stolz darauf, Arbeit gefunden zu haben, obwohl ich mir vorstellen konnte, wie wenig sie verdiente, zumal sie nicht fest angestellt war, sondern nur Gelegenheitsdienste übernahm.

Außer den wenigen Kontakten mit den Mitarbeitern des Hotels hatte Maria keine Freunde – und aus Nebenbemerkungen wurde deutlich, dass ihre Kollegen bei der Arbeit auf sie herabblickten, da sie nichts gelernt hatte und auch nicht fest angestellt war.

Maria erzählte mir eine Geschichte, die sie vor ein paar Wochen erlebt hatte und die ihr offensichtlich sehr nahe gegangen war. Während sie sie erzählte, kämpfte sie immer wieder mit ihren Tränen:

„Auf dem Weg zu meiner Arbeit gehe ich meist an einem jungen Bettler vorbei, der immer an der gleichen Stelle sitzt. Es ist ein kleiner Junge, ich schätze ihn auf zwölf oder vierzehn Jahre. Lange Zeit haben wir uns nicht beachtet, aber nachdem er mich immer wieder gesehen hat und ich ihm auch ab und zu mal eine Münze gegeben habe, kannten wir uns und haben uns mit Kopfnicken gegrüßt. Wahrscheinlich – so denke ich mir – ist er genauso einsam wie ich. Sicher hat auch er keine eigene Familie und niemand, der sich um ihn kümmert."

Maria fuhr nach einer Pause fort: „Weihnachten ist für mich immer eine besonders schwierige Zeit. Es ist ein Fest für Menschen mit Familie, mit Freunden, nicht für Menschen wie mich. Ich kenne niemanden, von dem ich Geschenke erwarten kann, oder den ich beschenken könnte. Auf dem Weg zur Arbeit komme ich an vielen Schaufenstern vorbei. Die schönen Auslagen vor Weihnachten sind für mich besonders schmerzlich.

An dem letzten Weihnachten vor ein paar Wochen wurde ich richtig traurig – aber auch irgendwie wütend: Ich wollte auch Weihnachten erleben, Weihnachten fühlen. Aber wie macht man das? Wie kann ich Weihnachten erleben?"

Maria machte erneut eine Pause. War das eine echte oder eine rhetorische Frage? Was sollte ich antworten? Aber dann fuhr sie fort:

„Ich fand keine Antwort auf diese Fragen, aber dann kam ich bei meinem Freund, dem Bettler, vorbei. Auf einmal wusste ich, was Weihnachten sein könnte. Ganz spontan sprach ich ihn an und sagte ihm, dass ich ihm gerne etwas zu Weihnachten schenken möchte und dass er sich etwas wünschen soll.

‚Ich hätte so gerne einmal Schuhe, ich hatte noch nie Schuhe', war seine Antwort. Ich versprach, ihm diesen Wunsch zu erfüllen, und am nächsten Tag nahm ich all mein Erspartes mit, um mit ihm Schuhe zu kaufen. Ich hatte nicht viel Geld und ich hatte große Angst, dass er sich Schuhe aussuchen könne, die ich nicht bezahlen kann. Aber er suchte sich sehr billige Turnschuhe aus.

Sie können sich nicht vorstellen, was für ein schönes Gefühl über mich kam, als ich seine glücklichen Augen sah. Ich hatte das noch nie erlebt. Ich dachte immer, Weihnachten heißt Geschenke zu bekommen. Auf einmal hatte ich mein Weihnachtsgefühl gefunden, nach dem ich mich so gesehnt hatte."

Maria fiel es nicht leicht, mit Worten ihre großen Gefühle zu beschreiben.

„Vorgestern war Valentinstag. Auch das ist ein Tag, der nicht für Menschen wie mich gemacht ist. Es macht mich nur traurig, denn mir wird wieder bewusst, wie alleine ich bin und dass niemand an mich denkt. Als ich an diesem Tag auf meinem Weg zur Arbeit bei meinem Bettler vorbeikam, überreichte er mir eine einzelne Blume. Ich glaube, ich habe mich über diese Blume mehr gefreut, als er sich über die Schuhe."

Wie reich muss man sein, um geben zu können?

Vor meiner Abreise habe ich einen verschlossenen Umschlag mit ihrem Namen an der Rezeption hinterlassen. Ich wollte sie nicht in Verlegenheit bringen und habe es deshalb im letzten Moment vor meiner Abreise getan. Aber sie hat mich doch noch telefonisch erreicht, bevor ich das Zimmer mit meinen Koffern verließ. Unter Tränen fragte Maria mich nur: „Warum hast Du (haben Sie?) das getan?"[202]

Hat Maria den jungen Bettler, dem sie jeden Morgen auf dem Weg zur Arbeit begegnete, geliebt? Um diese Frage zu beantworten, werden Sie sagen, muss man erst erklären, was wir unter „Liebe" verstehen wollen.

Wenn wir diesen Begriff auf die romantische Liebe einschränken, dann muss man die Frage wahrscheinlich mit „Nein" beantworten. Aber offensichtlich gibt es noch andere Formen von Zuwendung, die wir „Liebe" nennen können und die mit Glücklichsein zu tun haben.

Definition und Formen der Liebe

Man kann Liebe als ein Gefühl bezeichnen, das mit dem Wunsch verbunden ist, sich mit einem besonders geschätzten Gut (einem lebendigen Wesen, einem Ding oder einer Tätigkeit) in irgendeiner Weise zu verbinden oder zu beschäftigen; sei es, dass man dieses Gut besitzen oder sich mit diesem Gut häufig umgeben oder mit ihm umgehen will.

Beispiele für einen entsprechenden Sprachgebrauch von „Lieben" sind: „Ich liebe meine Frau"; „ich liebe meinen Hund"; „ich liebe die Symphonien von Beethoven"; „ich liebe meinen Garten"; „ich liebe das Wandern" usw. Dieses Gefühl kann sich auch auf eine Abstraktion beziehen, die es nur in unserer Vorstellung gibt: „Ich liebe die Natur"; „ich liebe Gott". Jede geglückte Zuwendung zu einem geliebten Wesen, zu einem Ding bzw. zu einer geschätzten Tätigkeit oder Abstraktion löst in uns ein Glücksgefühl aus. Jede Form der Liebe macht uns innerlich reicher und glücklicher.

Man kann die folgenden Formen der Liebe unterscheiden:

- die auf die Pflege gerichtete, fürsorgliche Liebe der Eltern für ihre Kinder und die Erwiderung durch diese;
- die romantische Liebe;
- die sexuelle Liebe;
- die auf das unterstützende Miteinander gerichtet Liebe oder Sympathie für andere Personen, die man auch Freundschaft nennt;

- die sublimierte (vergeistigte) Liebe, die in den Formen der Nächsten-, Feindes- und der Gottesliebe auftritt und sich in der Mystik zur Liebe für alle Kreaturen und zur unmittelbaren Vereinigung mit der Gottheit steigert;
- die auf Dinge und Tätigkeiten gerichtete Liebe.

Ohne Zweifel ist die liebevolle Einstellung zum Leben und all seinen Phänomenen generell eine Quelle für Glück. Man spricht von der Biophilie[203], der Liebe zum Leben in all seinen Formen. Das zeigte sich z. B. auch darin, dass die Befragten, die sich um das Aussterben der Artenvielfalt Sorgen machten, glücklicher waren als eine Vergleichsgruppe.[204]

Wenn wir in diesem Abschnitt von „Liebe" sprechen, dann konzentrieren wir uns auf die positiven Beziehungen als Quelle für Wohlbefinden oder Glück und klammern alle Formen der Liebe aus, die sich nicht auf Menschen beziehen.

Die auf den Partner gerichtete Liebe

Wenn man Menschen in seine Umgebung danach fragt, was sie am meisten glücklich machen würde, so hört man oft zur Antwort: "Ich wünsche mir einen Menschen, der mich (bedingungslos) liebt und der mir treu ist." Die Vielzahl von Möglichkeiten der Partnersuche im Internet, Partneragenturen und entsprechende Anzeigen in Zeitungen zeigen, wie groß der Wunsch nach einem liebevollen Partner in unserer Zeit ist.

Wenn ich hier über die Liebe als besonders wichtigem Glücksfaktor schreibe, dann meine ich vor allem diese letztere Form, die romantische Liebe. Sie bestimmt ganz wesentlich die Qualität unseres Lebens. Liebe zu einem Partner kann man die Basis unseres Glücksempfindens nennen. Diese Form der Liebe kennt jeder und wenn wir sie nicht empfinden, dann fehlt uns etwas, dann haben wir Sehnsucht danach. Wir spüren sie, wenn wir unseren Partner oder unsere Partnerin im Arm halten, aber auch dann, wenn wir ihn oder sie nur anschauen, oder wenn wir ihn oder sie vermissen, weil wir getrennt sind.

In ihrer reinsten Form ist die Liebe nicht mehr auf Besitz aus, sie ist bedingungslos. Antoine de Saint-Exupéry sagt: „Die wahre Liebe beginnt da, wo keine Gegenliebe mehr erwartet wird."[205]

Die meisten Menschen sind voller Verlangen nach Liebe – und sie sehen oft das Hauptproblem ihrer Situation darin, dass sie nicht geliebt werden. Sie können sich nicht vorstellen, dass sie nicht in der Lage sind, zu lieben. „Wenn ich dem richtigen begegne und dieser mich liebt, dann liebe ich ihn sicher auch." Wer würde dieser Aussage widersprechen und aus Erfahrung kann der, der diese Überzeugung vertritt, kaum klüger werden: Wenn es nicht klappt, wenn man sich – vielleicht nach Abflauen der ersten Leidenschaft – „nicht mehr versteht", dann lag das natürlich sicher nicht daran, dass man etwas falsch gemacht hat, sondern es wird als Beweis gewertet, dass es eben nicht „der oder die Richtige" war.

Aber es gibt viele Stimmen, die immer wieder darauf hinweisen, dass es mehr um das Lieben-Können, als um das Geliebt-Werden geht. Hesse hat ein Buch geschrieben mit dem Titel: „Glück ist Liebe. Wer lieben kann, ist glücklich."[206] Er hat nicht davon geschrieben, dass man geliebt werden muss, selbst lieben können ist wichtiger. Auch der populäre Philosoph und Bestsellerautor Precht schreibt: „Nicht geliebt zu werden ist schlimm, niemanden zu haben, den man lieben kann ist noch schlimmer."[207]

Woran kann es aber liegen, dass man „niemanden hat, den man lieben kann"? Weil man den Richtigen noch nicht gefunden hat, oder weil man selbst in sich Hemmungen erlebt, die es einem nicht erlauben zu lieben? Kann man das denn selbst an sich erkennen?

Meine Erfahrung mit dem „Lieben-Können":

Ich persönlich hatte „das zweifelhafte Glück", dass ich erleben musste, wie sehr die Erfahrung, dem Richtigen zu begegnen, eine Frage der inneren Einstellung ist:

Wie oben erwähnt, habe ich meine „große Liebe" durch einen Unfall verloren. Und obwohl ich mich doch so sehr bemühte, hatte ich zehn Jahre später immer noch keine Frau gefunden, mit der ich eine Familie gründen wollte oder konnte.

„Ich habe noch nicht die Richtige gefunden!", sagte ich mir und meinen Freunden zur Begründung. „Wirklich?" meldete sich eine kritische Stimme in mir: „Du hast so viele Frauen kennengelernt, so viele Frauen haben sich für dich interessiert. Liegt es nicht vielleicht doch an dir?" Nur wenn man ganz ehrlich zu sich selbst ist, dann besteht die Chance, dass man zu Einsichten kommt, die das Leben verändern.

Hier ist nicht der Platz, meine Selbsttherapie darzulegen. Hier kommt es nur darauf an, was ich dabei gelernt habe:

Erstens: Das Wichtigste ist, selbst lieben zu können. Wenn man aber eine Blockade in sich hat, ist es schwieriger, das zu erreichen, als geliebt zu werden.

Zweitens: Die Hemmnisse, die eine Liebe verhindern, liegen meist in einem selbst, sind psychologischer Art, z.B. die Angst, sich verletzlich zu machen, indem man (wieder) vorbehaltlos liebt, oder die Angst, seine Selbstbestimmung, seine Autonomie zu verlieren.

Drittens: Daraus folgt, dass zur Liebe Mut gehört. Vor allem der Mut, das Risiko einzugehen, sich zu öffnen, verletzlich zu werden. So lange wir mit „Verteidigungswällen", mit „Ritterrüstungen" herumlaufen, z.B. in Gesellschaft immer eine Rolle spielen, um jeden Verletzungsschmerz zu vermeiden, werden wir nicht die Richtige oder den Richtigen finden.

Ich hatte das Glück, dass sich nach diesen zehn Jahren eine bezaubernde Frau um mich bemühte, vor der ich natürlich auch Angst hatte. (Ich meinte immer, ich habe Angst vor dieser Frau, davor, dass sie mich verletzt. Eigentlich hatte ich mehr Angst vor meinen eigenen Gefühlen, denn sie machten mich verletzlich.) Mein Psychologen-Ich versicherte mir, dass das doch auch verständlich sei: „Wenn deine Seele so sehr verletzt wurde, wie durch den plötzlichen Verlust deiner ersten großen Liebe, dann wird sie alles tun, um so einen Schmerz nicht noch einmal zu erleben; sich also am besten nie wieder so sehr emotional abhängig machen!" Das war meine (unbewusste) Marschroute bei der Partnersuche. Wer aber mit dieser Überzeugung im Gepäck "die Richtige oder den Richtigen" sucht, der kann nicht fündig werden. Es gibt keine Liebe, die man nicht wieder verlieren kann.

Nach zehn Jahren hat mich also eine Partnerin gefunden, die so sehr davon überzeugt war, dass wir füreinander bestimmt sind, dass ich mich ihr letztlich nicht entziehen konnte. Aber ich war inzwischen 40 Jahren alt, hatte daher meine Vorlieben und Eigenarten und die stimmen in den seltensten Fällen mit denen des Partners völlig überein. Das fängt beim Bevorzugen eines Musikstil an und hört bei bestimmten Speisen noch nicht auf. Die unterschiedlichen Vorlieben und Geschmäcker ließen mich zu der Überzeugung kommen, dass wir nicht zusammenpassen – oder war es doch die Angst vor dem Verletzt-Werden. Entscheidend war meine Erkenntnis, dass ich unsere Unterschiedlichkeit auch anders betrachten könnte: Vielleicht ergänzen wir uns einfach?

Besteht unser ganzes Leben nicht aus Gegensätzen? Wie oft müssen wir uns entscheiden: Sollen wir unserem rationalen Ich folgen, der Logik und dem Entweder-oder und diese als Entscheidungsgrundlage heranziehen, oder sollen wir uns auf unser „Gefühl", auf unsere „Eingebung" verlassen, mehrere Sichtweisen parallel stehenlassen?

„Ergänzung" war das Zauberwort, das die in mir entstehenden Konflikte zu lösen half. Ich lasse jetzt Gegensätze in meinem Bewusstsein nebeneinanderstehen, auch wenn sie sich zu widersprechen scheinen. Ich übe mich darin, logische Unvereinbarkeiten auszuhalten. „Das ist nicht logisch, das ist psychologisch!", pflegte der Dozent, bei dem ich im ersten Semester studiert habe, Prof. Lersch, immer wieder zu sagen.

Mein neuer Glaubenssatz lautete: „Das passt nicht zusammen, das widerspricht sich – ergänzen sich die Sichtweisen vielleicht?"

Übrigens: Ich habe mich getraut. Habe mich schließlich wieder geöffnet. Habe wieder lieben gelernt und ich lebe heute in einer glücklichen Ehe.

Wie schreibt Erich Fromm so klug in dem Bestseller: „Die Kunst des Liebens":

> „… dass man in der individuellen Liebe keine Befriedigung finden wird, solange man nicht imstande ist, seinen Nächsten zu lieben und dies wirklich demütig, mutig, ehrlich und diszipliniert tut."[208]

Für mich war diese Leitlinie eine wichtige Basis für die Liebe zu meiner Frau.

Die romantische Form der Liebe

> *Es gibt nur eine Form von Glück auf dieser Welt,*
> *zu lieben und geliebt zu werden.*
> George Sand[209]

Ich komme auf die „romantische Form", vor allem die „sexuelle Liebe" zurück: Wenn man von „körperlicher Lust" hört oder liest, dann denken viele zuerst an erotische oder sexuelle Gefühle. Diese Empfindungen wurden in unserer Gesellschaft lange Zeit tabuisiert. Freud[210] und seine Nachfolger haben uns deutlich gemacht, dass die Überzeugung, dass wir von solchen „niedrigen" Bedürfnis frei sind, wenn sie uns nicht bewusst sind, eine Täuschung ist. Erwähnt sei hier nur der 1957 veröffentlichte Bestseller von Vance Packard „Die geheimen Verführer"[211]. Die Erkenntnis dieser Autoren lässt sich so zusammenfassen: Wir bilden uns ein, immer zu wissen, warum wir etwas tun. Dabei machen wir uns etwas vor. Häufig richten wir unser Verhalten an der Befriedigung von tief verwurzelten, nicht selten sexuellen Bedürfnissen aus, ohne dass uns das bewusst wird.

Regeln aufzustellen, wie wir uns in der Partnerschaft verhalten sollten, wie oft und in welcher Form wir Sex haben sollten, um besonders glücklich und zufrieden zu sein, ist unmöglich. Wir Menschen sind zu verschieden, wir sind alle Individuen, das gilt auch für alle Regeln, die hier aufgezählt werden, es gilt aber ganz besonders für die Bedürfnisse, die wir mit dem romantischen oder sexuellen Bereich in einer Partnerschaft verbinden. Ganz selten sind die Bedürfnisse von beiden Personen einer Partnerschaft völlig kompatibel. Aber auch hier gilt: Für manche ist das ein Problem, für andere eine Herausforderung: Sie stellen sich auf den Partner ein und finden einen Kompromiss, der für beide nicht als „faul" erlebt wird.

Es gibt drei unterscheidbare Gründe, warum die Beziehung zu einem anderen Menschen eine besonders starke Quelle von positiven Gefühlen darstellt:

- Wir genießen, dass **uns** jemand liebt, weil er oder sie sich um uns kümmert, uns beachtet, wir „Streicheleinheiten" (wörtlich oder im übertragenen Sinne) erwarten können und unser Selbstbild bestätigt bekommen;

- wir genießen, dass **wir** jemanden lieben, weil wir uns dabei in besonderer Weise erleben, wir verlassen unsere Einsamkeit, spüren, dass wir helfen, positiv gestalten können und die von uns selbst geschätzten Seiten in den Vordergrund treten;
- wir genießen die romantische Form der Liebe, weil wir beim Zusammensein mit dem geliebten Partner wachsen, vielleicht sogar über uns selbst hinauswachsen, die Grenzen unseres Selbst auflösen können.

Wie wichtig für uns die romantische Form der Liebe ist, konnte auch empirisch belegt werden. Henderson u. a.[212] haben von Oxford-Studierenden eine Reihe von positiven Lebensumständen bewerten lassen, wie z. B. „Examen bestehen", „die Geburt eines Kindes erleben", „im Lotto gewinnen" und eben auch „sich verlieben", was die höchste Wertung erfuhr.[213] Natürlich kann das Verliebtsein auch extreme Formen des Unglücklichseins nach sich ziehen, wenn sie nicht erwidert wird.

Das Erleben einer echten, tiefen Liebe ist eine so elementare Erfahrung, dass es nicht verwundert, dass sie oft als außerhalb unserer selbst, als göttlich erlebt und beschrieben wurde. Vor allem in der indischen, buddhistischen Lehre wird sie so gesehen. Geschildert wird „das Scherzen und Kosen, das keusche Sich-Zieren, das Sich-Finden und noch schüchtern tastende Sich-Beglücken ebenso wie das vergebliche Warten auf den Geliebten, die unerträgliche Sehnsucht, den Kummer des Alleinseins und die zehrende Eifersucht beim Gedanken, dass der Geliebte sich vielleicht einer anderen zugewandt haben könnte"[214].

Glück, das wird dabei deutlich, ist hier höchstes Ziel. Es besteht in der Erwartung von und der Erfüllung des Liebesverlangens. Das höchste Glück ist also die Vereinigung mit dem Partner. Die Brüchigkeit, die Unsicherheit und die Vergänglichkeit eines solchen Glücks ist göttliche Absicht, sie erfüllt einen wichtigen Zweck. Wir schätzen das besonders hoch, was selten oder leicht vergänglich ist. „Welchen Sterblichen würde denn das Glück faszinieren oder auch nur interessieren, wenn es zu jeder Zeit zur Verfügung stünde."[215]

Wie oft ist diese Sehnsucht auch in der westlichen Dichtung beschrieben. Es zeigt sich, dass gerade die Sehnsucht die Liebe in höchste Höhen zu heben vermag. So glauben wir im täglichen Leben beobachten zu können, dass Paare, die oft getrennt sind, weil ein Partner viel verreist ist, besonders glücklich sind. („Vorfreude ist die schönste Freude!")

Die Unterscheidung von Liebe, Verliebtsein und Sex

Immer wieder begegnet man der Auffassung, dass Liebe, Verliebtsein und Sex letztlich doch das Gleiche seien, sich gegenseitig bedingen und daher auch gleichzeitig vorhanden sein müssen. Aber auch die Literatur, viele Theaterstücke und das in Biografien festgehaltene Leben z. T. sehr gebildeter, prominenter Persönlichkeiten zeugt von zahllosen Dramen, Zerwürfnissen und falschen Entscheidungen, einfach deshalb, weil zwischen Verliebtsein, Liebe und Sex nicht unterschieden wurde.

Ohne Zweifel sind alle drei Phänomene Quelle höchster Glücksgefühle und daher ist es sinnvoll, dass wir uns diesen offensichtlich sehr wichtigen Erfahrungen des menschlichen Lebens intensiver zuwenden. Statt einer abstrakten Definition werde ich die drei Formen der „Liebe" im übergeordneten Sinn anhand meiner persönlichen Erlebnisse konkretisieren.

Natürlich ist kein Mensch wie der andere, und jeder erlebt sich und die Welt ganz unterschiedlich. Warum sollte das nicht auch bei einer so komplexen Sache wie Liebe gelten? Ich bin also weit davon entfernt zu glauben, dass meine Erfahrungen von allen anderen Menschen, also auch Ihnen, geteilt werden, aber ich kann auch nicht recht glauben, dass ich der Einzige bin, der die Liebe so erlebt hat, wie ich das in den folgenden Zeilen zu beschreiben versuche.

Meine Erfahrungen mit der Liebe

Von den drei Phänomenen Verliebtsein, Sex und Liebe und den daraus entstandenen, für mich nur entfernt verwandten (Glücks-)Gefühlen habe ich zuerst die Sexualität kennengelernt. Ich war ca. 12, als ich die Männlichkeit in meinen Körper entdeckte und ich dachte nicht im Entferntesten daran, dass das etwas mit „Liebe" zu tun haben könnte. Die damit verbundene Erregung, die für mich Glück bedeutete, führte ich daraufhin immer wieder herbei. Ich versuchte, durch Experimente, sowohl was die Vorstellungen als auch was die „Handhabungen" betraf, herauszufinden, wie ich dieses schöne Gefühl noch intensivieren könnte. Was da in mir und an mir vorging, war ein Rätsel, aber ich war zu scheu, um mit irgendjemandem darüber zu sprechen.

Als ich 13 Jahren alt war, begegnete mir dann auf einmal – für mich ganz plötzlich und unerwartet – das Verliebtsein. Ich lernte die jüngere Schwester meiner Schwägerin auf deren Hochzeit kennen. Sie war etwas älter als ich. Wir spielten Kinderspiele wie Verstecken zusammen. Sie war in meinen Augen bildhübsch und sehr charmant. In der Nacht lag ich dann im Bett, konnte nicht einschlafen, hatte rasendes Herzklopfen – und war ungeheuer glücklich. Ich weiß noch, wie ich da lag, mich über meine Reaktion wunderte: über das Herzklopfen, das nicht aufhören wollte und über meine Glücksgefühle. Ich sah keinen Grund. Ich musste nur ununterbrochen an dieses bezaubernde Geschöpf denken.

Ich fragte mich damals oft, warum so viele Schlager von der Liebe handeln, was „Liebe" wohl sei. Ich war neugierig darauf, so etwas auch zu erleben, was offensichtlich so bedeutsam war – und nun lag ich im Bett, konnte vor Glück nicht schlafen und ahnte, dass das damit etwas zu tun haben könnte. Ich war offensichtlich das erste Mal in meinem Leben verliebt.

Mit Sexualität und mit meinen sexuellen Fantasien hatte dieses Gefühl allerdings nicht im Entferntesten etwas zu tun. Ich träumte davon, mit meiner Angebeteten zusammenzuleben, sie zu heiraten, aber mit ihr Sex zu haben, konnte ich mir nicht im Entferntesten vorstellen. Das beunruhigte mich ziemlich: Musste man das nicht tun?

Etwa zwei Jahre später, nachdem ich mich zunehmend für Mädchen interessierte (und sie sich für mich), ich aber nie wieder richtig verliebt war, lernte ich ein gleichaltriges Mädchen kennen, das später meine erste Frau werden sollte. Ich nannte sie Mike (die Abkürzung von Annemike). Ganz langsam kamen wir uns näher. Je mehr wir uns kennenlernten, desto besser verstanden wir uns und eines Tages waren wir ein Paar (heute würde man sagen: wir gingen zusammen), sahen uns von da an fast jeden Tag, telefonierten oft stundenlang miteinander. Dieses Austauschen unserer Gedanken und Gefühle ließ uns die Zeit vergessen, machte uns glücklich und ließ unsere Liebe wachsen.

Zuerst war auch diese Beziehung meilenweit von jeder körperlichen Berührung entfernt. Trotzdem wurden das Küssen und Streicheln mit der Zeit intensiver. Das ging lange Zeit so und trotzdem hatte ich Schwierigkeiten, meine sexuellen Fantasien und meine Liebe zu meiner Freundin Mike in Einklang zu bringen.

Auf meine Anregung hin trennten wir uns „probeweise". Ich hatte Angst vor der Vorstellung, dass ich mein ganzes Leben nur mit einer Frau zusammen sein sollte, denn für mich war partnerschaftliche Treue eine Selbstverständlichkeit und das bedeutete, wenn ich mit meiner Freundin schliefe, gehörten wir zusammen und ich würde nie mehr eine andere Frau haben. Ich dachte, ich müsste vorher mit anderen Frauen Erfahrungen sammeln.

Aber die Trennungszeit war schrecklich und ich hielt die vereinbarte Dauer nicht ein. Auf einmal spürte ich, dass ich wirklich und richtig in Mike verliebt war. Das Herzklopfen bei der Vorstellung, sie wieder zu treffen, ähnelte dem Herzklopfen Jahre zuvor. Wir trafen uns wieder, bevor die vereinbarte Trennungszeit vorüber war. Unser Wiedersehen fand am frühen Morgen bei Sonnenaufgang nach einer durch Sehnsucht schlaflosen Nacht statt und gehört zu den glücklichsten Augenblicken meiner frühen Jahre. Die Gefühle wurden gespeist aus der Ungewissheit, wie der Partner reagieren würde und der bedingungslosen Öffnung meines Innersten. Jetzt gehörten wir wirklich zusammen.

Ich hatte mich für Mike entschieden und jetzt mussten und durften wir miteinander schlafen. Nie werde ich das erste bewusst unternommene sexuelle Zusammensein mit Mike vergessen, das wir uns nach reiflicher Überlegung „erlaubten". Wir waren inzwischen schon mehrere Jahre „zusammen", hatten uns auch schon einmal nackt gesehen, hatten es aber aus den oben erwähnten Gründen noch nie zum Äußersten kommen lassen.

Dieses erste sexuelle Zusammensein gehört ohne Zweifel zu den schönsten Erlebnissen, die ich in meinem Leben gehabt habe. Es war uns gelungen, Verliebtsein, Liebe, im Sinne von Vertrautheit und der bewussten Entscheidung für den Anderen, und sexuelle Vereinigung gleichzeitig mit einem Partner zu erleben. Ich war noch Tage danach so glücklich, dass ich glaubte zu schweben.

Wir bekamen Kinder und waren ein sehr glückliches Paar – bis zu dem Unfall, bei dem Mike und unsere zwei Kinder umkamen.[216]

Ich hatte also Verliebtsein, Sexualität und Liebe kennengelernt und es war mir gelungen, alle drei Formen der Liebe auf eine Person, auf meine Frau Mike zu vereinen. Aber noch heute sind das für mich drei verschiedene Dinge, und ich denke, ich bin nicht der Einzige, der seitdem in seinem Leben immer wieder Schwierigkeiten hatte, diese drei Phänomene nur auf eine Person zu konzentrieren.

Hierzu zwei Beispiele:

Ein Klassenkamerad gestand mir einmal, dass er nur während des Liebesaktes glücklich sei. Nachdem er mit einem Mädchen geschlafen habe, fände er dieses Mädchen nicht mehr interessant und mochte nur schnell wieder von ihr weg. Er habe deshalb oft ein schlechtes Gewissen.

Ich erinnere mich sehr lebhaft an eine Diskussion mit ihm über dieses Thema. Wir beide befanden uns in der Pubertät und hatten unsere ersten sexuellen Erfahrungen hinter uns:

Müssen wir für alle Freuden büßen?

Mein Freund, mit dem ich oft philosophierte und eigentlich in vielen Fragen, die das Leben eines Pubertierenden betreffen, übereinstimmte, verkündete mir eines Tages:

„Das Leben ist schrecklich, es gibt nur wenige Genüsse und letztlich muss man doch für alle büßen."

Es war für uns beide völlig klar, dass wir von unseren sexuellen Erfahrungen sprachen, obwohl wir das Thema nicht offen ansprachen. Damals, in den fünfziger Jahren des 20. Jahrhunderts waren wir noch so ‚verklemmt'. Offensichtlich hatte er bei seinen ersten sexuellen Erfahrungen keine große Erfüllung gefunden.

Er meinte: „Jeden Genuss muss man büßen. Wenn nicht immer wieder die Bedürfnisse kämen, würde ich mich am liebsten nie mehr mit einer Frau einlassen."

Das entsprach in keiner Weise meinen Erfahrungen:

„Also da muss ich dir aus vollen Herzen widersprechen. Meiner Erfahrung nach gibt es nichts Schöneres auf dieser Welt."

Mein Freund konnte mir das nicht glauben. Er kannte offensichtlich Sex, aber nicht in Verbindung mit Verliebtsein oder Liebe.

Ein zweiter Fall: An einer Bar wurde ich einmal unfreiwillig Zeuge eines Gesprächs, in dem ein offensichtlich seit vielen Jahren verheirateter Mann davon erzählte, dass er seine Frau „abgöttisch" liebe, dass er sie sogar „wie eine Göttin verehrt", aber offensichtlich nicht (mehr) begehre. Ist es da verwunderlich, dass beide seit vielen Jahren keinen Sex mehr miteinander hatten? Ich bin mir nicht sicher, ob sich eine Frau gut fühlt, also glücklich ist, wenn sie als „Heilige" angesehen und behandelt wird.[217]

Für die Liebe muss man etwas tun

Aufeinander zugehen, miteinander sprechen, Gemeinsames entdecken, Gemeinsames tun und die Zäune der Missverständnisse, der Voreingenommenheit, der Reserviertheit fallen von selbst.
Herrmann Brüggemann[218]

Können wir unsere Vernunft einsetzen, damit es weniger häufig zu einem Scheitern von Beziehungen kommt? Eine Möglichkeit besteht darin, dass wir durch die Unterscheidung von Verliebtsein und Liebe zu einer realistischeren Einschätzung der Erwartungen kommen, die wir an die Partnerschaft stellen, und vielleicht sogar unser Verhalten danach ausrichten. Denn die Verwechslung von Verliebtsein und Liebe führt häufig zu Fehlbeurteilungen und damit auch zu Fehlentscheidungen, die viel Leid bei den Partnern und häufig dann auch bei den u. U. vorhandenen Kindern auslösen.

Das wird aus der folgenden Geschichte deutlich, die ich aus dem Buch von Covey[219] übernommen habe.

„Lieben" ist ein Tätigkeitswort

Covey ist ein viel gelesener Autor von Selbsthilfebüchern und ein hochbezahlter Redner. Er sprach einmal von den Pflichten, die man in einer Beziehung hat. Da kam einer seiner Zuhörer zu ihm und sagte:

„Stephen, ich mag, was Sie gesagt haben. Aber letztlich ist doch jede Situation anders. Sehen sie z. B. meine Ehe. Ich mache mir wirklich Sorgen. Meine Frau und ich haben einfach nicht mehr die Gefühle füreinander, die wir früher hatten. Ich vermute, ich liebe sie einfach nicht mehr und sie liebt mich auch nicht mehr. Was kann man da tun?"

Covey: „Die Gefühle sind nicht mehr da?"

Zuhörer: „Ja das stimmt. Und wir haben drei kleine Kinder, um die wir uns wirklich Sorgen machen. Was würden Sie vorschlagen?"

Covey: „Lieben Sie Ihre Frau!"

Zuhörer: „Ich sagte doch schon, die Gefühle sind einfach nicht mehr da."

Covey: „Lieben Sie Ihre Frau!"

Zuhörer: „Sie verstehen nicht: Das Gefühl der Liebe ist nicht mehr da."

Covey: „Dann lieben Sie sie. Wenn die Gefühle nicht mehr da sind, dann ist das ein guter Grund, sie zu lieben."

Zuhörer: „Aber wie kann man jemand lieben, den man nicht liebt?"

Covey: „Mein Freund, Lieben ist ein Verb, eine Tätigkeit. Die Liebe – das Gefühl – ist eine Frucht des Liebens, des Tuns. So lieben Sie sie. Schenken Sie ihr etwas, das für Sie ein Opfer bedeutet, seien Sie ihr zu Diensten, hören Sie ihr zu, fühlen Sie sich in sie ein, schätzen Sie sie, bestätigen Sie sie usw."

Lieben ist ein Tätigkeitswort. So einfach ist das. Was wir für den anderen tun, wirkt mindestens so sehr auf uns selbst wie auf den anderen. Wir sollten also nicht darauf warten, dass die Liebe (wie manchmal das Verliebtsein) über uns kommt, sondern wir müssen etwas tun, damit diese Liebe erhalten bleibt oder vielleicht sogar wieder entsteht.

Aber das oben beschriebene Gesetz der Anpassung, die Tatsache also, dass wir uns an alle Lebensumstände gewöhnen können und daher Unglück, aber auch Glück nicht mehr so wie zu Anfang empfinden, weil sich unser Bezugsrahmen verändert hat, gilt auch bei Partnerschaften. „Spätestens zwei Jahre nach der Hochzeit ist man wieder auf dem Glücksniveau angelangt, das für einen vor der Hochzeit typisch war."[220] Das gilt aber nur für den Durchschnitt und muss nicht so sein, wie auch Lyubomirsky festgestellt hat. Sie berichtet von Markus, dessen Glücksempfinden nach der Hochzeit überdurchschnittlich anstieg. „Acht Jahre später war er als Ehemann immer noch glücklicher als zu seiner Single-zeit und beinahe so glücklich wie unmittelbar nach der Eheschließung." Wie hat Markus das geschafft? „Markus wollte nicht, dass sich die Ehe ‚abnutze', er wollte sich also nicht an die positiven Auswirkungen ge-wöhnen. Also nahm er sich vor, alles zu tun, um der bestmögliche Ehe-mann zu sein und zu verhindern, dass die Ehe zur Selbstverständlich-keit wurde. Er denkt ganz bewusst daran, seiner Frau zu sagen, dass er sie liebt, ihr Blumen mitzubringen, gemeinsame Aktivitäten zu planen, Reisen zu unternehmen, neue Hobbys anzuregen und sich für die Erfol-ge, Probleme und Gefühle seiner Frau zu interessieren."

Auch hier sehen wir: Liebe ist ein Tätigkeitswort. Wenn wir uns daran halten, können wir selbst das immer wieder beobachtete Gesetz der Anpassung außer Kraft setzen. Gottman[221], der eine große Zahl von glücklichen und unglücklichen Ehen in seinem Ehelabor filmte und ana-lysierte (und dessen Buch ich jedem empfehlen kann, der für eine glück-liche Ehe kämpfen möchte), rät zu folgenden Aktivitäten, mit denen Sie Ihre Liebe lebendig halten können:

1. Bringen Sie Ihre Partnerlandkarte auf den neuesten Stand: Es ist sehr wichtig, dem Partner tatsächlich Interesse entgegenzubrin-gen, seine Hobbies, seine Vorlieben und Abneigungen zu kennen und wenn möglich zu teilen.

2. Pflegen Sie Zuneigung und Bewunderung füreinander: Diese Zu-neigung und Bewunderung sollten dabei auch ausgedrückt wer-den.

3. Wenden Sie sich einander zu und nicht voneinander ab: Wenn der Partner sich einem zuwendet, dann sollte man ihm die volle Auf-merksamkeit schenken.

4. Lassen Sie sich von Ihrem Partner beeinflussen: Fragen Sie ihn nach seinem Rat und richten Sie sich wirklich danach.

5. Lösen Sie lösbare Probleme: Hören Sie in den anderen hinein, versetzen Sie sich in die Situation des Partners und führen Sie ein konstruktives Gespräch zur Lösung der täglichen Probleme. Signalisieren Sie beim Streiten immer wieder Versöhnung und Entspannung. Stress im Beruf, Schwiegereltern, Geld, Sex, Hausarbeit und ein neues Baby, das sind die häufigsten Bereiche, in denen eheliche Konflikte entstehen. Wenn man sich darauf einstellt (und sich verständnisvoll darüber austauscht), kann man verhindern, dass es zu einer Eskalation kommt.

6. Schaffen Sie einen gemeinsamen Sinn: Schaffen Sie ein Gefühl der Gemeinsamkeit.

Und ich möchte aus eigener Erfahrung ergänzen:

1. Nehmen Sie sich Zeit füreinander: Sie sollten jede Woche mindestens ein gemeinsames möglichst positives (glücklich machendes) Erlebnis haben.

2. Nutzen Sie die Gunst der Stunde: Nutzen Sie jede Gelegenheit, sich mit dem Partner gemeinsam zu freuen.

3. Öffnen Sie sich: Erzählen Sie von Ihren innersten Empfindungen und Ängsten – auch wenn das ein Risiko darstellt.

Liebe ist eine Entscheidung

> *Seit die Einheit der Familie eine Frage der persönlichen*
> *Entscheidung geworden ist, kann sie nur durch die*
> *regelmäßige Zufuhr seelischer Energie fortbestehen.*
> Csikszentmihalyi[222]

Liebe ist eine Entscheidung und das bedeutet, dass man die Verantwortung für den Fortbestand der Liebe übernimmt. Diese Grundeinstellung ist vor allem in kritischen Phasen entscheidend, in denen die Unzufriedenheit mit dem Partner wächst, nachdem die Scheuklappen verschwunden sind, die das Verliebtsein in uns hervorgerufen haben und auf Grund derer wir die negativen Seiten unseres Partners nicht gesehen haben, oder wenn uns ein anderer Partner attraktiver erscheint – oder beides gleichzeitig.

Wir sind für unsere Gefühle verantwortlich, wir können zumindest das Verhalten steuern, das uns von unseren Gefühlen nahegelegt wird – auch wenn das von vielen geleugnet wird. Wir sind vielleicht nicht für die Entstehung von Gefühlen verantwortlich, aber was daraus wird, ob sie wachsen, ob die Gefühle dann unser Verhalten bestimmen, dafür sind wir durchaus verantwortlich. Diese Fähigkeit zeichnet uns als Menschen aus. Das gilt für alle Gefühle, aber eben auch und vielleicht besonders in der Liebe. Unsere Gefühle bestimmen unser Verhalten, aber dieser Zusammenhang gilt auch umgekehrt: Unser Verhalten bestimmt unsere Gefühle. Das können wir nutzen, denn unser Verhalten ist unserem Willen untergeordnet.

Viktor Frankl schreibt: „Zwischen Reiz und Reaktion (Gefühl und Verhalten) gibt es einen Zeitraum. In diesem Zeitraum liegt unsere Macht, unsere Reaktion zu wählen. In unserer Reaktion liegen unser Wachstum und unsere Freiheit."[223] Die Fähigkeit, die eigene Liebe zu steigern, hat also mit dem Zeitraum zu tun, der zwischen Reiz und Re-aktion, zwischen unseren Gefühlen und den entsprechenden Handlungen liegt.

Fromm weist darauf hin: „Es ist das Paradoxe der menschlichen Existenz, dass der Mensch zugleich Nähe und Unabhängigkeit suchen muss, zugleich die Verbindung mit anderen und das Bewahren seiner Einmaligkeit und Besonderheit."[224]

Verliebtsein, Sex und Liebe mit dem gleichen Partner?

Normalerweise sollten die drei Phasen, Verliebtsein, sexuelle Anziehung und Liebe gleichzeitig oder kurz nacheinander auftreten und sich auf den gleichen Partner beziehen. Aber wie sollen wir reagieren, wenn einzelne Phasen einfach übersprungen wurden und wir trotzdem nicht allein leben wollen, weil wir als Mensch soziale Wesen und nicht für das Alleinsein geschaffen sind?

- Kann eine Beziehung auf Dauer glücklich machen, wenn sich zwei Menschen „unsterblich" ineinander verliebt haben, aber schon nach kurzer Zeit feststellen, dass die sexuelle Anziehungskraft nicht so stark ist, dass man nach den ersten Wochen (nachdem der Reiz des Neuen vorbei ist) nur noch selten und wenig leidenschaftlich oder erfüllend miteinander schläft?
- Kann eine Beziehung auf Dauer glücklich machen, bei der die Partner nie richtig ineinander verliebt waren und sich nur deshalb gefunden haben, weil sie beim Tanzen festgestellten, dass sie Lust aufeinander haben und das inzwischen schon viele Wochen genießen? Viele Männer erleben Sex als einen wichtigen Grund, überhaupt eine feste Beziehung einzugehen – neben Bindungswünschen, die natürlich auch Männer haben. Wenn es dann nach

Etablierung der Beziehung der Sex in den Hintergrund rückt, steht für sie die Beziehung infrage.

- Kann eine Beziehung auf Dauer glücklich machen, bei der ein Partner – meist die Frau – nach einigen Jahren keine sexuelle Befriedigung (mehr) findet? Viele Frauen sehen im Sex ein Pfand für Beziehung. Sie haben gelernt, Sex im Tausch für Bindung und Sicherheit zu geben. Also geben sie Sex vor allem dann, wenn die Bindung noch nicht gefestigt oder gefährdet ist. Andererseits bedeutet für den Mann der Sexualakt nicht nur eine Befriedigung der drängenden sexuellen Wünsche, sondern auch eine persönliche Bestätigung: Ich bin o. k. Daher legt der Mann auch so viel Wert darauf, dass die Frau einen Höhepunkt hat, den sie im Zweifelsfall der Einfachheit halber einfach vortäuscht.
- Kann eine Beziehung auf Dauer glücklich machen, wenn die Partner ihr jeweils ideales Gegenstück gefunden haben, soweit das die körperliche Seite der Liebe betrifft, einer der Partner aber den anderen als sozial niedriger einstuft – was vielleicht sogar eine Grundbedingung für die sexuelle Erfüllung war – und sich daher mit ihm in Gesellschaft unwohl fühlt?
- Kann eine Beziehung auf Dauer glücklich machen, bei der die Partner sehr verliebt waren, sich sexuell auch „gut verstehen", bei der aber die rationalen Kriterien (Herkunft, Bildung, finanzielle Sicherheit usw.) gegen eine Verbindung sprechen?

Auf diese und viele andere Fragen, die man in diesem Zusammenhang stellen kann, gibt es keine allgemeingültigen Antworten. Allerdings hilft es sicher, sich der Schwierigkeiten bewusst zu sein, mit denen man in solchen und ähnlichen Fällen zu kämpfen hat, wenn man eine aus einer solchen Beziehung entstehende Partnerschaft langfristig glücklich erhalten will. Hier hilft, sich mit jemandem auszutauschen, der objektiven

Rat geben kann. Es gibt immer ein „Trotzdem!", wenn man nur wirklich will und bereit ist, dafür zu kämpfen.

Eine Partnerschaft ist kein Zustand, sondern ein dynamischer Prozess. Die beteiligten Partner durchlaufen eine Entwicklung, die dazu führen kann, dass sie sich seelisch voneinander entfernen. In unserer Zeit gibt es für die meisten Menschen so viele Möglichkeiten, mit anderen Menschen in Kontakt zu kommen, dass jeder Partner bei einer langjährigen Beziehung auf die Idee kommen kann, das Zusammenleben mit einem oder einer anderen wäre doch schöner, erfüllender, glücklicher. Hier können rationale Überlegungen helfen: Wie groß ist der emotionale Aufwand einer Trennung? Wie teuer (seelisch und finanziell) wird die Trennung? Wer leidet wie sehr unter der Trennung? Gibt es gemeinsame Kinder, die noch klein sind? Wie wird der Freundeskreis auf eine Trennung reagieren? Wie sicher ist es, dass man mit einem neuen Partner nicht auch nach kurzer Zeit entdeckt, dass sich die positiven Erwartungen nicht erfüllt haben?

Wir Menschen haben mit der Entwicklung des Frontalhirns die Fähigkeit gewonnen, uns in der Zukunft zu sehen, vorherzusehen, wie es uns in einigen Jahren gehen könnte. Wir müssen nicht aus den momentanen Gefühlen und Bedürfnissen heraus reagieren. Wir sollten diese Fähigkeit nutzen! Wenn wir einen Partner oder eine Partnerin gefunden haben, den oder die wir lieben, für den oder die wir uns einmal ernsthaft entschieden haben, dann sollte die Tatsache, dass wir jemand anderem begegnen, den wir sexuell attraktiv finden oder in den wir uns verlieben, nicht bedeuten, dass wir alles bisher erlebte in Frage stellen. Aus unserer eigenen und der Erfahrung anderer wissen wir, dass auch die neuen Attraktionen keinen Ewigkeitswert besitzen. – Und wenn man dann zu der Überzeugung gekommen ist, dass es sich lohnt, um die Liebe des aktuellen Partners zu kämpfen, wird die obige Aussage „Lieben ist ein Tätigkeitswort" sehr aktuell.

Was sagt die medizinisch-biologische Forschung zu diesem Thema?

Auch in der modernen Hirnforschung zeigt sich, dass Verliebtsein, Liebe und Sex nur weitläufig miteinander verwandt sind und unterschiedliche biologische Korrelate haben. Die Ergebnisse dieser Forschung bestätigen zum großen Teil die auf Verhaltensbeobachtung beruhenden Ergebnisse, führen aber auch zu neuen Erkenntnissen.

Verliebtsein wird häufig als „Verrücktheit", als „Krankheit" beschrieben. Ich weiß noch, dass unser Klassenlehrer in der letzten Klasse vor dem Abitur meinte, dass wir alle diese letzte Prüfung der Schulzeit bestehen werden – es sei denn, einer von uns verliebt sich noch. Wir sind in verliebtem Zustand manchmal nicht ganz zurechnungsfähig und ich kann Oskar Wilde gut nachempfinden, der gesagt haben soll, dass man im Zustand des Verliebtseins keine Entscheidungen treffen sollte, vor allem keine hinsichtlich seines Partners.

Auch ein indischer Bekannter, für den es selbstverständlich ist, dass Ehen „gestiftet" werden, d. h., dass die Partner von den Eltern ausgesucht werden, versuchte, mich mit vielen guten Argumenten zu überzeugen, dass dieses System das Bessere sei, weil letztlich für den Bestand einer Ehe nur rationale Überlegungen wichtig seien und das Verliebtsein eine vorübergehende Erscheinung sei. Er war der Überzeugung: Es sollte bei der Partnerwahl keine Rolle spielen.

Das „Krankhafte" des Verliebtseins kann man heute medizinisch erklären. Man hat herausgefunden, dass alle drei hier zur Diskussion stehenden Gefühle sich in verschiedenen Hirnregionen abspielen und von unterschiedlichen Hormonen gesteuert werden.

Die New Yorker Anthropologin Helen Fisher[225] untersuchte das Gehirn von 40 verliebten Studierenden mittels Kernspintomographie. Indem sie den Probanden im zeitlichen Wechsel die Fotos ihrer angebeteten Partner bzw. belanglose Bilder zeigte, konnte sie feststellen, welche Areale im Gehirn im Stadium des Verliebtseins besonders aktiv waren. Durch die vielen Untersuchungen am Gehirn weiß man inzwischen ganz gut, welche Aufgaben die einzelnen Regionen haben und welche Arten von Nerven mit welchen Hirnregionen verbunden sind. Daher konnte man auch herausfinden, welche Neurochemikalien am Gefühl des Verliebtseins beteiligt sind. Besonders aktiv zeigten sich bei den verliebten Frauen und Männern zwei Hirnareale: der Nucleus Caudatus, ein C-förmiger und reich mit Rezeptoren für das Hormon Dopamin ausgestatteter Teil in der Mitte des Gehirns. Und die VTA-Region (VTA = ventrales tegmentales Areal), ein Sektor im Stammhirn, dem ältesten Teil des Gehirns, das jenen Botenstoff Dopamin liefert, der als „Verliebtheitsdroge" bezeichnet werden kann. Viele Forscher nennen diese VTA-Region sehr anschaulich auch „Dopaminfabrik".

Dieser Botenstoff hat mit besonders positiven Erfahrungen zu tun. Erhält ein Mensch überraschend eine Belohnung, so wird dieser chemische Botenstoff freigesetzt. Dieses natürliche Aufputschmittel macht euphorisch und lenkt unsere Aufmerksamkeit auf angenehme und erfreuliche Dinge, andererseits engt es unsere Aufmerksamkeit auch ein, wir sprechen von „Scheuklappen" oder einem „Tunnelblick": Alles um einen herum wird nebensächlich, man hat nur noch Augen für den Partner und erkennt die negativen Seiten seines Gegenübers nicht, man ist bis zu einem gewissen Grad nicht zurechnungsfähig. Umgekehrt führt ein zu geringer oder abnehmender Dopaminspiegel zu Lust- und Antriebslosigkeit, zu Traurigkeit und Depression. Der Dopamingehalt im Blut von Verliebten ist stark erhöht. Kein Wunder also, dass Verliebte mit einem dauernden Lächeln durch die Gegend rennen und ständig gut drauf sind – solange der oder die Verliebte erhört wird. Wehe allerdings, wenn man die Aussichtslosigkeit des Werbens um den Traumpartner erkennt und der Dopaminspiegel sinkt.

Bei einigen Männern leuchteten bei diesen Untersuchungen von Fisher im Gegensatz zu den Frauen auch Areale im oberen Schläfenlappen auf, die für sexuelle Erregung (inklusive Erektion) und visuelle Stimulation bekannt sind. Offensichtlich kommt bei einigen Männern beim Verliebtsein auch eine sexuelle Komponente hinzu, man könnte vermuten, dass in diesem Fall die Assoziation zu den sexuellen Vorstellungen bereits fest gebahnt wurde.

Neben dem Dopamin, das im Volksmund auch als Glückshormon bezeichnet wird, ist auch ein anderer Neurotransmitter, das Noradrenalin (Norepinephrin), beteiligt. Dieses Hormon wird für besondere Energie, für Schlaflosigkeit und den Verlust von Appetit verantwortlich gemacht.[226] Auch das sind bekannte Phänomene des Verliebtseins. Ein drittes Hormon, das bei diesem Zustand eine wichtige Rolle spielt, ist das Serotonin. Ein reduzierter Serotoninspiegel im Blut wird dafür verantwortlich gemacht, dass wir nicht aufhören können, an den geliebten Partner zu denken.[227]

Wir kommen damit zu dem **zweiten Phänomen der Liebe, der sexuellen Lust,** denn der Zustand des Verliebtseins hält – wie wahrscheinlich schon viele erlebt haben – nicht ewig an: in der Regel nur einige Wochen, maximal, wie man festgestellt hat, 30 Monate[228]. In der Phase der Ernüchterung, die dann einsetzt, muss sich zeigen, ob die Attraktivität des Partners auch ohne Dopaminrausch erhalten bleibt. Was sich nämlich für viele wie ein Ende der Liebe anfühlt, bedeutet nur ein Umschalten auf ein anderes Programm, oder im Idealfall auf zwei Programme: Das Programm der Lust (bei dem das Hormon Testosteron = Sexhormon eine wesentliche Rolle spielt) und das Programm der Liebe (bei dem das Oxytocin = Kuschelhormon entscheidend ist).

Auch Gefühle der **Lust,** unsere sexuellen Gefühle und sexuellen Handlungen werden, wie wir wissen, von Hormonen ausgelöst, primär dem Testosteron. Nach meiner Erfahrung ist es offensichtlich für manche Menschen sehr schwer, sich von den Vorstellungen, Wünschen oder – wie wir passender sagen sollten – Begierden freizumachen, die das Gehirn – gesteuert durch das Testosteron – in uns auslösen. Freud war sogar der Überzeugung, dass der Sexualtrieb (das Lustprinzip) letztlich die stärkste Triebfeder des Menschen ist: „Es ist, wie man merkt, das Programm des Lustprinzips, das den Lebenszweck setzt."[229] Allerdings sind die Menschen, auch, was diese Eigenschaft betrifft, sehr unterschiedlich: sowohl was die Stärke der durch dieses Hormon ausgelösten Wünsche als auch was die Willensstärke zur Beherrschung der Begierden betrifft.

Das erwähnte Hormon Testosteron ist ein eher „männliches" Hormon, das allerdings auch bei Frauen für die Lust verantwortlich gemacht wird. Die Gefühle, die mit dem Hormon in Zusammenhang gebracht werden, unterscheiden deutlich von den Gefühlen des Verliebtseins. Ich hatte noch nie bei dem Betrachten attraktiver, verführerischen Frauen, z. B. in Filmen, Glücksgefühle oder Herzklopfen, wie ich das vom Verliebtsein kenne.

Wodurch Frauen oder Männer sexuell stimuliert werden und damit von den entsprechenden Hormonen in ihrem Denken und Handeln beeinflusst werden, ist durch Erbe[230] und Lernprozesse bestimmt und individuell sehr verschieden. Allerdings scheint es ein sehr weit verbreitetes Gesetz der „Abnützung sexueller Reize" zu geben, d. h. uns stimuliert vor allem und immer wieder „der Reiz des Neuen". Das gilt wohl vor allem für die sexuellen Reizen, die wir durch den „bedingten Reflex"[231] gelernt haben. Soll eine Partnerschaft daher in diesem zweiten Bereich der Liebe, der Lust, auch für lange Jahre befriedigend bleiben, spielt sicher auch eine Rolle, ob es den Partnern gelingt, durch immer wieder wechselnde Stimuli (z. B. ein neues Outfit, eine andere Situation) den anderen zu überraschen. Wichtig ist vor allem, dass Routine in diesem Bereich vermieden wird.

Viele Menschen kennen die Scheu vor dem anderen, vor allem wenn es darum geht, sich dem anderen zu öffnen. Viele haben schlechte Erfahrungen mit anderen Menschen gemacht, vor allem wenn sie sich verletzlich gezeigt haben. Das Hormon, das unsere sexuellen Gefühle bestimmt, so argumentieren vor allem Biologen, ist dazu da, dass wir diese Vereinzelung, die sich aus den schlechten Erfahrungen und damit aus der Scheu vor dem anderen ergeben kann, überwinden. Von der Evolution her gesehen sind wir auf Bindung programmiert, sonst würde wir aussterben. Um Bindung geht es im besten Fall auch beim Sex, um die Vermeidung von Vereinzelung. In einem Interview sagte der Sexualpsychologe Ahlers: „Lust kann sich jeder selber machen oder jemanden mieten, der sie einem macht. Fortpflanzung kann man mittlerweile von Sex abkoppeln. Das Einzige, was wir nicht allein hinkriegen, ist das Gefühl, angenommen zu sein. Und darum tun wir uns auch heute noch als Paare zusammen und wollen auch in langjährigen Partnerschafen im Idealfall immer wieder miteinander schlafen."[232]

Wir kommen damit zum zweiten Programm, das den Zustand des Verliebtseins im Idealfall ablöst: **die Liebe** (das erste Programm war die Lust, oder der Sex). Kann man auch für diese dritte Phase die Aktivität bestimmter Hirnareale bzw. die Ausschüttung bestimmter Hormone verantwortlich machen?

Es lag die Vermutung nahe, dass sich bei der Liebe andere Vorgänge im Gehirn abspielen als beim Verliebtsein und beim Sex. Das zu beweisen war das Anliegen der deutschen Wissenschaftler Andreas Bartels vom Tübinger Max-Planck-Institut für Biologische Kybernetik und seinem Kollegen Semir Zeki vom University College in London.[233] Sie arbeiteten mit einer ähnlichen Versuchsanordnung wie die Anthropologin Helen Fisher. Mit dem Unterschied, dass die Teilnehmer ihres Versuchs im Durchschnitt bereits 2,3 Jahre mit dem Partner zusammen waren. Das verblüffende Ergebnis: Bei ihnen zeigte die Computertomografie ein verändertes Bild. Jetzt waren auch Bereiche im Gehirn aktiv, die bei frisch Verliebten brachliegen: der Anteriore Cinguläre Cortex und der Insulare Cortex. Beides sind noch relativ unerforschte Regionen auf der Landkarte des Gehirns. Wissenschaftler vermuten jedoch, dass sie dafür zuständig sind, das Chaos der Emotionen zu verarbeiten: Zum Beispiel Gefühle mit Erinnerungen in Einklang zu bringen, sich die eigenen Emotionen bewusst zu machen und die Gefühle anderer Menschen einzuschätzen.

Aber für das Gefühl der Liebe als das unbedingte, vollständige Zugehörigkeitsgefühl zu einem Menschen sind nicht nur eigene Hirnareale, sondern auch spezielle Hormone verantwortlich. Es handelt sich um das schon erwähnte sogenannte Kuschelhormon Oxytocin. Dieses Hormon ist immer nachzuweisen, wenn das Gefühl der Bindung und Liebe entsteht bzw. eine große Rolle spielt: z. B. unmittelbar nach der (natürlichen) Geburt eines Babys, wenn die Mutter ihr Baby das erste Mal in die Arme nimmt, beim Stillen, aber auch wenn ein Paar nach einem Orgasmus erfüllt nebeneinander liegt.

Untersuchungen an den Prärie- und den Bergwühlmäusen haben nahegelegt, dass das Hormon Oxytocin bei der Paarbildung eine Rolle spielt.[234] Im Gegensatz zu polygamen Bergwühlmäusen zeigen Präriewühlmäuse eine ausgeprägte und langzeitige Partnerbindung. Spritzt man den Präriewühlmäusen einen Oxytocin-Antagonisten, der die Wirkung dieses Hormons neutralisiert, dann verhalten sich diese in ähnlicher Weise polygam wie ihre Artverwandten in den Bergen.[235]

Es spricht vieles dafür, dass wir die oben beschriebenen Hormonreaktionen durch kognitive Prozesse, und damit durch „unpassende" Vorstellungen ausbremsen können. Eine Kinderkrankenschwester, die jeden Tag zehn oder mehr verschiedene Säuglinge auf dem Arm hat, entwickelt keine entsprechende Bindung zu diesen Kindern, weil ihr Bewusstsein auf die professionelle Pflege gerichtet ist. Auch in der Beziehung zu einer Prostituierten wird der Freier in der Regel keine entsprechende Bindung nach dem Orgasmus aufbauen, wenn er an das Geld denkt, das ihn diese Erfahrung gekostet hat.

Der Mensch ist keine durch Hormone gesteuerte Maschine. Für eine lebenslange, treue Beziehung sind Hormone keine Garantie. Wir Menschen stecken in einem Dilemma, erklärt Helen Fisher: „Wir sind für zwei widerstrebende Dinge geschaffen: uns zu binden – und uns immer wieder neu zu verlieben."[236] Bindung dient der gemeinsamen Aufzucht der Nachkommen und damit der Fortpflanzung. Aber es ist evolutionstechnisch gesehen auch günstig, immer wieder eine neue Bindung einzugehen: Dadurch wird die Erzeugung von Kindern mit unterschiedlichen Partnern – und damit genetische Vielfalt – unterstützt.

Eine auf treue Bindung an den Partner beruhende Liebe entsteht also nicht nur durch die am besten gemeinsam erlebte Geburt eines Kindes oder möglichst immer wieder erlebte Erfahrung eines Orgasmus, sondern hier spielen ganz offensichtlich auch höhere Prozesse der Hirnrinde, also des Denkens und Urteilens und mit ihnen die inneren Einstellungen eine wesentliche Rolle. Liebe ist eben auch und vor allem eine Entscheidung. Eine dauerhafte Liebe wächst durch die gemeinsamen positiven Erfahrungen, gemeinsame, vor allem emotional geprägte Erlebnisse, Glück und Unglück, z. B. mit den gemeinsamen Kindern überstandene Problemsituationen und Sorgen, aber auch durch rationale Entscheidungen.

Mit den hier beschriebenen verschiedenen biologischen Programmen, die dem Verliebtsein, der Lust und der Liebe zugrunde liegen, möchte ich einen empirischen Beleg dafür liefern, dass man diese Phänomene nicht verwechseln sollte. Die beschriebenen Gehirnprozesse oder Hormondispositionen stellen keine Mächte dar, denen wir hilflos ausgeliefert sind. Der Mensch hat die Freiheit, sich zu entscheiden, worauf er seine Aufmerksamkeit richten möchte und welche Vorstellungen in seinem Gehirn entstehen und wirksam werden. Damit beeinflussen wir sicher auch die biologischen Vorgänge unseres Steuerorgans, das wir „Gehirn" nennen.

Zum Abschluss dieses Exkurses über die Liebe möchte ich noch eine überlieferte wahre Geschichte erzählen, die die Kraft der Liebe widerspiegelt.

Moses Mendelssohn erobert seine Frau

Moses Mendelssohn war ein wichtiger philosophischer Denker. Er wurde der Sokrates von Berlin genannt. Sein Buch „Phaedon, oder die Unsterblichkeit der Seele" war das meist gelesene Buch seiner Zeit.

Moses hatte einen Buckel und war auch sonst nicht gerade eine Schönheit. Er hatte sich daher auch mehr auf das Denken als auf die Gesellschaft mit Damen verlegt. Mit 33 Jahren war er immer noch alleine und auf dem besten Weg ein seltsamer, einsamer Kauz zu werden.

Als er Anfang des Jahres 1762 im Auftrag seines Arbeitgebers eine Kaufmannsfamilie in Hamburg besuchte, begegnete er auch der Tochter aus dieser angesehenen Hanseatischen Familie. Frommet Guggenheim war 24 Jahre alt und eine bezaubernde Erscheinung. Sie hatte blonde Haare und blaue Augen. Moses verliebte sich sofort in sie. Er versuchte sich ihr zu nähern und sie kannte natürlich seine Reputation, aber sein Äußeres entsprach nicht gerade dem, wie sich Frommet ihren Ehepartner vorgestellt hatte.

Als sie einmal alleine waren, kurz bevor Moses wieder abreisen musste, beschloss er einen letzten Versuch zu wagen, die Dame seines Herzens zu erobern.

Frommet saß mit niedergeschlagenen Augen da. Sie wagte nicht ihn anzusehen. „Ist es der Buckel?", brach Moses das Schweigen. Frommet nickte fast unmerklich. „Glaubst du, dass Ehen im Himmel geschlossen werden?", war die zweite Frage. Wieder nickte sein bezauberndes Gegenüber.

„Ich glaube das auch. Aber dazu muss ich dir eine Geschichte erzählen: Wenn ein jüdisches Kind geboren wird, wird im Himmel der Name des späteren Ehepartners bekannt gegeben. Auch als ich geboren wurde, wurde mir meine zukünftige Frau genannt und ich erfuhr, dass meine Frau einen Buckel haben würde. Ich erschrak und flehte Gott an: ‚Lieber Gott, eine verunstaltete Frau wird verbittert und unglücklich sein. Bitte lass mich den Buckel haben und mach sie hübsch und bezaubernd.' Und der gütige Gott erfüllte mir meinen Wunsch."

Frommet war so sehr von dieser Geschichte berührt, dass sie ihn erhörte und im Juni des gleichen Jahres wurde geheiratet. Sie führten eine glückliche Ehe und hatten viele Kinder. Eines ihrer Enkel wurde der berühmte deutsche Komponist Felix Mendelssohn Bartholdy, der u. a. den Sommernachtstraum verfasste.

Was hat das alles für praktische Konsequenzen für die Partnerschaft?

Aus den obigen Ausführungen lässt sich eine Reihe von ganz praktischen Konsequenzen ableiten, wenn wir in der Partnerschaft glücklich werden bzw. Unglück und seelischen Schmerz vermeiden möchten.

1. Liebe und die damit zusammenhängenden Phänomene sind die stärksten Glückslieferanten, die der Mensch kennt. Wir sollten die Frage, ob und mit welchem Partner wir zusammen sind, nicht nur den Zufällen und den Umgebungseinflüssen überlassen, sondern unseren Verstand und unsere Ich-Steuerung (unseren präfrontalen Cortex) einsetzen, auch wenn Liebe eindeutig den emotionalen Phänomenen zugeordnet wird.[237]

2. Wir sollten uns bewusst sein, dass sich Verliebtsein, Liebe und Sex im Idealfall auf den gleichen Partner beziehen, dass es sich aber um unterscheidbare Phänomene handelt. Während wir auf das

Entstehens des Verliebtseins kaum Einfluss haben, können wir die Verantwortung für die Gefühle der Liebe und für das Verhalten, das sich aus den Gefühlen der Lust ergibt, übernehmen und damit auch steuern, ob und wie viel Glücksgefühle wir aus diesem Geschenk des Schicksals gewinnen.

3. Wenn wir auch nicht Sklave der Hormone sind, die in unserem Körper aktiv sind, so müssen wir doch auf sie Rücksicht nehmen, wenn wir möglichst viele Glücksmomente sammeln wollen. Bei vielen Menschen begünstigt z.B. Körperkontakt das Wohlbefinden. Wir sollten diese Tatsache nutzen.[238]

4. Wenn wir mit sexuellen Erfahrungen optimale Glücksgefühle erleben wollen, dann sollten wir vor allem in der Jugend nicht zu streng mit uns selbst sein. Sollte nicht alles erlaubt sein, was niemandem schadet? Ist es richtig, wenn noch heute in der Kirche (z.B. bei der Vorbereitung auf die Konfirmation oder Firmung) jungen, unerfahrenen Menschen eingeredet wird, dass wir uns schuldig machen „in Worten, Gedanken und Taten"? Welche völlig überflüssige Pein entsteht dabei für den Betroffenen? Die Auswirkungen können sich bis in das Erwachsenenalter zeigen und verhindern, dass wir unsere (unkeusche) Liebe genießen und einfach nur glücklich sind. U. U. muss man ein früh indoktriniertes „inneres Programm" bewusst neutralisieren, um ungetrübte Lust zu erleben.

5. Sexuelle Attraktion kann man „lernen". Für eine Person, die sexuell attraktiv erscheinen will, kommt es darauf an, zu erkennen, auf welche Signale ihr Partner „anspringt", um diese dann – durch den Prozess des bedingten Reflexes – auf neue, persönliche Reize zu übertragen. Darüber hinaus sollte sie immer wieder einmal den „Reiz des Neuen" für sich nutzen.

6. Liebe ist eine Entscheidung und sollte reiflich überlegt werden, aber dann sollte man auch die Verantwortung für diese Liebe übernehmen, damit aus den ursprünglichen Glücksgefühlen nicht Unglück und Verzweiflung wird. Das gilt vor allem, wenn noch minderjährige Kinder vorhanden sind, die in der Regel am meisten unter einer Trennung leiden. Wir können und sollten auch die Verantwortung für unsere Gefühle übernehmen, wenn wir möglichst glücklich sein und bleiben wollen. („Lieben" ist ein Tätigkeitswort!)

7. In einer alle drei Aspekte der Liebe umfassenden Partnerschaft erleben wir nicht nur die höchste Lust, wie sie von den Hedonisten (z. B. von Aristippos von Kyrene) zum höchsten Gut erklärt wurde, sondern auch eine neue Dimension des eigenen Selbst. Wir sehen uns selbst als etwas Ganzes, dem jetzt nichts mehr fehlt (wir haben das uns noch fehlende Puzzle gefunden und eingefügt), wir sind zu unserem wahren Selbst[239] gelangt.[240]

8. Die Liebe bzw. der geliebte Partner oder die Partnerin ist nicht dazu da, eigene Mängel zu kompensieren. Sorgen Sie dafür, dass Sie auch ohne Partner glücklich sind, lernen Sie beim Alleinsein glücklich zu sein und suchen sich dann einen Partner. Ihr Partner kann nicht alleine die Verantwortung dafür übernehmen, dass Sie glücklich sind.

Wege zum Glücklichsein: Anderen helfen, anderen Gutes tun, Empathie erleben

Es gibt jede Menge eindeutiger wissenschaftlicher Belege dafür,
dass Empathie und Hilfeleistung unser Wohlbefinden erhöhen.
Arianna Huffington[241]

Mitgefühl ist die beste Quelle des Glücks –
für ein glückliches Leben und eine glückliche Welt.
Dalai Lama[242]

Es gibt unzählige Zitate, die das Geben als einen Glücksfaktor ansehen. Warum ist das so? Welche Bedingungen müssen gegeben sein, damit wir glücklich sind, wenn wir anderen etwas Guts tun?

In der Geschichte, mit der ich den Exkurs über die Liebe begonnen habe, ging es um das Geben. Maria hat den Bettler beschenkt und ich habe Maria bei meiner Abreise ein Couvert mit einer für sie großen Summe Geldes hinterlassen. Ich wusste, ich würde sie nie wieder sehen, ich habe sogar damit gerechnet, dass sie mir noch nicht einmal danken kann und sich ganz sicher nie „revanchieren" könnte. Trotzdem, oder gerade deshalb (?), war ich glücklich, nachdem ich das getan hatte. Ich war selbst überrascht und fragte mich, wie dieses Gefühl zu erklären ist.

Liegt es in unseren Genen, dass wir glücklich sind, wenn wir die Gelegenheit haben, Gutes zu tun? Haben Menschen, die hilfsbereit waren, ihre Gene häufiger weitergegeben, weil sie in der Gruppe besser integriert waren und daher ihre Überlebenschancen besser waren? Warum bin ich dann aber glücklich, wenn ich einer fremden Person helfe? Warum macht es mich nicht annähernd so glücklich, wenn ich einem Bettler auf der Straße in Deutschland etwas gebe?

Ich denke, der entscheidende Punkt war, dass die Geschichte von Maria mich gerührt hatte, sie war mir zu Herzen gegangen,[243] ich habe mich bis zu einem gewissen Grad mit Maria identifiziert, indem ich mich bei ihrer Erzählung immer wieder gefragt habe, wie ich an ihrer Stelle reagiert hätte. Schon Nietzsche hat den Altruismus eine „spezifische Form des Egoismus" genannt und dabei ähnliche Überlegungen im Sinn gehabt. Wenn wir helfen, helfen wir bis zu einem gewissen Grad uns selbst, wir haben auch unser eigenes Glück im Sinn. Oder man kann sagen, dass wir uns, sobald wir uns in einen Menschen hineinfühlen, dem es schlecht geht, selbst schlecht fühlen. Indem wir ihm helfen, tun wir das demnach vor allem deshalb, um unser eigenes Wohlbefinden wiederherzustellen!? „Gute Taten verringern oft die Schuldgefühle, die Trauer oder das Unbehagen, die wir angesichts des Leids und der Probleme anderer Menschen empfinden."[244]

Es gibt noch eine andere Begründung, warum ich mich nach dem Geben gut gefühlt haben könnte: Ich habe mein Selbstbild aufgewertet. Ich habe mir bewiesen, dass ich „ein guter Mensch bin".

Die Tatsache, dass es uns selbst glücklich macht, wenn wir anderen etwas Gutes tun, also unseren Nächsten glücklich machen, konnte auch in Untersuchungen nachgewiesen werden, wobei deutlich wurde, dass es uns besonders glücklich macht, wenn das, was wir tun, nicht alltäglich ist (wie das in meinem Beispiel der Fall war).

Lyubomirsky und ihre Kollegen baten zwei Gruppen von Versuchspersonen, über einen Zeitraum von sechs Wochen, fünf gute Taten zu vollbringen. Das konnten auch Kleinigkeiten sein, wie z. B. in eine fremde Parkuhr, die abgelaufen ist, eine Münze werfen. Die eine Gruppe durfte ihre guten Taten auf die ganze Woche verteilen, die andere Gruppe sollte alle Taten auf einen Tag in der Woche legen. Die Ergebnisse nennt Lyubomirsky überraschend. Wie erwartet machten Großzügigkeit und Aufmerksamkeit alle Teilnehmer glücklicher; doch die Steigerung lag wirklich deutlich nur bei den Teilnehmern, die ihre Groß-zügigkeit auf einen Tag in der Woche legten. Für die anderen war der Unterschied zum normalen Alltag nicht so deutlich, weil sie wohl auch sonst gute Taten vollbrachten.[245]

Wenn wir Mitleid empfinden, wenn wir uns in andere hineinfüh-len, kann das so weit gehen, dass wir uns selbst vergessen. Der Dalai Lama[246] berichtet davon, dass er einmal an einer chronischen Darm-infektion schwer erkrankte. Er hatte auf dem Weg ins Krankenhaus starke Schmerzen und er schwitzte stark. Unterwegs kam er durch eine sehr arme Gegend. Er sah an Kinderlähmung erkrankte Kinder, die mit Krücken liefen, um die sich niemand kümmerte, oder einen Mann, der nur mit einem schmutzigen Stofffetzen bekleidet in den Schmutz am Straßenrand gefallen war und dem niemand aufhalf. Da vergaß er die eigenen Schmerzen.

Auch diese Beobachtung des Dalai Lama fand in einer Untersu-chung seine Bestätigung: Es wurden freiwillige Helferinnen drei Jahre begleitet. Diese fünf Frauen waren an Multipler Sklerose (MS) erkrankt und hatten sich freiwillig bereit erklärt, 67 anderen MS-Patienten zu helfen. Sie widmeten jedem Patienten pro Monat 15 Minuten. Diese Hingabe an andere Hilfsbedürftige brachte diesen Frauen ein gesteiger-tes Gefühl der Zufriedenheit, sie neigten weniger zu Depression. („MS ist nicht heilbar, doch ich habe das Gefühl, ich kann mit allem fertig wer-den, was mir passiert," sagte eine Teilnehmerin in der Studie.).[247]

Gute Taten machen glücklich, aber der Zusammenhang gilt auch umgekehrt: Wenn wir glücklich sind, sind wir eher bereit, gute Taten zu vollbringen. Wir haben diesen Zusammenhang oben schon erwähnt, als wir von dem Experiment mit der Telefonzelle berichteten.[248] Der Zu-sammenhang zwischen Glück und Altruismus ist also wechselseitig. Das „feeling good, doing good" ist häufig untersucht und immer wieder bestätigt worden.[249] Arbeiter in guter Stimmung sind hilfsbereiter und kollegialer.[250] Glückliche sind eher bereit, Blut zu spenden[251] und für einen kranken Freund einkaufen zu gehen.[252] Frohe Menschen machen sogar beim Finanzamt seltener falsche Angaben.[253]

In einer Untersuchung von Hills, Argyle und Reeves[254] wurde festgestellt, dass das Engagement bei ehrenamtlichen Tätigkeiten und bei Wohltätigkeitsveranstaltungen besonders glücklich macht. Menschen, die sich ehrenamtlich engagieren, z. B. in der Betreuung von Senioren, sind in der Regel erfüllter, glücklicher und gesünder als der Durchschnitt.[255] Die Frage bleibt dabei unbeantwortet, ob sich die Personen, die schon glücklicher sind, eher ehrenamtlichen Betätigungen zuwenden, oder ob solche Tätigkeiten erst glücklich machen. Borgonovi[256] glaubt, durch komplizierte statistische Analysen Hinweise darauf gefunden zu haben, dass tatsächlich die ehrenamtlichen Tätigkeiten glücklich machen.

Auch Lyubomirsky zieht aus Langzeitstudien den Schluss, „dass das großzügige Verhalten der Freiwilligen das gesteigerte Glücksempfinden bewirkt und nicht umgekehrt"[257].

Diese Interpretation legt auch eine Studie von Seligmann[258] nahe. In ihr wurden Studierenden gebeten, jeden Tag unentgeltlich drei gute Taten zu vollbringen und diese in einem Tagebuch zu notieren. Sechs Monate später waren sie glücklicher bzw. weniger depressiv verstimmt als eine Kontrollgruppe. Pillavin begründet die Ergebnisse, indem er darauf hinweist, dass dann, wenn das helfende Engagement authentisch, aus ehrlichen Motiven erfolgt, eine Reihe von positiven „Nebenwirkungen" hat: „Es bringt Ablenkung von eigenen Sorgen, positivere Selbstbeurteilung, häufigere positive Gefühle, engere soziale Integration, Weiterentwicklung von sozialen Fertigkeiten und Vertiefung von Beziehungen."[259]

Wir können also festhalten: Großzügigkeit, Geben, für andere da sein, ist ein wichtiger und sehr wirksamer Weg zum eigenen Glück und zum Wohlbefinden. Allerdings sollte man beachten, dass man keine Dankbarkeit erwartet, sonst kann man enttäuscht werden und man wird unglücklich.[260] Es gibt noch eine andere Einschränkung, auf die Autoren immer wieder hinweisen: Wenn wir Dementen oder Alzheimerkranken helfen, besteht die Gefahr, dass wir uns überfordern.[261]

Zusammenfassend kann man feststellen, dass das Verhalten anderen Menschen gegenüber und dabei das Helfen ohne Zweifel ein wichtiger, Glücksgefühle auslösender Faktor sein kann. Andererseits ist diese Aussage von dem Bild abhängig, das der Betreffende von sich selbst hat.

Wege zum Glücklichsein: Die Stellung in der Gesellschaft

Menschen, die immer daran denken, was andere von ihnen halten,
wären sehr überrascht, wie wenig die anderen über sie nachdenken.
Bertrand Russell[262]

Schopenhauer geht davon aus, dass die öffentliche Meinung, auf der die Ehre und der Ruhm beruht, sehr wankelmütig ist. Das haben schon viele Prominente erfahren müssen, die plötzlich in Presse und Fernsehen in allen Tönen völlig übertrieben gelobt wurden, vielleicht weil sie in einer Sportart brilliert haben, die aber genauso schnell und unbarmherzig bei der Berichterstattung in den Dreck gezogen werden, wenn sie den Erwartungen der Öffentlichkeit nicht entsprechen, unabhängig davon, wieviel davon der Wahrheit entspricht. Eine objektive Verteidigung ist in solchen Fällen in der Regel kaum möglich, weil die Presse primär an auflagensteigernden „Sensationen", weniger aber an der (oft langweiligen) Wahrheit oder einer Richtigstellung interessiert sind.

Andererseits bedeutet in unserer Gesellschaft heute mehr „Bekanntheit" häufig auch „bessere Chancen im Beruf" und damit mehr Geldverdienen. Beides lässt sich nicht trennen und ich kann jeden verstehen, der das Instrument der sozialen Medien nutzt, um bekannter zu werden, um bessere Berufsaussichten zu haben. Das gilt vor allem für Berufe, die sich an ein breites Publikum wenden: Schauspieler, Sportler, Künstler, Autoren usw. Allerdings sollten sie ihre Glücksmomente nicht aus der Beachtung im Netz ziehen, sondern dazu eine gewisse Distanz bewahren.

Heute spielt die „Stellung in der Gesellschaft" im Internet eine herausragende Rolle, wobei man wohl eher von „Beachtung" sprechen sollte. Jeder, der sich auf dieses „Spiel" einlässt, versucht so viel „Follower" oder „Likes" wie möglich auf seine Internetbeiträge zu bekommen, und misst seine eigene Bedeutung danach. Gegen dieses „Spiel" ist nichts einzuwenden, solange man sein Selbstbild nicht zu sehr von der Beachtung im Netz abhängig macht und seine Glückmomente an anderer Stelle sucht.

Geistige Bedürfnisse befriedigen

Wege zum Glücklichsein: Dankbarkeit empfinden

Glücklich machen ist das höchste Glück.
Aber auch dankbar empfangen ist ein Glück.
Theodor Fontane[263]

Ein tief empfundenes Gefühl der Dankbarkeit bewirkt ohne Zweifel freudige und glückliche Momente. Man wird sich seines Glücks bewusst, wenn wir Dankbarkeit fühlen und zum Ausdruck bringen, sei es gegenüber einem anderen Menschen, einem Gott oder dem Schicksal. Wir machen uns dabei bewusst, dass wir beschenkt wurden.

Auch dieser Aspekt des Glücks wurde empirisch untersucht und bestätigt.[264] Näher eingegangen sei hier auf die Untersuchungen von Emmons und McCullough[265] und Emmons und Shelton[266]. Sie bildeten drei Gruppen von Studierenden: Die erste Gruppe hielt an jedem Abend in ihren Tagebüchern fest, wofür sie an diesem Tag dankbar waren (z. B. „es zeigte sich, ich habe wunderbare Eltern"); die zweite Gruppe schrieb jeden Abend auf, was an dem Tag nicht so gut gelaufen war (z. B. „ich habe wieder keinen Parkplatz gefunden") und die dritte Gruppe schrieb über neutrale Vorkommnisse. Nach zwei Wochen zeigte sich, dass die Studierenden der ersten Gruppe, die sich allabendlich bewusst machten, wofür sie dankbar sein konnten, mit ihrem Leben im Ganzen zufriedener waren, optimistischer auf die kommende Woche sahen, weniger körperliche Beschwerden (wie Kopfschmerzen, Akne, Husten oder Schwindel) hatten und sogar mehr Sport trieben. Am negativsten waren jene Studenten, die am Abend jeweils aufschrieben, was sie geärgert hatte.

Um den Glückseffekt zu erreichen, brauchen wir nicht immer die Gründe für unsere Dankbarkeit aufzuschreiben. Es reicht wahrscheinlich, dass wir uns immer wieder bewusst machen, wie gut es uns geht und warum das so ist.

Die Wirksamkeit der Dankbarkeit kann man sich auch rational erklären. Es gibt mindestens fünf Gründe, warum Dankbarkeit das Glücksempfinden und die allgemeine Zufriedenheit steigert:

- Dankbarkeit legt den Fokus auf die positiven Erfahrungen des Lebens und hilft dabei, sie zu genießen.
- Dankbarkeit steigert das Selbstwertgefühl, denn man macht sich bewusst: das Schicksal, Gott oder der Nächste achten mich, ich bin offensichtlich wertvoll für sie.
- Dankbarkeit, die sich auf Personen richtet, kann soziale Bande schaffen, indem sie bestehende Beziehungen stärkt und neue fördert.
- Dankbarkeit kann uns helfen, der hedonistischen Anpassung ein Schnippchen zu schlagen. Wir liefern uns immer wieder neue Gründe, warum wir einen guten Grund haben, glücklich zu sein.
- Dankbarkeit ist nicht vereinbar mit negativen Emotionen und kann Gefühle wie Ärger, Verbitterung und Eifersucht, aber auch Neid mindern oder verhindern. Dankbarkeit kann sogar bei Stress und Traumata helfen.

„Was die meisten religiösen und spirituellen Traditionen schon immer geraten haben, ist empirisch bestätigt: Dankbar sein – nicht nur unseren Mitmenschen gegenüber, wenn sie etwas Gutes getan haben, sondern auch für die kleinen unscheinbaren Dinge, beispielsweise eine Blume am Wegesrand – beglückt".[267]

Wege zum Glücklichsein: Verzeihen

> *Es ist nur sehr wenig nötig, um ein Leben glücklich zu machen;*
> *es hängt alles von uns ab und von der Art, in der wir denken.*
> Marc Aurel

> *Die Schwachen können niemals vergeben.*
> *Vergeben können ist eine Eigenschaft der Starken.*
> Mahatma Gandhi (zugeschrieben)[268]

Verzeihen hat insofern mit Dankbarkeit eine gewisse Verwandtschaft, als beide Gefühle einen Bezug zum neuen Testament haben, die Überwindung der Gefühle von Rache und Vergeltung voraussetzt und sich auf jemanden beziehen, dem wir verzeihen oder dem gegenüber wir dankbar sind. Von den vielen Stellen in der Bibel, in denen Verzeihen und Dankbarkeit erwähnt wird, seien hier nur zwei erwähnt: „Sieben mal siebzig Mal soll der Christ seinem Bruder verzeihen" (Mt. 18,22) und „Seid dankbar in allen Dingen; denn das ist der Wille Gottes in Christo Jesu an euch." (Thessalonicher 5:18)

Wie stark die Kraft des Verzeihens sein kann, habe ich völlig unerwartet auf einer Reise nach Südafrika erfahren.

Erfahrungen auf Robben Island

Von dem Ausflug habe ich mir wenig versprochen. Meine Frau hat mich bei einer Reise nach Südafrika zu einem Besuch der Insel „Robben Island" vor Kapstadt überredet. Auf ihr hatte Nelson Mandela mehr als 18 Jahre als politischer Gefangener verbracht.

Die Erfahrungen dort haben mich tief beeindruckt. Wir wurden von einem ehemaligen Gefangenen herumgeführt, der authentisch von seinen schrecklichen Erlebnissen auf dieser Insel berichtete. Es war ein großer, muskulöser Mann, der einen finsteren Gesichtsausdruck hatte. Ich stellte mir vor, dass man mit ihm besser nicht in Streit gerät.

Sein Verhalten uns gegenüber war allerdings sehr freundlich und offen. Er sagte uns gleich zu Beginn, dass wir ihn alles fragen könnten und dass wir ihn sogar fotografieren dürften, wenn wir das wollten. Wir sollten ihn allerdings nicht bitten, zu lächeln. Nach seinen Erlebnissen auf dieser Insel habe er das Lächeln verlernt. Er würde nie wieder lächeln. Was er uns über die Zeit seiner Gefangenschaft erzählte, ließ uns diese Haltung verstehen, und wir fragten uns wohl alle, wie wir auf solche Erfahrungen reagiert hätten.

Zuletzt zeigte er uns die Zelle von Nelson Mandela. Sie ist noch nicht einmal 2 x 2 Meter groß und enthielt nichts außer einem Eimer und einer dünnen Unterlage. Unser Führer erzählte uns ausführlich, wie man auch und besonders Mandela immer wieder erniedrigte und quälte.

Nelson Mandela hat – im Gegensatz zu unserem Führer – nach seiner Freilassung gelächelt. Er ist sogar einen Schritt weiter gegangen, er hat all seinen Hass und seine zunächst sicher vorhandenen Rachegefühle überwunden und in seinen Reden zur Versöhnung aufgerufen. In seinen Memoiren schreibt er, dass er in der langen Gefangenschaft die Chance hatte, viel nachzudenken und dass ihm dabei Manches klar geworden sei: „Man kann keine Nation auf Rache aufbauen" war eine seiner Erkenntnisse. Er hat seine innere Stärke nie verloren, seinen Widersachern ist es nicht gelungen, ihn zu brechen. „Wenn man in Harmonie mit sich selbst ist, dann kann man selbst einem Löwen ohne Furcht gegenübertreten, denn er respektiert jeden mit Selbstvertrauen."[269]

Wie konnte Nelson Mandela nach all dem, was er erlebt hat, seinen Peinigern verzeihen? Was versteht man eigentlich unter „verzeihen"? Ein Lexikon sagt uns, dass verzeihen weder vergessen, noch tilgen heißt; es bedeutet einfach, dass man auf Hass, Vergeltung oder Strafen verzichtet und manchmal nicht nur darauf, zu *ver*urteilen, sondern sogar zu *be*urteilen.

Auch die Geschichte von Amy Biehl spielt in Südafrika. Sie war eine weiße Amerikanerin, Studentin der Stanford Universität und Anti-Apartheid-Aktivistin. Sie wurde in Südafrika von vier Schwarzen ermordet. Ihre Eltern unterstützten ihre Begnadigung durch die Wahrheits- und Versöhnungskommission. Ihr Vater schüttelte ihnen die Hand und sagte:

> „Das wichtigste Mittel der Versöhnung ist ein offener und ehrlicher Dialog ... Wir sind hier, um ein Menschenleben zu versöhnen, das ohne Gelegenheit zum Dialog genommen wurde. Wenn wir mit diesem Prozess fertig sind, müssen wir mit verbundenen Armen voranschreiten."[270]

Sich mit Menschen zu beschäftigen, denen es gelungen ist, großes Unrecht zu verzeihen, das ihnen zugefügt wurde, hilft sicher, diese Seite auch in sich selbst zu entdecken. Durch Verzeihen kann man sich nicht nur von den auftauchenden Gedanken lösen, die sich nach einem erlittenen Unrecht unwillkürlich bilden und einen „runterziehen" („Das wird er mir büßen!" „Ich möchte, dass es ihm oder ihr schlecht geht!" „Ich tue so, als gäbe es ihn oder sie nicht!"), sondern es kann sogar gelingen, daraus Gefühle der Zufriedenheit zu gewinnen.

So wie ich als Coach erleben viele meiner Kollegen immer wieder, dass Klienten psychologische oder psychotherapeutische Hilfe suchen, weil sie als kleine Kinder „toxische" Bezugspersonen hatten, weil sie von ihren Eltern misshandelt oder einfach ignoriert wurden. Der Weg zum Glück heißt hier: Verzeihen. Nur wenn wir verzeihen, können wir unser Unglück loslassen, nur dann belastet es uns nicht mehr.

Nelson Mandela soll auf die Frage, wie er seinen Gefängniswärtern verzeihen konnte, geantwortet haben: „Als ich zum Gefängnistor hinausging, wusste ich, wenn ich diese Menschen weiter hasse, dann bleibe ich im Gefängnis." Nur durch Verzeihen kann man frei und glücklich werden. Man darf auf keinen Fall über erlittene Demütigungen oder Unrecht ewig grübeln, sich ausdenken, was man seinem Peiniger alles antun würde, wenn man nur Gelegenheit dazu hätte.

Auch die Wirkung des Verzeihens auf das Wohlbefinden wurde häufig untersucht: Studien fanden heraus, dass die Fähigkeit zu verzeihen (als Bestandteil von sozialer Verträglichkeit) die Zufriedenheit hebt.[271] Wiederholt wurden signifikante Korrelationen zwischen „Verträglichkeit" und Glück nachgewiesen, so z.B. durch Furnham und Cheng[272]. Vergeben und verzeihen fördert das Wohlbefinden, das wurde durch viele Studien immer wieder festgestellt.[273]

Wege zum Glücklichsein: Sinn erleben

Hoffnung ist nicht die Überzeugung, dass etwas gut ausgeht, sondern die Gewissheit, dass etwas Sinn hat, egal wie es ausgeht.
Václav Havel[274]

Wer ein Warum zum Leben hat, erträgt fast jedes Wie.
Viktor Frankl[275]

Viktor Frankl betonte, dass das Wissen um eine Lebensaufgabe einen psychotherapeutischen und psychohygienischen Wert hat. Wenn man um einen Sinn in seinem Leben weiß, kann man Schwierigkeiten besser überwinden. Frankl erforschte, wie Sinnerfüllung auch angesichts schwerer Schicksalsschläge möglich ist und Menschen in die Lage versetzt, in Krisenzeiten seelisch heil zu bleiben.

Die Maurer vom Petersdom

Drei Maurer am Petersdom werden gefragt: „Was machen Sie gerade?"

Der erste sagt ohne aufzusehen: „Ich tue meine Pflicht, damit ich am Ende meinen Lohn bekomme."

Der zweite antwortet und zeigt dabei auf eine halbfertige Mauer: „Das sehen Sie doch! Ich mauere Ziegel, ich baue eine Mauer, ich tue meine Arbeit."

Der dritte wendet sich dem Fragenden zu und führt mit leuchtenden Augen und einem Lächeln auf den Lippen aus: „Ich arbeite mit am Bau einer der größten Kathedralen der Welt, an einem Gebäude, das viele Hunderte von Jahren Zeugnis davon ablegen wird, was Menschen mithilfe der Inspiration Gottes leisten können."[276]

Der dritte Maurer sah Sinn in seiner Arbeit, er hatte eine Vision von dem, woran sie arbeiteten. Wer seine Arbeit und sein Leben als sinnvoll erlebt, wer eine Vision von seinem Leben hat, lebt glücklicher. Wodurch man dabei sein Leben mit Sinn erfüllen kann, wird von Person zu Person sehr unterschiedlich beantwortet.

Viktor Frankl, der seine Form der Psychotherapie, die Logotherapie, auf der Sinnsuche aufgebaut hat, ist der Überzeugung, dass Sinnverlust eine „existenzielle Frustration" bedeutet. Im Gegensatz zu der Zeit, als Freud lebte, dem frühen 20. Jahrhundert, ist die Bedeutung der sexuellen Frustration heute für die Auslösung von Neurosen wesentlich geringer als die existentielle Frustration bzw. das Sinnlosigkeitsgefühl, wie es von Frankl beschrieben wird.[277] Er ist überzeugt, dass das primäre Ziel des Menschen nicht Glück, sondern Sinn ist. Glück stellt sich gewissermaßen als Nebenprodukt beim Erfüllen selbst bejahter Aufgaben ein.

Sinn lässt sich wenigstens auf drei Wegen finden:

- im Schöpferisch-Sein,
- in der Hinwendung zu Menschen und
- im Ertragen von Schicksalsschlägen, das anderen Betroffenen Mut macht.

Ihnen gemeinsam ist das Prinzip der Selbsttranszendenz, dem grundlegenden anthropologischen Tatbestand, dass Menschsein immer über sich selbst hinaus auf etwas verweist, das nicht wieder es selbst ist. Wir Menschen erkennen und realisieren uns in etwas, auf das wir unsere Energie richten.

Die deutsche Psychologin Charlotte Bühler[278] sieht vor allem die Hingabe an sinnvolle Aufgaben als Basis des Glücks und versteht in diesem Streben die „Lebenskunst".

Auch der Philosoph Wilhelm Schmid[279] legt Wert auf das „Sinn-Erleben". „Sinn, das ist Zusammenhang, Sinnlosigkeit demzufolge Zusammenhanglosigkeit... Wo aber Sinn erfahrbar wird, ist Glück die Folge, ..."

In mehreren empirischen Untersuchungen wurde ein Zusammenhang zwischen dem Verfolgen persönlich bedeutsamer, „sinnvoller" Aufgaben oder Projekten und Wohlbefinden nachgewiesen.[280]

Wege zum Glücklichsein: Glaube, Spiritualität

Alle Bücher, die ich gelesen habe, haben mir den Trost nicht gegeben,
den mir dieses Wort der Bibel gab: „Der Herr ist mein Hirte,
mir wird nichts mangeln."
(Unbekannt)[281]

Einen legitimen Konflikt zwischen Religion und Wissenschaft
kann es nicht geben. Naturwissenschaft ohne Religion ist lahm,
Religion ohne Naturwissenschaft ist blind.
Albert Einstein[282]

Ohne Zweifel ist auch ein fester Glaube ein Weg zum Glück. Glaube gibt dem Leben einen Sinn, ein gläubiger Mensch weiß, warum und wofür er lebt. Da ist es nicht überraschend, dass gläubige Menschen bei Befragungen sich besonders häufig als „glücklich" bezeichnen. Ich bin immer wieder Menschen begegnet, die, aus dem festen Bewusstsein „in den Händen Gottes zu ruhen", große Kraft geschöpft haben. Besonders eindrucksvoll haben das die vielen Märtyrer und im Mittelalter die Mystiker uns vor Augen geführt. Thomas von Aquin schreibt: „Gott zu erkennen, ist das Ziel jedes intelligenten Wesens. Nun nennt man das Ziel des Menschen und jedes intelligenten Wesens Glück oder Seligkeit. Deshalb ist die äußerste Seligkeit oder das äußerste Glück jedes intelligenten Wesens: Gott zu erkennen."[283]

Eine große Zahl von Untersuchungen bestätigt die Annahme, dass die feste Überzeugung, im Besitz des richtigen Glaubens zu sein, die Lebenszufriedenheit erhöht – wobei man allerdings auch nicht vergessen sollte, dass diese Überzeugung, wenn sie zu Konflikten führt oder mit Gewalt verbreitet wird, viel Leid, Blut und Tränen über die Menschheit gebracht hat und noch heute bringt.

Nach Lyubomirsky[284] bestätigt eine wachsende Zahl wissenschaftlicher Untersuchungen: Religiöse Menschen sind glücklicher und gesünder. Sie können besser mit traumatischen Erfahrungen umgehen als nichtreligiöse Menschen.[285] Eine typische Untersuchung stammt von McIntosh, Silver und Wortmann[286]: Sie interviewten Eltern, die ein Kind durch den „plötzlichen Kindstod" verloren hatten. Das Interview fand drei und achtzehn Monate nach dem schrecklichen Ereignis statt. Religiöse Eltern waren weniger depressiv als nichtreligiöse, sie gingen achtzehn Monate nach dem Tod ihres Kindes besser mit dem Verlust um.

Die Ergebnisse der Arbeit von Koenig, McCullough und Larson[287], die Dutzende Studien zu diesem Thema ausgewertet haben, kann man folgendermaßen zusammenfassen: Religiosität, operationalisiert als Gottesdienstbesuch und Gottesglaube, hat das Potential, Menschen glücklicher zu machen und sie davor zu bewahren, in depressiver Stimmung zu versinken.

Es wurde auch untersucht, warum ein religiöser Glaube zu mehr Zufriedenheit führt. Es wurden drei Gründe diskutiert: 1. Gläubige sind in der Regel eng in eine Gemeinschaft eingebunden, die sich gegenseitig unterstützt. (Siehe: Wege zum Glücklichsein: Soziale Beziehungen) 2. Gläubige lernen frühzeitig, sich selbst zu kontrollieren, um die religiösen Gebote nicht zu übertreten. (Siehe: Wege zum Glücklichsein: Selbstwirksamkeit erleben) 3. Gläubige sehen eher Sinn in ihrem Leben. (Siehe: Wege zum Glücklichsein: Sinn erleben).[288]

Allerdings kann ein zu enger Glaube an einen strafenden, Rache nehmenden Gott auch unglücklich machen. Wenn man ein negatives Erlebnis oder gar einen Schicksalsschlag als „Strafe Gottes" ansieht, dann hat das auf das Wohlbefinden und Glückserleben sehr negative Auswirkungen.[289] Schon Freud behauptete, dass Religion zu einer „obsessiven Neurose", der Verdrängung von Emotionen, der Unterdrückung der Sexualität und zu Schuldgefühlen führen kann.[290] Menschen, die sich vor der Strafe Gottes fürchten oder die überzeugt sind, dass ihre negativen Erfahrungen eine Strafe Gottes für ihre Sünden oder – schlimmer noch – das Werk dämonischer Mächte sind, leiden unter Schuldgefühlen, Scham, Angst, vermehrter Depression, schlechterer Gesundheit und geringerer Lebensqualität.[291]

Buddhismus und Meditation als Weg zum Glück?

„Glück, das bestätigen fast alle philosophischen oder theologischen Schulen Indiens, ist unter den erstrebenswerten Gütern eines der Höchsten, die es gibt."[292] Im Buddhismus ist allerdings die Vorstellung weit verbreitet, dass man sich nicht auf das weltliche Glück konzentrieren sollte. In der Überzeugung der Buddhisten sind die Verlockungen des innerweltlichen Glücks trügerisch. Sie gebrauchen das Bild von einem Köder, der in Form einer glückhaften Erfahrung vor unseren Augen herumbaumelt. Wenn wir uns dieser Erfahrung hingeben, wenn wir den Köder schlucken, dann hängen wir an der Angel mit der Hoffnung, dieses Gefühl wiedererlangen zu können.

„Die Sehnsucht nach Glück wird zu einer subtilen Bindung an diese Welt, einer Bindung, die ihre Kraft gerade aus dem unerfüllten, sich in Sehnsucht selber immer weiter steigernden Verlangen bezieht. ... Wahres Glück aber ist auf diese Weise nicht zu gewinnen. Nur jenseits des Vergänglichen ist es zu finden."[293] So wie es der Prinz Siddhartha uns vorgemacht hat, der durch jahrelange Meditation das höchste Glück erreicht hat und zu Buddha (der Erwachte) wurde, wird von allen Buddhisten immer wieder darauf hingewiesen, dass wir nur in der Versenkung das wahre Glück finden können.[294]

Für die meisten Menschen in der westlichen Welt ist die Vorstellung, dass man völlig der Welt entsagen und sich der Meditation widmen sollte, keine wirkliche Alternative. Wenn man die Armut und das

Elend der Slums in Indien erlebt hat, dann kann man allerdings verstehen, dass es Menschen gibt, die sich völlig von der materiellen Seite des Lebens abwenden möchten und einen Weg beschreiten, der (theoretisch) jedem offensteht.

Auch die Auswirkungen von **Meditation** wurden gründlich empirisch untersucht, wobei dieser Begriff sehr weit gefasst wird. „Hinter dem Begriff Meditation verbergen sich zahlreiche unterschiedliche Techniken, wie etwa transzendentale, Zen- oder Vipassana-Meditation und verschiedene Formen, wie die konzentrative, achtsame oder kontemplative Meditation. Allen gemeinsam ist die Entwicklung der Fähigkeit zur Aufmerksamkeit."[295] Es gibt fast in allen Religionen Übungen, die zumindest meditationsähnlich sind. Sie kann in der Bewegung (Qi-Gong), im Stehen und meist im Sitzen erfolgen, sie kann sich auf einen Gegenstand richten oder nicht. Es gibt sicher mehrere Hundert verschiedene Formen von Meditation.

Die empirisch gefundenen Auswirkungen von Meditation sind vielfältig:[296]

- besserer Sauerstoffverbrauch und höhere Metabolismus (Stoffwechsel)-Rate,
- Absinken des Cortisol-Levels (Cortisol ist ein Stresshormon),
- Absinken des Cholesterol-Spiegels (Cholesterol oder Cholesterin ist ein fettartiger Stoff, der die Adern verstopfen kann),
- Absinken des Blutdrucks,
- mehr Alpha- und Thetawellen, die ruhige Entspannung anzeigen,
- ein gestärktes Immunsystem und
- Änderung der Neurotransmitter, speziell mehr Dopamin und Serotonin (Glückshormone).

Aufgrund dieser physiologischen Effekte bezeichnet man Meditation auch als „Werkzeug des Glücks". Es gibt einige meditative Formen von Yoga, die das Glücksempfinden deutlich steigern können.

Hier seien noch einige Untersuchungen zitiert, die die gesundheitlichen Auswirkungen der Meditation belegen: Arbeitnehmer absolvierten einen achtwöchigen Kurs in „Meditation der Achtsamkeit". Man beobachtete nach Abschluss des Kurses einen Anstieg der Aktivität im linken präfrontalen Cortex, relativ zum rechten. (Das ist ein Kennzeichen besonders glücklicher Menschen, von diesem Hirnzentrum gibt es starke Verbindungen zum Extensionsgedächtnis; es wird auch mit Selbstbestimmung und Willenskraft in Verbindung gebracht). Bei den Teilnehmern der Untersuchung reagierte das Immunsystem zudem besser auf eine Grippeimpfung – je aktiver die linke gegenüber der rechten Gehirnhälfte, desto besser die Reaktion des Immunsystems. Die Untersuchung zeigt also, dass selbst relativ wenig Meditationspraxis überraschende Auswirkungen auf die Aktivität des Gehirns und das Immunsystem hat.

In einer anderen Untersuchung führte ein 16-wöchiges Trainingsprogramm in transzendentaler Meditation zu einem verbesserten Blutdruck, Insulinresistenz und einer Verringerung von Risikofaktoren für koronare Herzerkrankungen.[297]

Auch die subjektiv empfundenen Auswirkungen auf die Personen, die regelmäßig meditieren sind vielfach belegt: Sie leben entspannter, steigern ihre Konzentrationsfähigkeit und ihr Selbstbewusstsein, sie sind weniger gestresst und sie haben seltener Ängste und Depressionen. Allerdings wird in einem Aufsatz von Thorsten Schmitz[298] davor gewarnt, dass intensive Meditation auch zu gravierenden Nebenwirkungen führen kann, wie Depersonalisation, Schlaflosigkeit oder sogar Psychosen.

Aufbau eines positiven Ich-Bewusstseins

Wege zum Glücklichsein: Aktiv sein, arbeiten

Wenn du glücklich sein willst, setze dir ein Ziel, das deine Gedanken beherrscht, deine Energie freisetzt und deine Hoffnungen weckt.
Andrew Carnegie[299]

Herr, gewähre mir, dass ich immer mehr wünsche, als ich vollbringen kann.
Michelangelo[300]

Viele berühmte Denker haben immer wieder darauf hingewiesen, dass man sein Glück nur in einer Aktivität finden kann, die auf ein Ziel gerichtet ist, das außerhalb seines Selbst liegt. Schon Aristoteles erwähnt, dass jeglicher Genuss irgendeine Aktivität, also die Anwendung irgendeiner Kraft voraussetzt.[301] Friedrich Schiller schreibt in einem Brief an Körper 1801: „Es ist nichts als die Tätigkeit nach einem bestimmten Ziel, was das Leben erträglich macht."[302]

Natürlich macht es besonders glücklich, wenn man ein Talent besitzt und es einem gelingt, in seiner (beruflichen) Tätigkeit dieses Talent zu nutzen. Auch diese Erkenntnis ist schon sehr alt, auch sie ist von Aristoteles überliefert: „Seine Trefflichkeit, welcher Art sie auch sei, ungehindert üben zu können, ist das eigentliche Glück."[303] Auch Goethe weist in seinem Buch Wilhelm Meisters Lehr- und Wanderjahre darauf hin: „Wer mit einem Talent, zu einem Talent geboren ist, findet in demselben sein schönstes Dasein."

Allerdings sollte man dabei nicht darauf schielen, dass man mit seinem Talent weltberühmt wird. Ruhm ist, wie jede öffentliche Anerkennung, sehr launenhaft. Wenn man allerdings die Befriedigung und das Glück in der Tätigkeit selbst sieht, die man ausübt, dann hat man auch gewonnen, wenn einem die Anerkennung von außen fehlt. Der berühmte Fußballer Lionel Messi soll z. B. in einem Interview gesagt haben: "Um glücklich zu sein, reicht mir ein Ball bei den Füßen. Meine Motivation ist, dass ich das liebe, was ich tue. Ich würde genauso gern Fußball spielen, wenn mich niemand dafür bezahlte."

Der amerikanische Philosoph Daniel Dennett drückte das so aus: „Das Geheimnis des Glücks: Finde etwas, was wichtiger ist als du selbst, und widme ihm dein Leben."[304]

Um glücklich zu sein, muss man sein Leben an etwas hängen, das einen ausfüllt. So können wir vermeiden, dass wir über uns selbst grübeln. Das konnten Green und seine Mitautoren[305] auch empirisch bestätigen: Glückliche sind weniger auf sich selbst fixiert und geraten seltener ins Grübeln. Durch Aktivsein vermeiden wir das direkte Bemühen um Glück, vor dem Alain gewarnt hat, und wählen den indirekten Weg zum Glück: „Tätige Menschen denken weniger an ihr Glück und an sich selbst. Das ist empirisch gut abgesichert."[306] Andererseits: „Trägheit macht traurig."[307]

Aktiv zu sein, ist auch eine gute Therapie gegen Depression:[308] Lewisohn und Graf[309] ließen Personen mit einer milden Form von Depression ihre täglichen Aktivitäten protokollieren und baten sie anzugeben, wie wohl sie sich dabei fühlten. Aus den insgesamt 320 Tätigkeiten suchten sie die 49 heraus, die sich als am beglückendsten erwiesen:

- 21 Tätigkeiten betrafen „soziale Interaktionen" (z.B.: „Mit beglückenden Menschen zusammen sein", „küssen", „mit Freunden einen Kaffee trinken");

- 16 Tätigkeiten waren der Depression entgegengesetzt (z. B.: „Lachen", „an etwas Schönes in der Zukunft denken", „Leute anlächeln");
- 9 Tätigkeiten waren geeignet, die Selbstwirksamkeit zu erfahren (z. B.: „Etwas Neues lernen", „geschickt Auto fahren", „für etwas, was ich geleistet habe, ein Kompliment bekommen");
- 3 Tätigkeiten betrafen gemischte Aspekte (z. B.: „Gut essen", „mit Tieren zusammen sein").

Es gibt also verschiedene Formen des Aktivseins, die glücklich machen. Auf einige werden wir hier näher eingehen:

Seinem Beruf nachgehen

> *Arbeit! Arbeit! Wie glücklich fühle ich mich, wenn ich arbeite.*
> Tolstoi[310]

Die am häufigsten praktizierte Form des Aktivseins ist die Arbeit. Wir verbringen einen Großteil unseres Lebens mit einer Tätigkeit, die wir ausüben, um damit Geld zu verdienen. Daher gilt auch: „Es gibt einen ziemlich klaren Zusammenhang zwischen der Zufriedenheit mit der Arbeit und der umfassenden Zufriedenheit mit dem eigenen Dasein."[311] Der Zusammenhang ist aber doppelt zu sehen: Wahrscheinlich sind die Menschen, die mit ihrem Dasein zufrieden sind, auch bei der Arbeit eher glücklich. Die gleichen Faktoren, die die Menschen im allgemeinen Dasein glücklich machen, wirken sich auch beim Arbeiten positiv aus.

Auch der Zusammenhang zwischen Glück und Arbeit wurde gründlich empirisch untersucht:

Zwar ist es üblich, darüber zu klagen, dass man zu viel Arbeit hat, aber es ist unbestritten, dass die meisten gerne arbeiten.[312] Fischer[313] hat eine Reihe von empirischen Befunden zu diesem Thema zusammengetragen. Repräsentativ gilt die Studie der JOB AG[314] in Fulda: Die 1.162 Befragten antworteten auf die Frage nach der Zufriedenheit mit ihrer Arbeit auf einer Skala von 1 (sehr schlecht) bis 10 (sehr gut) mit einem Mittelwert von 7,6. Besonders zufrieden (Mittelwert 8,5) sind Selbstständige, Freiberufler und Landwirte, die alle ihre Arbeit selbst einteilen können (und die häufiger den Sinn ihres Tuns erleben).[315]

Der Effekt der Höhe des Verdienstes auf die Arbeitszufriedenheit ist unerwartet niedrig.[316] Allerdings wirkt es sich besonders glücksmindernd aus, wenn – vor allem von höher Qualifizierten – eine im Vergleich zu Kollegen – zu geringe Bezahlung registriert wird. Wenn keine solche sozialen Vergleiche stattfinden (oder stattfinden können), ist der Effekt der Höhe des Einkommens auf die Arbeitszufriedenheit deutlich geringer[317]. Neid oder empfundene Ungerechtigkeit macht offensichtlich wie kaum etwas anderes unglücklich.

Warr[318] listet alle glücksbegünstigenden Faktoren auf, die die Erwerbsarbeit bieten kann:

- Netter Kontakt mit anderen Personen. Das Verhältnis zu den Kollegen ist besonders wichtig; ein gutes Betriebsklima ist der Hauptfaktor für die Zufriedenheit am Arbeitsplatz.[319]
- Bewältigbare Aufgaben, erreichbare Ziele. Wir sollten die Ziele oder Teilziele und die Bedingungen der Arbeit in einem möglichst großen Umfang selbst bestimmen können.
- Gewissheit, dass die Arbeit wertvoll und sinnvoll ist. „Jede Arbeit aber, und sei sie noch so unscheinbar, begründet Sinn, wenn ein Mensch sich ihr aus ideellen und nicht nur aus materiellen Gründen widmet."[320]
- Abwechslungsreiche Aufgaben, Tätigkeiten oder Örtlichkeiten
- Das Gefühl persönlicher Kontrolle

- Unterstützende und anregende Supervision
- Das Gefühl Veränderungen bewirken zu können
- Eine klar festgelegte Rolle
- Die Freiheit, neue Ideen zu äußern und damit gehört zu werden
- Jobsicherheit
- Gleichheit – geteilte Erwartungen, Fairness, keine Diskriminierung
- Eine sichere und angenehme Umgebung
- Arbeit, die vom Betrieb oder der Organisation wertgeschätzt wird

Obwohl Arbeit grundsätzlich glücklich macht, wird immer wieder von Menschen berichtet, die unter ihrer Arbeit leiden. Das liegt zum einen daran, dass die oben erwähnten glücklich machenden Bedingungen nicht erfüllt sind. Es gibt jedoch noch einen anderen Grund: Sie haben zu hohe Ansprüche und sind mit ihrer Leistung nie zufrieden.

Freizeitaktivitäten

In Befragungen hat man versucht herauszufinden, welche Aktivitäten außerhalb der Arbeit besonders glücklich machen. Hills, Argyle und Reeves[321] fanden, dass mit Abstand das Tanzen an erster Stelle steht. Wahrscheinlich liegt es daran, dass bei dieser Tätigkeit auf Grund der Bewegung Endorphine und auf Grund des Körperkontaktes Vasopressin und Oxytocin, also glücklich machende Hormone, ausgeschüttet werden. „Tanz ist die Sprache des körperlichen Wohlbefindens."[322]

Besonders glücklich machen auch Freizeitaktivitäten, die wir schon erwähnt haben: ehrenamtliche Tätigkeiten und das Engagement in Wohltätigkeitsorganisationen.

Fernsehen und Smartphones

Eine Form der „Aktivität", die von vielen in der Freizeit ausführlich genutzt wird, ist das Betrachten eines Bildschirms. Laut einer Umfrage von Statista aus dem Jahr 2022 verbringen Deutsche durchschnittlich etwa drei Stunden und 14 Minuten pro Tag mit Fernsehen.[323] Für Smartphones zeigen Daten von der ARD/ZDF-Onlinestudie 2021, dass die Nutzerinnen und Nutzer täglich rund 1 Stunde und 16 Minuten mit ihren mobilen Geräten verbringen.[324] Zusammen ergibt das also eine tägliche Bildschirmzeit von über 4,5 Stunden. Eine so intensive Nutzung dieses Mediums könnte dafürsprechen, dass diese Beschäftigung besonders glücklich macht – das Gegenteil ist allerdings der Fall.

Laut einer Studie von Argyle[325] trägt das Fernsehen nicht sonderlich viel zur allgemeinen Lebenszufriedenheit bei. Ebenso zeigte eine Untersuchung von Lu und Argyle[326], dass die intensiven Betrachter von Seifenopern weniger glücklich waren als der Durchschnitt. Man erklärte sich das dadurch, dass diese Personen über weniger Sozialkontakte verfügten. Es gibt noch eine Reihe weiterer Untersuchungen, die alle zu dem gleichen Ergebnis führten, so dass man als gesichert annehmen kann: wer exzessiv fernsieht, ist weniger glücklich. Ob allerdings die weniger Glücklichen mehr fernsehen, oder das Fernsehen unglücklich macht, konnte durch diese Untersuchungen nicht herausgefunden werden. Neben den mangelnden Sozialkontakten könnte ein Grund für die negativen Gefühle auch darin liegen, dass in den Seifenopern überwiegend sehr wohlhabende Akteure auftreten, durch die die Zuschauer daher in einen Aufwärtsvergleich gedrängt werden.

Auch zu der intensiven Nutzung des Smartphones gibt es besorgniserregende Untersuchungen. Zwar kann das Smartphone dazu beitragen, dass mehr soziale Kontakte entstehen, was sehr förderlich für die Lebenszufriedenheit ist,[327] aber eine exzessive Nutzung und vor allem der Vergleich der eigenen Person mit denen, die sich in den Sozialen Medien präsentieren, ist mit einer höheren Rate von Depressionen und Angstzuständen korreliert. Insbesondere Jugendliche, die viel Zeit mit den sozialen Medien verbringen, berichten oft von geringer Lebenszufriedenheit.[328]

Die immer raffinierteren Algorithmen, die das Ziel haben, die Nutzer möglichst lange an den Bildschirm zu fesseln, könnten dazu führen, dass die Nutzungsdauer und damit der ungünstige Einfluss der Smartphones vor allem auf die Jugend in der Zukunft noch zunimmt.

Wege zum Glücklichsein: Flow erleben

Ein gutes Leben ist eines, bei dem man völlig in seinem Tun aufgeht.
Jeanne Nakumura und Mihaly Csikszentmihalyi[329]

Der Mensch ist glücklicher, wenn er Flow erlebt, und wie wir bereits seit Aristoteles wissen, ist Glück die wahre Grundlage des Lebens.
Csikszentmihalyi[330]

Das Thema „Flow" ist ganz eng mit dem Psychologen Mihaly Csikszentmihalyi[331] verbunden. Er verbrachte einen großen Teil seines Lebens damit, dieses Phänomen zu untersuchen, das er durch viele Untersuchungen und entsprechenden Veröffentlichungen Flow populär machte. Er konnte nachweisen, dass „das Leben heiter und voller Freude genau dann wird, wenn selbstsüchtiges Vergnügen und persönlicher Erfolg nicht mehr die Ziele sind, von denen man sich leiten lässt", wobei Csikszentmihalyi mit dem Flow an eine besondere Form des Glücks dachte.

Er definiert Flow als einen Zustand, den man erlebt, wenn man völlig in einer Aufgabe aufgeht und dabei sich, alles um einen herum und auch die Zeit vergisst. Dieser Zustand wird vor allem dann erreicht, wenn man die betreffende Tätigkeit beherrscht und an die Grenzen seiner Fähigkeiten kommt.

Ein typisches Flow-Erlebnis hatte ich als junger Mann:

Ich erlebe Flow beim Reiten

Schon vor Wochen hatte mir mein Zahnarzt prophezeit: Deine Weisheitszähne müssen gezogen, besser gesagt herausoperiert werden. Er fühlte sich aber damit überfordert, weil die Weisheitszähne noch unter dem Kieferknochen lagen. Er schickte mich also zu einem Spezialisten, einem Kieferchirurgen, der vorschlug, dass man alle vier Weisheitszähne bei einer Behandlung entfernen sollte. Er meinte, dass das kein Problem sei und erläuterte mir haarklein, wie er vorgehen würde: Es klang wie eine Horrorgeschichte und ich glaubte schon bei der Vorstellung all dessen, was er mit mir anstellen würde, die Schmerzen zu spüren.

Ich war damals 20 Jahre alt und hätte mich, wenn man mich fragte, als „ziemlich tapfer" bezeichnet, aber was mir da bevorstand, raubte mir dann doch den Schlaf. Je näher der Termin rückte, desto schlimmer wurden meine Ängste. Immer wieder fragte ich mich, ob ich nicht auf einer Vollnarkose bestehen sollte, aber als wir das Vorgehen diskutierten, meinte der Arzt ziemlich bestimmt, dass das nicht nötig und es ihm auch lieber sei, wenn ich ansprechbar bliebe.

Obwohl das alles schon sehr lange her ist, weiß ich noch heute: um 15:30 an einem Donnerstag sollte ich in der Praxis sein. Ich hatte für diesen Tag um 13:00 Uhr eine Reitstunde gebucht. Ich ritt sehr gerne, und ich rechnet mir aus, dass ich das gut schaffen könnte – inklusive Duschen und Fahrzeit. Als der Tag gekommen war, konnte ich an nichts anderes als an diese Operation denken und fragte mich, ob es wirklich eine gute Idee war, vorher auch noch zu reiten. Aber ich war ja angemeldet.

Wir hatten eine Dressurstunde. Der Reitlehrer gab mir ein schwieriges Pferd, das ich schon kannte und er meinte: „Wenn einer mit diesem Pferd fertig wird, dann Du!" Ich war natürlich stolz und sehr motiviert, zumal meine Freundin zuschaute. Ich gab mein Bestes und richtig, es gelang mir, das Pferd „gefügig" zu machen, es „an den Zügel zu stellen" und auch schwierige Figuren zu reiten. Ich musste mich wirklich voll auf das Pferd, bzw. mein Reiten konzentrieren, denn bei diesem Tier konnte man sich keine Unaufmerksamkeit leisten. Als ich am Ende der Stunde vom Pferd stieg, war ich völlig fertig, aber auch richtig glücklich. Ich spürte, dass ich aus ihm das herausgeholt hatte, was mir möglich war. Auch das Lob des Reitlehrers bestätigte das.

Voller Stolz ging ich zu meiner Freundin. Ich war überzeugt, von ihr die verdiente Anerkennung zu bekommen. „Ja, war toll – aber hast du denn keine Angst?!" war alles was sie sagte. Ich brauchte einen Moment, aber dann fiel es mir auch wieder ein. Ich war ja kurz vor der fürchterlichen Zahnoperation. Wie konnte ich das vergessen?

Flow kann sich bei vielen Aktivitäten und Beschäftigungen einstellen, z. B. beim Arbeiten am Computer, beim Dozieren, beim Schachspielen, beim Klettern, beim Tanzen und insbesondere auch beim Sport. „Sport ist eine ‚Auszeit' von den Anstrengungen des Tages und wirkt noch Stunden positiv nach. So betrachtet klingt Sport ein wenig wie Meditation"[332].

Wege zum Glücklichsein: Sport treiben

No sports!
Churchill[333]

„Umfragen, sowie groß angelegte Experimente zeigen, dass Sport möglicherweise der wirkungsvollste Glücksbringer überhaupt ist."[334] Es ist nachgewiesen, dass regelmäßige Bewegung nicht nur die Muskeln und die Knochen stärkt, sondern auch glücklich macht. Darüber hinaus reduziert sie den Blutdruck und das Risiko an Krebs zu erkranken. Dabei sind körperliche Vorgänge, wie die bessere Versorgung verschiedener Organe, einschließlich des Gehirns, mit Sauerstoff beteiligt. Dazu kommt, dass man sich selbstwirksam fühlt, dass man erlebt, welchen Einfluss die eigene Willenskraft auf sein Leben und seinen Körper haben kann.

Gemeint ist hierbei ein regelmäßiger, „gemäßigter Sport", denn Sporttreiben ist auch Ursache von vielfältigen Verletzungen. Wie vielleicht alles im Leben, kann man auch Sport übertreiben und dann ist der Schaden größer als der Nutzen.

In einer Studie der Universität Stanford wurde untersucht, welche Wirkung das Radfahren auf Depression hat. Es wurden drei Gruppen von klinisch depressiven Patienten gebildet: Die erste Gruppe musste dreimal pro Woche 40 Minuten radeln, die zweite Gruppe erhielt ein Antidepressivum, die dritte Gruppe radelte und nahm Tabletten. Nach vier Monaten zeigte sich bei allen drei Gruppen ein deutlicher Rückgang der Depressivität. Regelmäßige körperliche Bewegung wirkt also gleich stark wie ein Antidepressivum, wobei allerdings die Rückfallquote bei der Gruppe, die regelmäßig Rad fuhren, erheblich geringer war.[335] Es gibt viele Studien, die belegen, dass Fitness-Training der Lebenszufriedenheit und dem Glück förderlich ist, zumindest für weniger schwere

Formen von Depression.[336] Auch moderates Training ist für diesen Effekt völlig ausreichend.

Auf die Frage, was die Ursachen für diese Wirkung sind, hat eine Metaanalyse von Crews und Landers[337] gezeigt, dass Training eine Reduzierung der Reaktion auf Stress bewirkt und Sporttreibende daher mit dem Stress besser fertig werden (Stress ist häufig ein Auslöser für Depression), vielleicht auch einfach, weil die Personen, die regelmäßig Sport oder Fitness betreiben, sich als Gestalter ihres Lebens[338] erleben und sie deshalb der Überzeugung sind, dass sie mit Stress besser fertig werden.

Wege zum Glücklichsein: Erfolg haben, sich mit anderen vergleichen

Erfolg, so wie Glücklichsein, kann man nicht direkt erreichen. Er muss sich ergeben. Und er ereignet sich nur als unbeabsichtigter Nebeneffekt der eigenen Hingabe an eine Aufgabe, die größer ist als man selbst.
Viktor Frankl[339]

Wer möchte nicht erfolgreich sein? Aber was ist Erfolg? Zeigt sich Erfolg darin, dass man berühmt ist, häufig in den Medien erwähnt wird, oder darin, dass man viel Geld verdient? Wenn wir Erfolg mit Prominent-Sein oder viel Geld verdienen gleichsetzen, dann stellt Erfolg-Haben keinen Weg zum Glück dar. Anders sieht es dagegen aus, wenn wir Erfolg als „das Erreichen der persönlich gesetzten Ziele"[340] definieren.

Dazu möchte ich eine Geschichte erzählen, die mir ein junger Freund anvertraut hat, der lange in Südamerika lebte. Er betonte, dass es sich um eine wahre Begebenheit handelt und er den Menschen, von dem hier berichtet wird, persönlich kannte.

Der Bürgermeister[341]

Daniel stammt aus einer armen Familie in Argentinien. In der Schule fiel er durch seine schnelle Auffassungsgabe auf. Er schaffte einen besonders guten Schulabschluss und bekam ein Stipendium für ein amerikanisches College. Nach der High School arbeitete er in einem New Yorker Brokerhaus. Er verdiente viel Geld und das motivierte ihn, immer mehr zu arbeiten. Er hatte keine Freundin und arbeitete fast ununterbrochen. Oft schlief er im Büro nur ein paar Stunden und so war er morgens der Erste und abends der Letzte, den man dort antraf. Er machte das vier Jahre lang, und er wurde in dieser Zeit mehrfacher Millionär.

Nach diesen vier Jahren wurde er das erste Mal in seinem Leben ernsthaft krank und der Arzt legte ihm dringend nahe, dass er eine Pause machen sollte. Er beschloss also, Urlaub zu machen und für drei Wochen an einen Strand zu fahren und nichts zu tun. Er suchte sich eine kleine Stadt am Meer in der Nähe von Buenos Aires aus. Schon nach einer Woche wurde ihm das Nichtstun unerträglich. Er half den Einheimischen bei diesem und jenem und er gab ihnen Rat. Er wurde schnell beliebt und geachtet. Als die drei Wochen vorbei waren, konnte er sich nicht entschließen, wieder nach New York in seinen Beruf zurückzukehren. Er verlängerte zuerst seinen Urlaub und entschloss sich schließlich, ganz in dem kleinen Ort zu bleiben.

Heute ist er mit nur dreißig Jahren der angesehene Bürgermeister dieser Stadt. Er verdient nur einen Bruchteil dessen, was er als Broker verdient hat, aber darauf kommt es ihm nicht mehr an. Er spürt, dass er etwas für die Bürger seiner Stadt tun kann und das gibt ihm große Befriedigung. Das ist ihm heute viel mehr wert, als das viele Geld, das er als Broker verdient hat. Auf einmal hat er auch Zeit für Freunde und auch eine Frau gefunden.

Sich mit anderen zu vergleichen, denen es besser geht, ist ein sicherer Weg hin zum Unglück, es sei denn, man liebt diesen anderen aufrichtig. Wenn ich zum Beispiel mein Schicksal mit dem meiner Kinder vergleiche und feststelle, dass es ihnen besser geht als mir, so werden ich mich freuen – wenn ich meine Kinder liebe. Das Gleiche gilt für gute Freunde. Man kann vielleicht sogar sagen, dass das ein Test einer echten, ehrlichen Freundschaft ist: Kann ich mich über das Glück des Anderen ehrlich freuen?

Darüber hinaus kann man nur den Rat geben, wenn man das Ziel hat, glücklich und zufrieden zu werden: Entweder man vergleicht sich mit niemandem, dem es besser geht, oder man lernt es, Neidgefühle in sich zu verbannen.

Dass glückliche und zufriedene Menschen erfolgreicher sind, haben wir oben beim Aufzählen der Vorteile von Glücklichsein schon erwähnt. An dieser Stelle sei noch ein Beispiel für die zahlreichen Studien erwähnt, die den Zusammenhang zwischen positiver Befindlichkeit und Erfolg erforscht haben. Roberts, Caspi und Moffitt[342] untersuchten eine Gruppe acht Jahre lang und fand, dass diejenigen, die im 18. Lebensjahr glücklicher waren, als 26-Jährige häufiger eine befriedigende Arbeit hatten und finanziell bessergestellt waren.

Es gibt allerdings auch Ausnahmen: Erfolgreiche und bekannte Persönlichkeiten, die sich selbst als depressiv bezeichneten und doch sehr erfolgreich waren z. B. Abraham Lincoln oder Winston Churchill. Der Erfolg könnte in diesen Fällen dadurch entstanden sein, dass die betreffenden Persönlichkeiten vor ihren Krankheiten in die Arbeit geflohen sind und dabei sozusagen nebenbei erfolgreich wurden.

Wie glücklich wir sein können, wenn wir uns mit den Richtigen vergleichen, wurde mir bewusst, als ich eines Tages unaufgefordert eine E-Mail mit folgendem Inhalt bekam:

Lebe, als ob wir den Himmel auf Erden erfahren

Wenn du heute mehr gesund als krank bist, (…) bist du glücklicher als über eine Millionen Menschen, die diese Woche nicht überleben werden.

Wenn du niemals die Gefahren eines Krieges, die Einsamkeit des Gefängnisses, Folter oder Hunger erlebt hast, ist deine Lage besser als die von 500 Millionen Menschen auf dieser Welt.

Wenn du in die Kirche gehen kannst, ohne Angst haben zu müssen, festgenommen, gefoltert oder getötet zu werden, hast du mehr Glück als eine Milliarde Menschen der Welt.

Wenn du ein Dach über dem Kopf hast, Kleider, Essen im Kühlschrank und einen Platz zum Schlafen, bist du reicher als 75 Prozent der Menschen.

Wenn du Geld auf der Bank hast, und ein wenig Kleingeld in der Geldbörse, gehörst du zu den 8 Prozent der Reichen.

Wenn deine Eltern leben und immer noch verheiratet sind, (…) bist du eine echte Seltenheit.

Wenn du diese Nachricht lesen kannst, bist du doppelt gesegnet, mehr als zwei Milliarden Menschen, die gar nicht lesen können.

Arbeite, als ob du kein Geld brauchst.

Liebe, als ob dich noch nie jemand verletzt hätte.

Tanze, als ob keiner zuguckt.

Singe, als ob keiner zuhört.

Lebe, als ob es der Himmel auf Erden ist.

Der „Aufwärtsvergleich", der Vergleich mit Menschen, die mehr oder Besseres haben, macht unglücklich, mit dem „Abwärtsvergleich" trösten wir uns oft, wenn es uns nicht so gut geht. Aber auch der „Abwärtsvergleich" ist kein unproblematischer Weg zum Glück, er kann höchstens kurzfristig trösten, also das Unglück abschwächen, indem man es relativiert. Vergleichen sollten wir uns vor allem mit uns selbst, mit unseren Möglichkeiten. Der Goldmedaillen-Gewinner im Schwimmen

Geoffrey Gaberino[343] sagte einmal: „Der eigentliche Wettbewerb findet immer zwischen dem statt, was man getan hat, und dem, was man fähig wäre zu tun. Man muss sich an sich selbst messen, nicht an jemand anderem."

Wege zum Glücklichsein: Neue Erkenntnisse haben, Geheimnisse entdecken, neugierig sein

Das schönste Erlebnis ist die Begegnung mit dem Geheimnisvollen.
Sie ist der Ursprung jeder wahren Kunst und Wissenschaft.
Wer nie diese Erfahrung gemacht hat, wer keiner Begeisterung fähig ist
und nicht starr vor Staunen dastehen kann, ist so gut wie tot:
Seine Augen sind geschlossen.
Albert Einstein[344]

Kein Glück auf Erden kommt dem gleich, welche ein schöner und
fruchtbarer Geist ... in sich selbst findet.
Arthur Schopenhauer[345]

Wie oben schon ausgeführt, war für Schopenhauer offensichtlich sein „fruchtbarer Geist"[346] nicht nur der wichtigste, sondern wahrscheinlich der einzige Weg zum Glück, der ihn aber das ganze Leben begleitete und zu einem beeindruckenden philosophischen Werk motiviert hat.

In seinem Buch „Aphorismen zur Lebensweisheit" spricht er in einer Anmerkung[347] davon, dass es hinsichtlich des Intellekts beim Menschen „viele und merkliche Abstufungen" gibt und dass „höchst selten" die oberste, die wirklich hohe Intelligenz zu beobachten ist. „Diese nun ist also im engeren und strengeren Sinne das schwierigste und höchste Produkt der Natur, mithin das Seltenste und Wertvollste, was die Welt aufzuweisen hat." Und natürlich war er einer der Auserwählten, die diese seltene und wertvolle Gabe besaß, sonst hätte er das gar nicht so klar erkennen können. „Der damit Ausgestattete besitzt demnach das Edelste und Köstlichste auf Erden und hat dementsprechend seine Quelle von Genüssen, gegen welche alle übrigen gering sind; so dass er von außen nichts weiter bedarf (auf alle anderen Glücksbringer verzichten könnte), als nur die Muße, sich dieses Besitzes ungestört zu erfreuen und seinen Diamanten auszuschleifen."

Wenn Schopenhauer davon spricht, was er als „schöner fruchtbarer Geist in sich selbst findet", dann meint er damit ganze Gedankengebäude[348], deren „Erfindung" und Gestaltung er sein ganzes Leben gewidmet hat. Aber es muss nicht immer ein philosophisches System sein, das dabei herauskommt. Es können auch kleinere Geschichten sein, die uns einfallen, wenn wir unserer Kreativität Raum geben. Jede Form von Kreativität bringt uns in Verbindung mit unserem Extensionsgedächtnis und damit mit unserem inneren Selbst und trägt dazu bei, dass wir uns gut fühlen.

Wege zum Glücklichsein: Die innere Bestimmung finden, lernen

Lernen und Genießen sind das Geheimnis eines erfüllten Lebens.
Lernen ohne Genießen verhärmt. Genießen ohne Lernen verblödet.
Richard David Precht[349]

Einige meiner liebsten Erinnerungen im Sport sind das Ergebnis von
Versagen, Verletzungen, Rückschlägen oder Fehlern. Ich lernte weit mehr
über mich selbst und gewann mehr Charakterstärke in solchen schwierigen
Zeiten, als ich jemals tat, als der Erfolg einfach zu erreichen war.
Peter Vidmar[350]

Seine innere Bestimmung zu finden, ist nicht immer einfach. Wir brauchen eine Umwelt, die uns dabei hilft, und das tut sie oft, indem sie uns Schwierigkeiten in den Weg legt. Diese Erkenntnis wird in folgendem Gleichnis deutlich:

Das Vogelei

Ein alter Bauer in Südamerika fand eines Tages ein großes Ei auf seinem Feld. Es war zu klein, um von einem Strauß zu stammen, aber auch viel zu groß, um einem der Singvögel aus dem Wald zu gehören. Er war neugierig, welchem Vogel wohl dieses Ei gehören könnte, und er legte es zu dem Gelege seiner Pute.

Das Küken in diesem geheimnisvollen Ei ließ sich besonders viel Zeit, aber eines Tages schlüpfte tatsächlich ein komischer, sehr unansehnlicher Vogel. Erst nach einigen Wochen wurde erkennbar, dass es sich um einen Kondor handelte. Dieser Kondor wuchs unter seinen „Geschwistern", den Puten auf und war überzeugt, selber eine Pute zu sein. Er zeigte das gleiche Verhalten und war überzeugt, dass auch er wie die Puten nicht fliegen könne.

Eines Tages allerdings sah der Kondor einen riesig großen Vogel über dem Bauernhof kreisen. Er schaute hinauf, voller Angst, aber auch voller Faszination. ‚Das müsste schön sein, sich so in die Lüfte erheben zu können', dachte er. ‚Schade, dass ich nur eine Pute bin.'

Viele Wochen später war der Bauer weggefahren und die Puten beschlossen einen Ausflug in die Umgebung des Bauernhofes zu machen. Auch der Kondor war dabei, den die anderen Puten als besonders hässlich empfanden und ihn das auch wissen ließen. Nach einer kurzen Wanderung kamen sie zum Meer. Nur eine Klippe trennte sie von dem Wasser, das keine große Brandung zeigte und verlockend anzusehen war.

Wer traut sich die steile Klippe zu überwinden? Weil die Puten vor dieser Klippe Angst hatten, schickten sie ihren Außenseiter, den Kondor vor: „Du musst es versuchen. Mal sehen, wie es Dir ergeht, dann können wir es vielleicht auch versuchen."

Der Kondor hatte große Angst. Noch nie war er eine so hohe Klippe heruntergestiegen. Wie solle er das anstellen. Aber die Puten drängten ihn immer mehr. Er wollte so gerne von den Puten akzeptiert werden und so wagte er es, obwohl er sich schrecklich fürchtete.

Es kam, wie es kommen musste. Kaum hatte der Kondor die ersten kleinen steilen Stellen überwunden, wollte er sich auf einem kleinen Vorsprung ausruhen und überlegen, welchen Weg er nehmen sollte. Da brach dieser Vorsprung unter seinem Gewicht ab, und er verlor den Boden unter seinen Füßen. Instinktiv öffnete er seine Flügel, und siehe da, er konnte fliegen. Zuerst segelte er von der Klippe weg und sehr bald entdeckte er, dass er mit den Flügeln schlagen und so Höhe gewinnen konnte. Sein Glück war unbeschreiblich, wie er über die Köpfe der flugunfähigen Puten hinwegflog. Er hatte endlich zu seiner Bestimmung gefunden und er kehrte nie wieder auf den Bauernhof zurück, wo er von den Puten so schlecht behandelt worden war.

Diese Geschichte vermittelt uns eine sehr wichtige Erkenntnis: Um glücklich zu werden, müssen wir zu unserer Bestimmung finden, wir müssen das tun, was in uns liegt.

Viele Menschen sind überzeugt, dass jeder von uns seine Bestimmung hat. Ob man daran glaubt oder nicht, ist nicht entscheidend. Sicher ist, dass jeder die ihm eigenen besonderen Begabungen und Interessen hat, und davon kann man seine Bestimmung ableiten.

Wenn man all das oder möglichst viel von dem realisieren will, was in einem liegt, dann muss man bereit sein zu lernen und damit innerlich wachsen – und die wichtigsten Lektionen bekommen wir oft von Fehlschlägen oder Misserfolgserlebnissen vermittelt. Wer lernt und dabei seine Fähigkeiten entwickelt, wird glücklich. „Wenn man alles, was einem begegnet, als Möglichkeit zu innerem Wachstum ansieht, gewinnt man innere Stärke."[351] Besondere Intelligenz ist dabei nicht notwendig, denn die Fähigkeiten, die man in sich entwickelt, müssen nichts mit abstrakten Denkfähigkeiten zu tun haben. Intelligenz wirkt sich daher auch nicht merklich auf das Wohlbefinden und das Glück aus. Untersuchungen zur emotionalen Intelligenz[352] haben nachgewiesen, dass man hochintelligent und gleichzeitig sehr unglücklich sein kann.

Wir können in jedem Lebensalter innerlich wachsen. Immer wieder wurde entdeckt, dass wir bis ins hohe Lebensalter lernen können, und was ist Lernen anderes als inneres Wachstum?[353] Dieses Lernen muss sich nicht nur auf Fertigkeiten beziehen, sondern kann sich auch auf die Persönlichkeit selbst, auf unsere Grundeinstellungen zu uns selbst und zum Leben beziehen. Wir wachsen vor allem an Schwierigkeiten, die uns das Leben als Lektionen anbietet.

Persönlichkeitsentwicklung definiert André als „die Gesamtheit aller Methoden, die einerseits die psychischen und praktischen Fähigkeiten einer Person stärken und andererseits deren Blick weiten, sowie die Verständnis- und Akzeptanzfähigkeit gegenüber der eigenen Person und der Welt ausbauen sollen"[354].

Allerdings muss man offen für Neues sein, oder noch besser, man muss das Neue suchen. Neugier ist eine wichtige Komponente für das persönliche Wachstum und das Wohlbefinden. Einstein behauptete von sich: „Ich habe keine besondere Begabung, ich bin nur leidenschaftlich neugierig."[355] Befragte mit dieser Eigenschaft waren nicht nur glücklicher, sondern auch psychisch stabiler, und sie fühlten sich in zwischenmenschlichen Beziehungen wohler. Weil Neugier ein angenehmes Gefühl ist, das Menschen genießen, fühlen sich andere in Gegenwart von Neugierigen wahrscheinlich besser, was Letztere noch beliebter macht.[356]

Letztlich kommt es auf die Beantwortung der Frage an: Was ist stärker: meine Sehnsucht zu wachsen oder mein Widerstand gegenüber Veränderungen?

Wege Zum Glücklichsein: Gestalter sein, Selbstwirksamkeit erleben

Leben heißt, etwas Aufgegebenes erfüllen. In dem Maß, wie wir es vermeiden, unser Leben an etwas zu setzen, entleeren wir es.
José Ortega y Gasset[357]

Das Ausfüllen der Zeit durch planmäßig fortschreitende Beschäftigungen, die einen großen beabsichtigten Zweck zur Folge haben, ist das einzig sichere Mittel, seines Lebens froh und dabei doch auch lebenssatt zu werden.
Immanuel Kant[358]

In einem sind sich Ortega und Kant einig. Wir brauchen eine Aufgabe, um nicht unglücklich oder – wie Ortega es sagt – „leer" zu werden. Diese Aufgabe müssen wir in uns finden. Hier kann man an Hofmannsthal denken (werde durch Freiheit, was du durch Schicksal bist) und sich fragen, ob diese Aufgabe nicht durch unser Schicksal vorgegeben ist. Ob wir die Aufgabe in uns finden oder sie uns von außen vorgegeben ist, ist letztlich nicht entscheidend. Wichtig ist einzig, dass wir diese Aufgabe innerlich annehmen und mit aller Kraft, mit unserer ganzen Energie und Begeisterung, mit Selbstverpflichtung verfolgen. Dann wird sie uns ausfüllen, uns über uns selbst hinaustragen und zu einem glücklichen, erfüllten Leben führen. Am Ende unseres Lebens werden wir dann sagen können: So wie es war, war es richtig, denn es hat zu etwas geführt. Dabei ist der „große beabsichtigte Zweck" nicht unbedingt etwas Großes, wie das philosophische Werk von Kant oder Schopenhauer. Eine Familie, eine Freundschaft, ein Buch, ein Gemälde, eine Firma, ein Hilfsprogramm, oder irgendein anderes Werk kann der „große beabsichtigte Zweck" sein.

Allerdings werden wir nur selten eine einzige Aufgabe in unserem Leben zu erfüllen haben – erfüllen wollen. Denn: „Das ganze Leben ist ein ewiges Wiederanfangen."[359]

Ein Großteil meines Berufes bestand darin, Konzepte für die berufliche Aus- und Weiterbildung zu entwickeln. Bei dem Versuch die Lernziele zu finden, mit denen man Mitarbeiter erfolgreicher (und damit auch glücklicher) machen kann, begleitete ich Vertreter verschiedener Berufe bei ihrer täglichen Arbeit. Ich beobachtete Berufstätige, die besonders erfolgreich, und solche, die besonders erfolglos waren. Dabei entdeckte ich bei den erfolgreichen Führungskräften und Verkäufern eine Eigenschaft, mit der ich nicht gerechnet hatte. Ich erwartete, dass bei diesen Berufen die Intelligenz, vor allem die emotionale oder soziale

Intelligenz, die entscheidende Rolle spielen würde. Oft bestätigten sich meine Erwartungen, aber ich fand auch viele Ausnahmen.

Als wichtiger für den Erfolg erwies sich eine bestimmte Grundeinstellung zum Leben: Die Erfolgreichen waren alle der festen Überzeugung, dass sie den Lauf ihres Lebens selbst bestimmen würden, dass sie „Gestalter" ihres Lebens sind. („Ich entscheide doch, was ich jeden Tag tue und was nicht; wer denn sonst?") Im Gegensatz dazu waren die Erfolglosen davon überzeugt, dass sie Opfer ihres Schicksals sind. („Es ist doch eine Utopie zu glauben, dass wir unser Leben in der Hand haben. Wir sind von so vielen äußeren Umständen abhängig. Letztlich sind wir doch nur ein Spielball des Schicksals.")

Es ist müßig darüber zu diskutieren, wer Recht hat. Letztlich gibt es für beide Überzeugungen eine große Zahl von Argumenten, mit denen diese Ansichten untermauert werden können. Wichtiger ist, welche dieser Argumente wir persönlich überzeugender finden, nach welcher Überzeugung wir leben.

Wenn Sie glücklich und erfolgreich sein wollen, kommt es also darauf an, welches Bild Sie von Ihrem Leben haben, und das hängt davon ab, welche Eindrücke Sie von Ihrem Leben in den Vordergrund Ihres Bewusstseins holen. „Schon komisch: Wer immer nach Entschuldigungen außerhalb seines Selbst sucht, ist niemals froh, während der, der ohne Umschweife den eigenen Fehler ins Auge fasst und sich sagt: ‚Ich war schön dumm', fühlt sich durch diese Erfahrung sowohl gestärkt wie erheitert."[360]

Ähnlich äußert sich Brockert: „Um Glück zu empfinden, reicht es nicht, nur die Aufmerksamkeit auf die positiven Lebensereignisse zu richten und die Glücksmomente zu zählen. Zusätzlich müssen wir uns als Verursacher unseres Glücks erleben. Wirklich glücklich kann nur werden, wer das Glück unter Kontrolle hat."[361]

Nur wenn wir ein Gefühl der Kontrolle über unsere Umgebung entwickeln, also eine „Gestaltereinstellung" besitzen, geht es uns wirklich gut. „Je stärker das Kontrollgefühl entwickelt ist, desto höher sind auch die emotionale Stabilität und die Widerstandsfähigkeit gegenüber Stress, und desto häufiger kann man sich glücklich fühlen."[362]

In einer Untersuchung hat man bei älteren oder invaliden Personen in einem Heim durch verschiedene Maßnahmen wie Wahlmöglichkeit beim Essen oder der Zeitplanung, erleichterte Mobilität u. a. das Kontrollgefühl verbessert und dadurch erreicht, dass sich ihr Wohlbefinden beträchtlich steigerte.[363]

Eines der Grundbedürfnisse des Menschen besteht darin, dass wir ein Mindestmaß an Kontrolle über unsere Umwelt ausüben. Wenn wir uns ohnmächtig fühlen, wenn wir der Überzeugung sind, dass wir nichts (mehr) bewirken können, sind wir unglücklich. Das zeigte sich auch in einschlägigen Untersuchungen: Schulz und Decker[364], die das Glücksempfinden von Querschnittsgelähmten untersuchten und diese dazu länger begleiteten, fanden, dass subjektiv wahrgenommene Kontrollmöglichkeiten ihrem Wohlbefinden förderlich sind.

Je stärker wir uns selbst als Verursacher von Ereignissen sehen bzw. je seltener wir diese auf Zufall, Pech oder die anderen zurückführen, desto glücklicher sind wir – auch bei der Arbeit.[365]

„Tatsache ist, dass Menschen mit einer Leidenschaft für Kontrolle auf die Welt kommen und dass sie die Welt in der gleichen Disposition verlassen. Forschungsergebnisse zeigen, dass sie unglücklich, hilflos und depressiv werden, wenn sie irgendwann im Laufe des Lebens diese Fähigkeit verlieren."[366] Man kann die Bewohner eines Altenheims alleine dadurch glücklicher machen und ihre Lebenserwartung erhöhen, dass man ihnen die Verantwortung für die Pflege der Blumen überträgt.[367]

Besonders deutlich ist der Effekt der Persönlichkeitseigenschaft „internale Kontrollüberzeugungen" auf die Arbeitszufriedenheit. In unserer Terminologie kann man diesen Begriff mit „Gestaltergrundhaltung" übersetzen.[368] Natürlich dürfen wir auch die „internale Kontrollüberzeugung" oder die „Gestaltergrundhaltung" nicht übertreiben,[369] wir dürfen nicht glauben, alles beeinflussen zu können. „Wir dürfen nie vergessen, dass die Zukunft zwar gewiss nicht in unsere Hand gegeben ist, dass sie aber ebenso gewiss doch auch nicht ganz außerhalb unserer Macht steht; so werden wir uns weder darauf verlassen, dass eintritt, was wir erwarten, noch werden wir verzweifeln, als könne es überhaupt nicht eintreten."[370]

Der Philosoph Wilhelm Schmid sieht in der eigenverantwortlichen Gestaltung seines Lebens die Basis dessen, was er „Lebenskunst" nennt: „Wir allein sind – vor uns selbst – für dieses Leben verantwortlich, niemand sonst wird, schon gar am ultimativen Punkt (am Ende des Lebens), diese Verantwortung übernehmen. Lebenskunst ist die Ernsthaftigkeit des Versuchs, aus diesem Grund sich das Leben beizeiten selbst anzueignen und vielleicht sogar ein ‚schönes Leben' daraus zu machen."[371]

Gestaltergrundhaltung in Phasen des Unglücks

Ob wir in einer bestimmten Situation eher eine Opfer- oder die Gestalterhaltung im Vordergrund sehen, hängt sicher auch von den Lebensumständen ab. Wenn es uns gut geht, wenn wir im Vollbesitz unserer körperlichen Kräfte sind, dann fällt es uns leicht, die Aspekte des Lebens im Vordergrund unseres Bewusstseins zu haben, die wir selbst gestalten können. Was aber ist, wenn wir krank sind, wenn uns die Sorge bedrückt, das unabwendbare Schicksal könne uns etwas nehmen, auf das wir nicht verzichten können, oder wenn wir uns in einer Situation befinden, aus der es nach unserem menschlichen Ermessen keinen Ausweg gibt?

Viktor Frankl, ein Psychologe, der viele Jahre im Konzentrationslager verbrachte, hat uns gezeigt, dass selbst in solch einer unendlich grausamen Situation, in der – von außen gesehen – die äußeren Gestaltungsmöglichkeiten des eigenen Lebens praktisch auf null reduziert sind, die Gestalterhaltung nicht verschwinden muss. „In der Art, wie ein Mensch sein unabwendbares Schicksal auf sich nimmt, ... darin eröffnet sich auch noch in den schwierigsten Situationen und noch bis zur letzten Minute des Lebens eine Fülle von Möglichkeiten, das Leben sinnvoll zu *gestalten*. Je nachdem, ob einer mutig und tapfer bleibt, würdig und selbstlos, oder aber im bis aufs äußerstem zugespitzten Kampf um die Selbsterhaltung sein Menschentum vergisst."[372]

Können wir eine Gestaltergrundhaltung lernen?

> *Lernen ist keinen Pfennig wert, wenn Mut und Freude*
> *auf dem Weg zum Lernziel verloren gehen.*
> Pestalozzi[373]

Die Gestaltergrundhaltung ist eine innere Einstellung und wie jede Einstellung wird sie im Laufe unseres Lebens von uns gebildet, wir „lernen" sie, sie ist auf keinen Fall angeboren.

Schon ein Kleinkind freut sich, wenn es entdeckt, dass es etwas erreichen kann. Das zeigt sich z. B. darin, dass es mutwillig etwas kaputt macht. Oder das Kind entdeckt, dass es Kontrolle über seine Umgebung hat, weil sofort jemand gerannt kommt, wenn es zu schreien beginnt. Diese Entdeckung der „Gestalterfähigkeiten" wird vielen Kindern allerdings schon früh ausgetrieben, sie werden „sozialisiert" und wenn die Eltern dabei besonders erfolgreich sind, lernen ihre Kinder, dass sie keinerlei Kontrolle über die Umwelt haben, dass sie vom Wohlwollen ihrer Eltern oder anderen Erziehungspersonen abhängig sind. In manchen

Fällen verlieren sie nie wieder die daraus entstehende Überzeugung, dass sie Opfer der Umstände sind.

Hiroto[374] hat wohl als erster vergleichbare Experimente mit Menschen durchgeführt.[375] Er bat die Versuchspersonen in einen Raum, in dem lauter Lärm zu hören war. Ihre Aufgabe bestand darin, herauszufinden, wie man den Lärm abstellt. Sie mussten verschiedene Kombinationen von Knöpfen auf einem Brett bedienen. Die eine Gruppe konnte diese Kombination finden und wandte sie auch an, während die andere Gruppe keine Chance hatte. Es gab keine Kombination, mit der sie den Lärm abstellen konnte. Eine Kontrollgruppe wurde keinem Lärm ausgesetzt.

Wenn der Gruppe von Versuchspersonen, die den Lärm nicht ausschalten konnten, in einer neuen Situation (ein anderer Ort, eine andere Zeit) wieder lauter Lärm geboten wurde, und sie die Hand in einer „Shuttelbox" hatten, mit der man den Lärm abstellen konnte, so versuchten die meisten von ihnen es noch nicht einmal, diesen Lärm abzustellen. Sie unternahmen nichts. Die anderen beiden Gruppen haben schnell gelernt, in der neuen Situation den Lärm zu unterbrechen.

Seligman[376] schreibt: „Wenn Menschen beigebracht werden kann, dass sie im Angesicht einer so trivialen Irritation wie Lärm hilflos sind, dann ist es leicht vorstellbar, dass Menschen im richtigen Leben auch Hilflosigkeit lernen können, wenn sie Situationen erleben, in denen ihre Aktionen vergeblich sind. Vielleicht können die menschlichen Reaktionen auf Verlust im Allgemeinen – Zurückweisung von jemandem, den wir lieben, Versagen bei der Arbeit, Tod eines Ehepartners – durch das Modell der gelernten Hilflosigkeit verstanden werden." Sicher gilt das besonders für Kinder, die ihr Bild von der Welt erst entwickeln.

Eine große Rolle spielen dabei unsere Vorbilder im Elternhaus, aber auch die Erfahrungen in der Schule: Gut gesichert ist die Erkenntnis, dass die Erfahrung von Selbstwirksamkeit und aufmunternder Unterstützung durch die Lehrer Wohlbefinden in der Schule begünstigen.[377] Leider wird eine solche Erfahrung der Selbstwirksamkeit in der Schule nur selten vermittelt, die Kinder müssen grundsätzlich „stillsitzen" und gehorchen. Daher werden Kinder in der Schule in der Regel unglücklich. Bucher[378] fand bei einer Befragung von durchschnittlich 11-jährigen Schulkindern heraus, dass auf einer Skala mit fünf Punkten die Differenz zwischen dem Befinden in der Schule und auf dem Zahnarztsessel nur 0,6 Punkte beträgt.

Wir lernen also Grundeinstellungen zum Leben, selbst wenn uns das nicht immer bewusst ist, und im Prinzip können wir alles, was wir einmal gelernt haben, auch wieder verlernen, umlernen und neu lernen. Wir können dadurch auch über unsere Grundeinstellung entscheiden, wir können uns eine passende, unserem Leben förderliche Einstellung aussuchen und uns diese aneignen. Natürlich ist das nicht einfach, aber es ist grundsätzlich möglich.

Auch der schon zitierte Philosoph Wilhelm Schmid ist der Überzeugung, dass wir unsere Grundeinstellungen und damit die Lebenskunst erlernen können. „Das Subjekt der Lebenskunst bedarf der Übungen, die zu vollziehen sind, und der Techniken, die anzuwenden sind, um Selbstmächtigkeit zu gewinnen und sich und sein Leben zu gestalten. ... Die Philosophie der Lebenskunst umfasst daher eine Asketik, und zwar im antiken Sinne des Begriffs ...: Die Übung des Verzichts, der Entsagung, der Enthaltsamkeit, der Macht über die Macht der Lust."[379]

Letztlich geht es also darum, dass wir nur dann unsere Einstellungen und damit das Glück (die Lebenskunst) erlernen können, wenn wir uns in Willenskraft üben. Dabei geht es vor allem um unsere Gewohnheiten. „Sie (die Lebenskunst) wird durch eine regelmäßige Übung hergestellt und ist selbst geradezu der Inbegriff der Regelmäßigkeit, mit deren Hilfe überhaupt erst Haltungen (oder Einstellungen) geschaffen und Verhaltensweisen angeeignet werden."[380]

Einüben der Gestaltergrundhaltung durch Askese und Beeinflussung von Gewohnheiten

Wenn du den Mut hast, deine Komfortzone zu verlassen ...,
beginnst du, dein wahres menschliches Potential freizusetzen.
Sharma[381]

Gewohnheiten bestimmen nicht nur unser tägliches Verhalten, sie prägen unser ganzes Leben. Wir können also vor allem dann unser Leben beeinflussen, es nach unseren Wünschen gestalten und letztlich unsere Persönlichkeit formen, wenn es gelingt, unsere Gewohnheiten zu beeinflussen und unserem Willen unterzuordnen. So schaffen wir es auch, die Chancen für Glücksmomente zu erhöhen. Gewohnheiten sind für den Menschen das, was für das Tier die Instinkthandlungen sind. Sie helfen uns, das Leben zu meistern: Wir müssen nicht über jede Handlung nachdenken und immer wieder neue Entscheidungen treffen, das wäre zu anstrengend und würde zu lange dauern.

Wir haben oben beschrieben, wie sehr falsche Gewohnheiten die Fähigkeit, Glück zu empfinden, behindern. Wenn wir von Gewohnheiten sprechen, denken wir meist an routinierte Handlungen. Aber es gibt auch Gewohnheiten des Denkens und Urteilens. Ob Sie immer wieder im Laufe des Tages Ihrem Schicksal für empfangene Glücksgefühle danken, einem Bettler etwas geben oder einen anderen Autofahrer, der die Spur wechseln will, gewähren lassen, sind oft automatisch ablaufende Entscheidungen, während wir z. B. unser Bewusstsein auf das Gespräch mit dem Beifahrer oder auf die Nachrichten im Radio richten. Wir sprechen von Denk- oder Entscheidungsgewohnheiten. Vor allem im sozialen Bereich, im Umgang mit anderen Menschen, spielen Gewohnheiten eine große Rolle: wie wir Menschen begrüßen, wie wir mit der Situation umgehen, dass ein Mensch in unser „Hoheitsgebiet" eintritt (uns zu nahekommt), oder wie wir reagieren, wenn wir uns angegriffen fühlen. Ziehen wir uns zurück, werden wir aggressiv, werden wir zynisch usw.? Immer wenn wir gar nicht genug Zeit haben, um zu überlegen, was zu tun ist, müssen wir auf eingefahrene Handlungsroutinen zurückgreifen.

Wenn wir durch Disziplin für unser Glück förderliche Gewohnheiten einüben, dann ist das so, als ob wir Eisenbahngleise bauen, die uns zu unserem Ziel führen. Wenn uns das gelungen ist, müssen wir nicht jedes Mal erneut nach dem Weg suchen, und wir können uns auf Details konzentrieren, die wir sonst übersehen hätten. Eine wichtige Aufgabe der Lebenskunst besteht darin, ein Netz von Gewohnheiten zu knüpfen, oder „ein Schienennetz" zu bauen, um immer wieder in vertrauter Weise und ohne lange zu überlegen, auf den richtigen, das Wohlbefinden förderlichen Weg zu kommen.

„Das Problem der Gewohnheit ist das doppelte Dilemma, in das sie unweigerlich führt: Die Gewöhnung ermöglicht eine gelassene Lebensführung, bringt jedoch immer auch eine Abstumpfung mit sich, so dass es schwer wird, anderes als das Gewohnte wahrzunehmen, zu denken und zu fühlen; mechanische Abläufe führen zu einem Leerlauf des Lebens."[382] Wir sollten also nur einen begrenzten Teil unseres Lebens den Gewohnheiten anvertrauen und uns bewusst für das Andere, das Ungewohnte, Unbekannte offenhalten – auch um ungünstige Gewohnheiten frühzeitig zu erkennen. Um nicht in eingefahrenen Bahnen zu erstarren, sollten wir also bewusst auch die Flexibilität und Spontaneität in uns fördern.

Gestalterhaltung: Ziele haben und verfolgen

Ein Mensch mit Gestaltergrundhaltung hat fast immer Ziele, an denen er „arbeitet", für die er sich einsetzt, die er verfolgt. Die Überzeugung, etwas erreichen zu können, führt dazu, dass der Betreffende immer wieder Freude dabei empfindet, sich seine Wirksamkeit unter Beweis zu stellen. Solche Menschen bezeichnen sich eher als glücklich, denn sie sind immer aktiv und das Verfolgen von Zielen ist mit positiven Gefühlen verbunden.

Bei Cantor und Sanderson[383] kann man lesen: „Wenn Sie einen wirklich glücklichen Menschen beobachten, dann werden Sie feststellen, dass er ein Boot baut, eine Sinfonie schreibt, seinen Sohn erzieht, Dahlien züchtet oder in der Wüste Gobi nach Saurierknochen sucht."[384] Die Autoren haben sicher recht, denn Menschen, die auf ein Ziel hinarbeiten, das ihnen persönlich sinnvoll erscheint, sind weitaus glücklicher als Menschen, die keine erklärten Träume oder Ziele haben.

Dabei sollte man allerdings im Auge behalten, dass es „für unser Wohlbefinden weitaus wichtiger ist, mit sinnvollen und anspruchsvollen Tätigkeiten auf unser Ziel hinzuarbeiten, als es tatsächlich zu erreichen"[385]. Oscar Wilde wird das Zitat zugeschrieben: „Im Leben gibt es zwei Tragödien: Die eine ist die Nichterfüllung eines Herzenswunsches. – Die andere ist seine Erfüllung."[386] Wenn wir wirklich einmal am Ziel unserer Wünsche ankommen, sollten wir uns schleunigst um einen neuen Herzenswunsch bemühen.

Man konnte das physiologische Korrelat für diese Beobachtung finden: Die Erfüllung von Wünschen ist in aller Regel nur kurz und weniger beglückend als der Weg dorthin. Erwiesenermaßen wird in der freudigen Erwartung auf ein Ziel mehr Dopamin ins Belohnungssystem des Gehirns ausgeschüttet als dann, wenn dieses erreicht ist.[387]

Wege zum Glücklichsein: Sein Selbstwertgefühl stärken

Wenn du an dir nicht Freude hast, die Welt wird dir nicht Freude machen.

Paul Heyse[388]

Um glücklich und zufrieden zu sein, müssen wir nicht nur überzeugt sein, dass wir unseren Lebensweg bestimmen können, wir brauchen auch ein gutes, realistisches Selbstbild. Wir müssen mit uns selbst pfleglich und achtsam umgehen, müssen uns selbst schätzen und brauchen ein Mindestmaß an Selbstachtung.[389] André drückt es so aus:

> „Um häufig Glück zu verspüren, muss man daran arbeiten, in Freundschaft mit sich selbst zu leben. Wichtiger, als sich selbst zu lieben, ist noch, sein eigener bester Freund zu werden: Man sollte sich respektieren und ermutigen, sich selbst gegenüber tolerant und zugleich anspruchsvoll sein."[390]

Selbstachtung setzt voraus, dass wir dem „inneren Kritiker" keine zu laute Stimme geben. Wir müssen ihn ab und zu auch zum Schweigen bringen können.

Dazu muss man lernen,

- zu akzeptieren, dass man nicht immer perfekt sein kann, denn kein Mensch ist perfekt;
- sich für Fehler nicht zu bestrafen, oder sich Vorwürfe zu machen, sondern sie als Lernerfahrung zu betrachten;
- aus falschen, fehlerhaften Entscheidungen nicht die Konsequenz zu ziehen, dass wir uns in Zukunft gar nicht mehr entscheiden und daher auch nicht handeln.

Wir müssen uns akzeptieren, so wie wir sind, mit all unseren Schwächen und natürlich auch mit unseren positiven Seiten. Wenn wir die Kritik und die Schmähungen übernehmen, die wir im Laufe unseres Lebens vor allem als kleine Kinder zu hören bekamen, und daraus unser Selbstbild entwickeln, dann werden wir kaum glücklich werden können. Joanne Wood hat herausgefunden, dass Menschen mit hohem Selbstwertgefühl Glücksmomente besser genießen können und sich leichter aus trüben Stimmungen herausarbeiten können.[391]

Wenn Sie nicht das Glück hatten, in einer Umgebung aufzuwachsen, in der Sie ein positives Selbstwertgefühl entwickeln konnten, so hilft es wenig, wenn Sie versuchen, sich einzureden, dass Sie „perfekt" sind und das durch Leistung oder unbedingtes Vermeiden von Fehlern zu beweisen versuchen. Es hilft nicht, sich einen Selbstwert einzureden, indem Sie sich immer wieder vorsagen, wie toll Sie sind – wie das manche Ratgeber und Berater empfehlen. Viel wirksamer ist es, von den kritischen Gedanken sich selbst gegenüber Abstand zu nehmen und seine ganze Energie und Konzentration auf eine sinnvolle, Sie motivierende Aufgabe zu lenken. Wenn Sie sich auf diese Weise indirekt um Ihr Glück bemühen, dann werden Sie sich und ihre Selbstzweifel vergessen – und auf Grund der dann unvermeidlich eintretenden Erfolgserlebnisse auch ihr Selbstbild verbessern.

Wenn es darum geht, wie man mit sich selbst umgeht, dann stellt sich die Frage, welche Stellung man zu seinen Fehlern und unvermeidlichen Schwächen einnimmt. Man kann sie leugnen und versuchen zu verschleiern oder man gibt sie freimütig zu. Letztere Möglichkeit nennt Kristin Neff[392] "Selbstmitgefühl" (self-compassion). Sie versuchte diese Eigenschaft mit einem Fragebogen zu erfassen, der 26 Behauptungen enthielt, zu denen die Versuchspersonen Stellung nehmen sollten (z. B.: „Ich versuche, die mir unliebsamen Aspekte meiner Person zu verstehen und mit ihnen nachsichtig zu sein."). Neff, Rude und Kirkpatrick[393] legten diese und weitere Skalen, einschließlich Glück, 177 Studierenden vor und fanden heraus: Wer mit seinen Schwächen besser mitfühlen kann, ist glücklicher.

Zum Selbstbild gehört auch, wie wir unsere Erfolge und Misserfolge begründen, ob wir sie als Ausnahme oder als die Regel ansehen. Man spricht von „Kausalattribuierung". Seligmann[394] unterscheidet dabei zwei Dimensionen: Permanenz und Allumfassenheit: Glückliche Menschen sind der Überzeugung, wenn etwas schief geht, dass ihr Pech zeitlich begrenzt ist („Ich hatte heute eben einmal Pech, bin mit dem linken Fuß zuerst aufgestanden."), und dass das die Ausnahme war, während dann, wenn ihnen etwas gelungen ist, das die Regel ist und immer – oder zumindest meistens auch in Zukunft – so sein wird („Meine Auftritte kommen immer gut an"). Menschen, die die umgekehrte Interpretation vornehmen, die überzeugt sind, immer Pech zu haben, und die ihr Pech auf alles beziehen, was sie unternehmen, sind eher unglücklich („Ich bin eben ein Pechvogel!" „An dem Tag, an dem ich geboren wurde, hat Gott sich krankgemeldet!"[395]).

Wege zum Glück: Resilienz zeigen

Bewahre mich vor dem naiven Glauben, es müsse im Leben alles gelingen. Schenke mir die nüchterne Erkenntnis, dass Schwierigkeiten, Niederlagen, Misserfolge und Rückschläge eine selbstverständliche Zugabe zum Leben sind, durch die wir wachsen und reifen.
Antoine de Saint-Exupery[396]

Mach jedes Hindernis zu einer Gelegenheit!
Lance Armstrong[397]

Unter Resilienz versteht man die Fähigkeit, mit großen Belastungen so umzugehen, dass wir sie bewältigen.[398] Im vorherigen Abschnitt über die Gestaltergrundhaltung wurden die Experimente zur „erlernten Hilflosigkeit" zitiert. Dabei wurde eine wichtige Beobachtung nicht erwähnt, und zwar – wie Hiroto[399] bei diesen Experimenten herausgefunden hat –, dass einer von drei Menschen nicht hilflos reagiert hat, egal welchen Versuchsanordnungen man sie aussetzte, also auch dann, wenn diese Menschen die Erfahrung gemacht hatten, dass man den Lärm nicht abstellen kann. Andererseits reagierte eine von zehn Personen sofort hilflos und unternahm nichts, wenn sie dem Lärm ausgesetzt war, obwohl sie den Lärm hätte ausschalten können.

Es scheint also Menschen zu geben, die mit schwierigen Situationen gut umgehen können, während andere sofort kapitulieren. Für manche Menschen sind belastende Erlebnisse sogar eine Quelle für inneres Wachstum, und die damit verbundene Erfahrung von der erfolgreichen Überwindung solcher Situationen kann eine wichtige Quelle für Wohlbefinden darstellen.[400]

Man kann durch Schicksalsschläge seinen eigentlichen Sinn finden, dem man bis zu diesen einschneidenden Erlebnissen davongelaufen ist. Dazu müssen wir an die Wurzeln unseres Schmerzes gehen und sie so spüren, wie sie sind, ohne Selbstmitleid und ohne andere zu beschuldigen.

Resilienz zeigt sich öfter als wir es erwarten, und die Betroffenen beurteilen ihr Schicksal meist viel weniger schrecklich, als wir uns das als Außenstehende vorstellen.

- Es fällt uns daher schwer, zu glauben, dass wir jemals ein Leben hinter Gittern als „tolle Erfahrung" betrachten würden, wie es K. Sack in der New York Times[401] tat, nachdem er 39 Jahre unschuldig im Gefängnis verbracht hatte.

- Die meisten von uns schütteln ungläubig den Kopf, wenn ein Athlet, der ein grausames Jahr mit Chemotherapie, Bestrahlung und Operationen zugebracht hat, uns erzählt, dass dies „das Beste gewesen sei, dass ihm in diesem Leben passiert sei", wie es Lance Armstrong in seinem Buch[402] beschreibt.
- Wir können kaum glauben, dass man eine „Querschnittslähmung als ‚einzigartige Gelegenheit' sehen kann, die unserem Leben ‚eine neue Richtung gibt'", wie es Christopher Reeve in der Antrittsrede an der Ohio State University am 13. Juni 2003 tat.[403]

Die Liste ließe sich noch wesentlich erweitern. Sicher haben diese Menschen durch ihr Schicksal einen anderen Bezugsrahmen, wenn sie danach befragt werden, wie es ihnen geht, so wie das weiter oben beschrieben wurde.

Auch Lyubomirsky[404] berichtet von Untersuchungen, in denen Menschen aus einer belastenden Situation gestärkt hervorgegangen sind: „Tatsächlich berichten 70–80 Prozent aller, die einen geliebten Menschen verloren haben, dass sie etwas Positives in dieser Erfahrung gefunden haben."[405]. „Studien an Menschen mit traumatischen Erlebnissen haben ergeben, dass die überwältigende Mehrheit die Erfahrungen ganz gut verarbeitet hat. Ein bedeutender Teil dieser Menschen behauptet sogar, dass sich ihr Leben nach dem Ereignis verbessert hat."[406]

Nietzsches berühmter Satz: „Was mich nicht umbringt, macht mich stärker"[407] bewahrheitet sich bei vielen traumatischen Erfahrungen, denn immer wieder geben Personen an, sie seien diesen Erlebnissen gewachsen und hätten ungeahnte Reife und Charakterstärke an sich entdeckt.

Übergeordneter Glücksfaktor

Wege zum Glücklichsein: Die richtige Einstellung zum Leben finden

> *Es ist meine Überzeugung – eine Überzeugung, die*
> *durch Beweise gestützt wird – dass wir uns unseren*
> *Weg zum Erfolg und zum Glücklichsein denken können,*
> *so wie unseren Weg zum Versagen und zur Verzweiflung.*
> Manfred Kets de Vries[408]

Wir haben in den obigen Abschnitten bisher insgesamt 20 Wege zum Glück beschrieben und konnten diese

- dem Bedürfnis nach Befriedigung **physischer Bedingungen**,
- dem Bedürfnis nach **sozialen Beziehungen**,
- den **geistigen Bedürfnissen** und
- dem Bedürfnis nach einen positiven Selbstbild, dem Aufbau eines positiven **Ich-Bewusstseins** zuordnen.

Wir werden diese Liste hier noch um einen Aspekt ergänzen, der eine übergeordnete Funktion hat, die bei fast allen bisher beschriebenen Wegen zum Glück eine Rolle spielt: die **inneren Einstellungen**. Die inneren Einstellungen spielen eine so entscheidende Rolle für unser Leben und unser Glück, dass wir ihnen zum Schluss einen eigenen Abschnitt widmen.

Unter Einstellungen[409] versteht man eine gefühlsbetonte, in der Regel nicht rational begründete, innere Orientierung gegenüber dem, was uns begegnet, Personen, Gegenstände oder Ideen (Abstraktionen). Wir haben z. B. Einstellungen gegenüber Volksgruppen, wie „den Bayern", oder zu unserem Staat, zu unserer Regierung und zu jedem uns bekannten Mitglied unserer Regierung, aber auch zu den Parteien, denen sie angehören, zu unseren Freunden und Bekannten, natürlich auch zu uns selbst. Diese Einstellungen beeinflussen wesentlich unsere Wahrnehmung und unser Handeln. Einstellungen werden im Laufe des Lebens erworben (gelernt), wobei vor allem eigene Erfahrungen eine große Rolle spielen, die dann generalisiert werden. Wir übernehmen aber auch viele Einstellungen von unseren Eltern, von unseren Vorbildern oder aus Medien. Die Bildung und die Veränderung von Einstellungen wurden vor allem während und nach dem zweiten Weltkrieg in den USA gründlich untersucht.[410]

Jede Wahrnehmung wird von uns sofort bewertet,[411] und häufig ohne, dass uns das bewusst wird. Das war im Kampf ums Überleben für unsere Vorfahren besonders wichtig. Sie mussten schnell entscheiden, ob ein Tier ein Beutetier und damit willkommen oder ein gefährlicher Feind war, vor dem man so schnell wie möglich fliehen musste.

Gilbert[412] drück das so aus:

> „Die knapp eineinhalb Kilo schwere Gewebemasse zwischen unseren Ohren ist nicht nur einfach ein Aufzeichnungsgerät, sondern ein erstaunlich kluger Computer, der Informationen sammelt, scharfsinnige Urteile fällt und noch scharfsinnigere Vermutungen anstellt und uns so die subjektiv beste Interpretation der Welt liefert. Da diese Interpretationen normalerweise so gut sind und eine so starke Ähnlichkeit dazu aufweisen, wie die Welt tatsächlich beschaffen ist, erkennen wir nicht, dass wir nur eine Interpretation sehen."

Das gilt natürlich vor allem dann, wenn wir die Bewertung der Umwelt mit einbeziehen. Wir haben kein Interesse an der Welt an sich, sondern nur an den Dingen und Ereignissen, die für uns (positive oder negative) Bedeutung haben. Die Entscheidung, welche Wahrnehmung für uns Bedeutung besitzt, und uns dadurch überhaupt bewusstwird, ist sehr individuell und wiederum von unseren Einstellungen abhängig.

Wir bilden und übernehmen Einstellungen vor allem, um die Orientierung im Leben zu erleichtern und uns ein konfliktfreies Leben und damit Wohlbefinden zu ermöglichen. Sie sind also vor allem auch dazu da, uns glücklich zu machen. Oft erwerben wir aber auch Einstellungen, die uns Probleme machen. Das kann so weit gehen, dass daraus Störungen entstehen, die behandelt werden müssen. Albert Ellis, der Begründer der Rational-Emotiven-Therapie (RET) hat festgestellt:[413]

> „Die Therapieforschung hat gezeigt, dass emotionale Probleme hauptsächlich auf bestimmte Erwartungen und Einstellungen gegenüber sich selbst, anderen Menschen und der Welt zurückzuführen sind – und eben nicht nur von Erziehung und Umwelt abhängen."[414]

Einstellungen spielen auch eine große Rolle, wenn es darum geht, ob wir glücklich sind oder nicht. Viele – wenn nicht alle – bisher beschriebenen „Wege zum Glück" kann man auch als spezifische Einstellungen beschreiben: Wir genießen z. B. das, was uns an Wahrnehmungen begegnet, vor allem dann, wenn wir eine positive Haltung dazu haben, sie als Genüsse bewerten; wir können nur dann Wohlbefinden aus dem Zusammensein mit anderen Menschen (soziale Beziehungen) gewinnen, wenn wir eine positive Einstellung zu diesen Menschen haben usw. Wenn wir unglücklich sind, so ist das nicht selten eine Frage der Bewertung unserer Wahrnehmung, die von unseren Einstellungen ausgeht. Um unserem Unglück zu begegnen, müssen wir meistens unsere Einstellungen ändern.

Wie kann man hinderliche Einstellungen ändern und Glück fördernde Einstellungen übernehmen?

Einstellungen kann man in jedem Alter verändern. Wie leicht oder schwierig es ist, hängt davon ab, wie eng sie mit dem Selbstbild verbunden sind. Die verschiedenen Einstellungen, die letztlich unsere Persönlichkeit ausmachen, sind untereinander eng verknüpft, wobei die mühsam erworbene, mehr oder weniger positive Einstellung zu uns selbst, unser Selbstbild, uns besonders am Herzen liegt und gegenüber äußeren Einflüssen vehement verteidigt wird. Trotzdem passiert es immer wieder, dass sich unsere Einstellungen im Laufe des Lebens verändern und wir können unsere bewusste Selbststeuerung dazu nutzen, sie so zu verändern, dass wir glücklicher werden.

Der schon zitierte Ellis[415] betont: „Indem wir lernen, unsere selbstschädigenden Einstellungen zu verändern, entwickeln wir größere Fähigkeiten, mit gegenwärtigen Problemen umzugehen und ein freieres, unabhängigeres und emotional befriedigendes Leben zu führen." Oder etwas weiter hinten im gleichen Buch[416]: „Es liegen mehr als 200 kontrollierte wissenschaftliche Studien vor, die zeigen, dass Menschen ihre Handlungen und Gefühle viel besser in den Griff bekommen, wenn man sie darin unterweist, wie sie ihre negativen Vorstellungen verändern können."[417]

Ellis[418] sieht einen wichtigen und wirksamen Weg, die richtigen, das Glück fördernde Einstellungen zu übernehmen, darin, sich entsprechend zu verhalten: „Wie ich bereits 1962 ausführte und wie andere (wie z. B. Eysenck, Bandura und andere) bestätigten, ist es manchmal der beste – und in der Tat der einzige – Weg, eine fixe Idee aufzugeben, dass man sich zwingt, entgegengesetzt zu handeln. ... Sie können irrationale Ideen ändern, indem Sie entgegengesetzt handeln und indem Sie Verhaltensweisen annehmen, die Ihren früheren widersprechen." Wenn ein

Widerspruch zwischen dem eigenen Handeln und seinen Werthaltungen entsteht, dann versucht man, das daraus entstehende unangenehme Gefühl (die „kognitive Dissonanz") dadurch zu beseitigen, dass man seine Einstellungen dem Verhalten anpasst. Das ist ein Weg, seine Einstellungen gezielt zu beeinflussen, allerdings sicher nicht der einzige.[419]

Gegen die Veränderung von Einstellungen kann man natürlich einwenden, dass solche, die einem im ersten Moment in den Sinn kommen, realistischer sind, echter, und vielleicht eher der (subjektiven) Wahrheit entsprechen. Das kann, muss aber nicht sein. Aber kommt es überhaupt darauf an? Kann man Einstellungen überhaupt als „objektiv richtig" oder „objektiv falsch" beurteilen? Ist es für uns nicht besser, wir übernehmen die Einstellungen, die uns glücklicher machen, die uns von Stress und Sorge erlösen – auch dann, wenn sie sich vielleicht nicht objektiv beweisen lassen? „Die Menschen, die erwiesenermaßen immun gegen Illusionen sind, gehören zu den klinisch Depressiven", sagt Gilbert[420] und verweist dabei auf eine Untersuchung von Alloy und Abramson[421]. Gilbert weist auch darauf hin, dass „diese und weitere Untersuchungen einige Forscher zu der Schlussfolgerung veranlasst haben, dass das Gefühl der Kontrolle – ob real oder irreal – eine Quelle geistiger Gesundheit ist."[422]

Optimismus

Optimismus ist eine bestimmte Einstellung zu seinem Schicksal und zur Welt allgemein. Eine optimistische Einstellung zielt darauf, voller Zuversicht in die Zukunft zu blicken – und damit letztlich glücklich zu sein.

In einigen kritischen Büchern zum „positiven Denken" wird Optimismus mit einer „rosaroten Brille" gleichgesetzt.[423] Wir gebrauchen diesen Begriff hier anders. Ziel ist es, sich eine realistische, positive

Sichtweise von der Zukunft anzueignen. Es geht weniger darum, zu erwarten, dass sich nie wieder negative Erlebnisse ereignen, als vielmehr darum, sich sicher zu sein, dass man, was auch passieren möge, mit der richtigen Einstellung darüber hinwegkommt. Darüber hinaus bedeutet optimistisch zu sein, nicht nur, daran zu glauben, dass wir unser Ziel erreichen, sondern auch, dass wir eine genaue Vorstellung von dem Weg dorthin haben. Das ist ein typisches Wesensmerkmal von Menschen mit Gestaltergrundhaltung. Ein typischer „Gestalter" hat eine positive Einstellung zur Zukunft, ist also optimistisch, wobei sich seine Erwartungen oft erfüllen. Dabei ist die positive Eistellung oft die Ursache dafür, da durch sie die erwarteten Ereignisse begünstigt werden, oder die Geschehnisse werden von dem „Gestalter" so interpretiert, als entsprächen sie seinen Erwartungen.[424]

Wer optimistisch ist, hat auch eher Vertrauen zu anderen Menschen, zur Zukunft, zu allem, von dem wir abhängig sind. Vertrauen entsteht in früher Kindheit – aber auch noch im erwachsenen Leben: „Es wächst auf dem Boden sorgsam behandelter und gepflegter Beziehungen."[425] Glückliche Menschen haben ein positiveres Bild von den Personen in ihrem sozialen Nahbereich.[426] Die Befunde lassen sich als Bestätigung einer Top-down-Theorie des Glücks deuten: Das Glück entspringt einem Optimismus, der darin besteht, die Dinge positiv zu sehen. Sie versuchen nicht, sie „objektiv" zu sehen, also kritisch zu hinterfragen.

Lachen, Humor zeigen

Optimistisch zu sein und sich optimistisch und fröhlich zu verhalten wird häufig getrennt gesehen, dabei besteht ein wirksamer Weg, sich eine optimistische Sichtweise anzueignen, oft einfach darin, sich entsprechend zu verhalten. Natürlich ist fröhliches Verhalten nicht mit Optimismus gleichzusetzen. Aber wir können unser Lachen provozieren, indem wir uns entsprechenden Eindrücken aussetzen und uns ihnen gegenüber offen zeigen, z. B., indem wir lustige Bücher lesen oder Komödien ansehen. Dadurch schaffen wir eine gute Basis, uns in positiver, konstruktiver Weise mit uns selbst und unseren Problemen auseinanderzusetzen.

Nicola Baumann konnte zeigen, dass ihre Versuchspersonen, nachdem sie einen lustigen Film (Mr. Bean) gesehen hatten, einen besseren Zugang zu ihrem Selbst hatten und zu dem, was sie wirklich wollten, als nachdem sie sich einen Film mit schlimmen Szenen aus einem rumänischen Kinderheim angesehen hatten.[427] „Humor hilft also auch deshalb, Krisen und leidvolle Erfahrungen zu bewältigen, weil er genau das System aktiviert (wir müssen bei Witzen umdenken, fernliegende Assoziationen aktivieren), das negative Gefühle zu neutralisieren hilft: das Extensionsgedächtnis mit dem persönlichen Selbst."[428]

Zum Thema Lachen und Humor sollte nicht unerwähnt bleiben, dass Lachen gesund macht[429] und dass Freude und Lachen ebenso ansteckend wirken wie Traurigkeit.[430]

Teil III – Fazit

Zusammenfassung: Empfehlungen für ein glückliches Leben

Welche Empfehlungen kann man aus den vielen Untersuchungen und den persönlichen Erfahrungen für jemanden ableiten, der das Ziel verfolgt, das Geschenk des Lebens zu einer schönen Wanderung zu machen, die man – wenigstens die meiste Zeit – in vollen Zügen genießen kann, und auf der die schwierigen Passagen und weniger schönen Wegstrecken nur kurze überbrückbare Ausnahmen sind, die zu noch schöneren Ausblicken führen; eine Wanderung, an dessen Ende man sagen kann: „Sie war schön, sie war gelungen, ich würde den gleichen Weg noch einmal gehen!"? Mit anderen Worten: Welches sind die wichtigsten Empfehlungen für ein gelungenes, glückliches Leben?

Wie Sie mit den vier Hindernisse auf dem Weg zum Glück umgehen:

Angst: Wir können Ängste nicht vermeiden, wir können uns ihnen nur stellen, wir müssen uns mit ihnen aktiv auseinandersetzen.

Ärger und Wut: Negative Gefühle wie Ärger und Wut lassen sich neutralisieren, wenn wir uns in die Rolle dessen versetzen, der uns ärgert oder wütend macht und für ihn Verständnis entwickeln.

Negative innere Orientierung: Wir können weitgehend selbst entscheiden, welche Bewusstseinsinhalte sich im Vordergrund unseres Bewusstseins befinden. Hilfreich ist es, solche zu vermeiden, die positive Gefühle verhindern, und stattdessen erfreuliche Vorstellungen in den Vordergrund zu holen.

Falsche Gewohnheiten: Gewohnheiten gestalten unser Leben. Achten Sie darauf, ob Ihre Gewohnheiten für Ihr Glück förderlich oder hinderlich sind und verändern Sie nötigenfalls Ihre Gewohnheiten.

Um glücklich zu sein, müssen wir vier Mangelzustände berücksichtigen:

Beseitigung von Armut: Wohlstand macht nicht glücklich, aber Armut macht unglücklich. Versuchen Sie Ihre Grenzlinie zwischen Armut und Wohlstand möglichst niedrig zu halten, also mit möglichst wenig auszukommen, dann sind Sie wahrscheinlich immer „reich" und ein Verzicht auf Konsumgüter wird Sie nicht unglücklich machen.

Alter: Untersuchungen zeigen: Wir können auch im Alter noch glücklich sein, wenn wir aktiv und selbstbestimmt bleiben und uns mit Menschen umgeben, die uns sympathisch sind.

Gesundheit: Es ist leichter glücklich zu sein, wenn wir gesund sind. Gesundheit ist ein Gut, für das wir einiges tun können, aber uns sollte auch die Sorge vor Krankheit nicht ängstigen: auch als Kranke können wir glücklich sein.

Gutes Wetter und schöne Umgebung: Die Umgebung hat langfristig weniger Einfluss auf unser Wohlbefinden, als wir das erwarten. Gönnen Sie sich aber doch immer wieder Abwechslung, indem Sie z. B. Sonne und das Leben in freier Natur genießen, wenn Sie eine Zeit lang darauf verzichten mussten.

Welche der 21 Glücksfaktoren bevorzugen Sie?

Besonders wichtig für Wohlergehen und Glück sind die hier dargestellten einundzwanzig Glücksfaktoren. Nicht für jeden, sind alle Faktoren hilfreich. Suchen Sie sich die, die Ihnen persönlich besonders wichtig sind:

Physische Bedingungen

Genießen: Viele Glücksmomente haben mit der Wahrnehmung von Sinneseindrücken zu tun: Essen, Trinken, Musik hören usw. Besonders schöne Erlebnisse können wir erleben, wenn wir uns längere Zeit einen bestimmten Genuss versagt und daher ein besonderes Bedürfnis dafür entwickelt haben.

Körperliche Gesundheit, Bewegung, Sport treiben: Wir Menschen sind auch von unserem Körper abhängig. Es ist faszinierend, wie sehr die Seele, der seelisch-geistige Zustand auf den Körper wirken kann, aber auch wie sehr der Zustand der Seele vom Körper abhängig ist. Wenn wir nicht genügend Sauerstoff (z. B. durch Körperübungen) ins Gehirn transportieren, lassen auch unsere Geisteskräfte nach und wir werden unglücklich und riskieren, krank zu werden.

Kunstgenuss: Neben körperlichen Genüssen gibt es auch „geistige", die uns Glücksmomente bescheren können. Um diese voll genießen zu können, müssen wir uns diesen Eindrücken öffnen, wozu auch zählt, dass wir uns mit der betreffenden Kunstgattung intensiv auseinandersetzen.

Soziale Beziehungen

Freunde, Partner, Kinder: Der befriedigende Umgang mit anderen Menschen ist einer der wichtigsten, aber auch der am schwierigsten zu realisierende Glücksfaktor. Die Tatsache, dass wir uns heute in der westlichen Welt alle notwendige Unterstützung kaufen können, sollte nicht dazu führen, dass wir uns weniger um Freunde und Partner bemühen.

Exkurs über die Liebe: Die Liebe in jeder Form ist die stärkste Kraft, die uns über uns hinauswachsen lässt und Wohlergehen und Glück beschert. Es lohnt sich, alle Risiken und Mühen in Kauf zu nehmen, um dieses Gefühl in sich zu pflegen und zu aktivieren, wobei wir Liebe nicht mit Verliebtsein und Sex verwechseln sollten.

Altruismus, Helfen: Ein wichtiger Weg, selbst Glück zu empfinden, besteht darin, dass wir anderen Glück schenken. Wenn es uns selbst gut geht, sind wir eher bereit, anderen etwas Gutes zu tun.

Stellung in der Gesellschaft: Eine hohe Stellung in der Gesellschaft zu genießen, war zu allen Zeiten ein Ziel vieler Menschen und eine Quelle für Glücksmomente. Die öffentliche Meinung ist allerdings sehr wankelmütig und man sollte sich daher hüten, sein Glück zu sehr von ihr abhängig zu machen.

Dankbarkeit: Zum Glücklichsein gehört auch das dankbare Annehmen von „Geschenken", solche, die uns von anderen Menschen oder vom Schicksal angeboten werden. Unsere Dankbarkeit sorgt dafür, dass wir all das, was uns gegeben ist, nicht als selbstverständlich annehmen und uns darüber freuen, daraus Glücksgefühle schöpfen.

Geistige Bedürfnisse

Verzeihen, Vergeben: Wer die Erinnerung an ein erlittenes Unrecht und die daraus entstehenden Rachegedanken ewig mit sich herumträgt und sie nicht loslassen kann, bleibt in sich gefangen und kann kein Glück erleben. Anderen zu verzeihen, stellt daher eine wichtige Quelle für Wohlergehen dar.

Sinn erleben: Nur dann, wenn wir das, was wir tun, auch als sinnvoll erleben, sind wir motiviert und dabei glücklich. Sinnlosigkeit kann zu psychischen Krankheiten führen, während uns das Gefühl von Sinnhaftigkeit glücklich machen kann und auch schwere Schicksale ertragen lässt.

Glaube, Spiritualität, Meditation: Ein fester Glaube ist ein Weg zum Glück, allerdings nur dann, wenn wir nicht an einen strafenden, sondern an einen vergebenden und gütigen Gott glauben. Meditation, in welcher Form auch immer, fördert das Glücklichsein.

Aufbau eines positiven Ich-Bewusstseins

Aktiv sein, Arbeiten: Glück zu erleben, ist fast immer mit Tätigsein verbunden. Wenn wir eine Aufgabe haben, von deren Bedeutung wir überzeugt sind, wenn wir etwas schaffen, wenn wir an einer für die Allgemeinheit wichtigen Aufgabe arbeiten, wenn wir aktiv sind, konzentrieren wir uns auf etwas, das außerhalb unseres Selbst liegt. Besonderes Wohlergehen können wir aus dem Aktivsein schöpfen, wenn wir es gemeinsam mit anderen Menschen vollziehen, die wir schätzen und von denen wir geschätzt werden.

Flow erleben: Ein Weg zum Glück besteht darin, sich völlig einer Aufgabe hinzugeben, die man gerne tut, in der man kompetent ist, auf die man sich zu 100% konzentriert. Um möglichst oft einen Flow zu erleben, sollte man daher für Themen offen sein und sich entsprechende Kompetenzen aneignen.

Sport treiben: Sich regelmäßig, am besten einmal am Tag körperlich anzustrengen, ist nicht nur ein Garant für bessere Stimmung und weniger Depression, es ist auch die Gewähr für körperliche Gesundheit.

Erfolg haben, sich mit anderen vergleichen: Jeder der aktiv ist, möchte sein gesetztes Ziel erreichen und ist glücklich, wenn ihm das gelingt. Ein Teil dieses Glücks besteht in dem Stolz, dass einem etwas Schwieriges und Anstrengendes geglückt ist. Problematisch ist es, wenn wir unsere Leistung immer mit anderen, vor allem besseren, vergleichen und das Gefühl haben, Erfolge müssen Anerkennung von außen nach sich ziehen.

Neue Erkenntnisse haben, Geheimnisse entdecken, neugierig sein: Seine Neugier befriedigen, Neues entdecken, Einsichten haben ist für viele Menschen ein wichtiger Weg zu Glück und Zufriedenheit. Bewahren sie sich das Staunen über die vielen Aspekte unseres Planeten und Universums, bleiben Sie neugierig und versuchen Sie in jedem Alter, für Sie neue Entdeckungen zu machen.

Lernen, persönliches Wachstum: Der Mensch ist ein lernendes Wesen. Wir werden kaum durch angeborene Instinkte gesteuert, sondern müssen fast alles, was wir im Laufe unseres Lebens tun, zuerst lernen. Das erfolgreiche Lernen macht uns aber nicht nur glücklich, weil wir dann etwas leisten können, sondern weil wir dabei erleben, dass wir als Person wachsen. Durch Lernen entwickeln wir auch unsere Persönlichkeit.

Gestalterhaltung, Selbstwirksamkeit erleben: Wir Menschen erleben Glück, wenn wir die Chance haben, Einfluss auf unsere Lebensumstände und unseren Lebensweg, vielleicht sogar auf den Lauf der Welt zu nehmen. Wir erreichen das – und werden dann Glücksgefühle daraus schöpfen –, wenn wir eine Gestaltergrundhaltung besitzen, wenn wir überzeugt sind, Gestalter unseres Schicksals (und des Schicksals unserer Welt) zu sein, wenn wir uns „selbstwirksam" erleben. Um diese Gestaltergrundhaltung zu erlernen, müssen wir die richtigen Gewohnheiten übernehmen, was uns wohl nur gelingt, wenn wir eine gewisse Askese und damit Selbstdisziplin pflegen.

Selbstwertgefühl: Menschen mit hohem Selbstwertgefühl können Glücksmomente eher genießen. Der beste Weg zu einem besseren Selbstbild besteht darin, sich ganz einer Aufgabe zu widmen.

Resilienz: Viele Menschen erleben im Laufe ihres Lebens mehr oder weniger große Schicksalsschläge. Die Überwindung solcher schwierigen Lebenssituationen stärkt nicht nur unsere Persönlichkeit, sondern kann auch eine Quelle von Glück darstellen.

Übergeordneter Aspekt

Einstellungen: Unsere Einstellungen bestimmen weitgehend unseren Lebensweg und es gibt keine wichtigere „Stellgröße" für unser Wohlergehen und unser Glück. Die richtige Einstellung ist Voraussetzung für die Wirksamkeit der anderen aufgezählten 20 Glücksfaktoren. Das Entscheidende dabei ist die Erkenntnis der Psychologie, dass wir die Verantwortung für unsere Einstellungen übernehmen können. Wir sind in der Lage zu entscheiden, welche Einstellungen wir besitzen, die in uns wirksam werden, und negative, das Glück behindernde Einstellungen zu verändern. Damit haben wir den Schlüssel für unser Glück in der Hand.

Schlussbetrachtung

Streben nach Glück und Egoismus

So merkwürdig es auch klingen mag, das Leben wird heiter und voller
Freude genau dann, wenn selbstsüchtiges Vergnügen und persönlicher
Erfolg nicht mehr die Ziele sind, von denen man sich leiten lässt.
Mihaly Csikszentmihalyi

Ist es nicht ein Zeichen von Egoismus, wenn wir unser Leben darauf ausrichten, glücklich zu sein? Diesen Vorwurf höre ich immer wieder und er ist berechtigt. Man kann sogar sagen, dass die andauernde, intensive Beschäftigung mit sich selbst, der Versuch direkt und ohne Umwege das Glück zu erjagen, nicht nur egoistisch, sondern egozentrisch ist und sogar unglücklich macht.

Als Coach begegnen mir immer wieder Menschen, die sich aus einer kritischen Lebenssituation heraus in Therapie begeben haben – und in dieser Therapie „hängen geblieben" sind. Ich habe vor allem Menschen vor Augen, die unter dem heute immer häufiger diagnostizierten „Burnout-Syndrom" leiden oder gelitten haben. Sie sind von Therapeuten zu Therapeuten gegangen, von Klinik zu Klinik. Sie haben dort gelernt, sich um sich selbst zu kümmern, sich darauf zu konzentrieren, herauszufinden, was ihnen guttut, wie sie ihre Seele in Watte packen und möglichst viele Glücksmomente in ihrem Leben ergattern können. Wenn man mit ihnen spricht, hat man das Gefühl, dass es nur ein Gesprächsthema gibt, und das sind sie selbst, ihre fantastischen Erfahrungen, die sie im Rahmen der Therapie gemacht, oder die glück-bringenden Einsichten, die sie gewonnen haben. Für einen Psychologen ist das eine gewisse Zeit ganz interessant, aber auf die Dauer wiederholen sich die Themen immer wieder, man hat den Eindruck, das alles schon einmal gehört zu haben. Man fragt sich dann nur noch, wie man sich (ohne unhöflich zu sein) dem Gespräch entziehen kann. Entsprechend sind solche Menschen auch einsam, denn keiner kann es auf die Dauer ertragen, dass das einzige Thema die eigene Person ist.

Meine Erfahrung ist: Nur wenn wir uns nicht primär um uns selbst kümmern, nur wenn wir unser Herz „an etwas hängen", sind wir gefeit davor, egoistisch oder sogar egozentrisch zu sein und nur dann können wir wahres Glück erreichen und ein erfülltes Leben führen. Wer diese Form des Glücks erreicht hat, der hat auch viele (echte) Freunde.

Glück und die Gesellschaft

Der Fokus dieses Buches liegt auf den Möglichkeiten des Einzelnen, seine Glücksgefühle zu steigern. Man kann die hier dargestellten Punkte auch weitgehend auf die Gemeinschaft anwenden. Was wäre, wenn sich die Politik erfolgreich darum bemühen würde, dass z.B. die Deutschen insgesamt glücklicher wären (s. Bhutan)? Man kann zum Beispiel davon ausgehen, dass sich das günstig auf den Krankenstand und damit die Kosten, die mit Krankheit verbunden sind, und die Aggression der Menschen untereinander auswirken würde. Die Werbung könnte hier einen großen Einfluss nehmen: Stellen Sie sich vor, dass im gleichen Umfang, wie heute für Produkte Werbung gemacht wird, die der Gemeinschaft schaden (Werbung für Rauchwaren, für alkoholische Getränke usw.) für Verhaltensweisen gemacht würde, die sich positiv auf das Miteinander und auf das Glücklichsein auswirken: Mitgefühl, Kollegialität, Empathie, Ehrlichkeit, Toleranz usw.!

Leider sprengt es den Rahmen dieses Buches, näher darauf einzugehen.

Sie sind Ihres Glückes Schmied!

Das Thema „Glück" konnte hier nur in Ansätzen behandelt werden. Natürlich hätte man jedes einzelne Kapitel viel ausführlicher angehen können. Dieses Buch sollte Ihnen einen Überblick über einige wichtige Aspekte der Frage geben, wie man sein Leben an Glück ausrichten kann. Die Antworten werden bei jedem Menschen anders ausfallen. So kann ich nur empfehlen, dass Sie sich ihren persönlichen Weg aus den vielen angebotenen Aspekten wählen, um sich dann intensiver damit zu beschäftigen.

Ich wünsche Ihnen von Herzen viel Erfolg bei der Suche nach Ihrem Weg zum Glück.

Teil IV – Anhang

Literatur

Abbe, A.; Tkach C. & Lyubomirsky, S. (2003). The art of living by dispositionally happy people. *Journal of Happiness Studies, 4,* 385–404.

Abercrombie, Joe (2011). *Königsklingen.* München: Heyne Verlag.

Abele, Andreea & Becker, P. (Hrsg.) (1991). *Wohlbefinden. Theorie – Empirie – Diagnostik.* Weinheim, München: Juventa Verlag.

Ahuvia, Aaron & Izberk-Bilgin, Elif (2014). Well-being in consumer societies. In David, S. A.; Bowell, I. & Conley Ayers, A. (Eds.). *The Oxford handbook of happiness.* Oxford: Oxford University Press.

Alain (1928). *Die Pflicht glücklich zu sein.* Deutschsprachige Ausgabe 1982. Hier zitiert aus der 13. Auflage (2020). Berlin: Suhrkamp.

Alberti, Sophie (1883). *Von allen Zweigen: neuere lyrische Dichtung.* Berlin: Verlag H. W. Müller.

Alloy, L. B. & Abramson, L. Y. (1979). Judgment of contingency in depressed and non depressed students: Sadder but wiser? *Journal of Experimental Psychology: General,* 108, 441–485.

Allport, G. W. (1970). *Gestalt und Wachstum der Persönlichkeit.* Meisenhain am Glan: Hain Verlag.

André, C. (2005). *Einfach glücklich. Der Schlüssel zum positiven Lebensgefühl.* Berlin: Ullstein Taschenbuch.

Armstrong, Lance (2001). *It's not about the bike. My journey back to life.* New York: Berkley Book.

Aristoteles (2023). *Nikomachische Ethik.* Übersetzt von Dr. Eug. Rolfes. Köln: Anaconda.

Aristoteles (1998). *Politik.* Reclams Universalbibliothek. Ditzingen: Philipp Reclam jun. Verlag.

Argyle, C. (2001). *The Psychology of Happiness.* Hove: Routledge.

Bartels, A., & Zeki, S. (2000). The neural correlates of romantic love. *NeuroImage,* 21(3), S. 1102-1114.

Berger, Karl (1914). *Schiller: Sein Leben und sein Werk.* München: C. H. Beck Verlag.

Berndt, Christina (2014). *Resilienz. Das Geheimnis der psychischen Widerstandskraft. Was uns stark macht gegen Stress, Depressionen und Burn-out.* 12. Auflage. München: Deutscher Taschenbuchverlag.

Betz, Robert (2011). *Willst du normal sein oder glücklich? Aufbruch in ein neues Leben und Lieben.* 43. Auflage. München: Heine Verlag.

Biddle, S. & Mutrie, N. (1991). *Psychology of physical activity and exercise.* London: Springer Verlag.

Birkenbihl, Vera F. (2001). *Humor: An ihrem Lachen sollt ihr sie erkennen. Wie Humor unser Leben beeinflusst.* München: Moderne Verlagsgesellschaft.

Biswas-Diener, R., Vitterso, J. & Diener, E. (2005). Most people are pretty happy, but there is cultural variation: The Inughiti, the Amish, and the Massai. *Journal of Happiness Studies, 6,* 205–226.

Blumenthal, J. A., Babyak, M. A., Moore, K. A., Craighead, E, Herman, S., Khatri, P., Waugh, R., Napolitano, M. A., Forman, L. M., Appelbaum, M., Dorainswamy, P. M. & Krishnan, K. R. (1999). Effects of exercise training on older patients with major depression. *Archives of Internal Medicine, 159,* 2349–2356.

Borgonovi, F. (2008). Doing well by doing good. The relationship between formal volunteering and self-reported health and happiness. *Social Science and Medicine, 66,* 2321–2334.

Bormans, Leo (Hrsg.) (2017). *Glück. The New World of Happiness. Mit den neuesten Erkenntnissen aus der Glücksforschung.* Köln: Dumont Verlag.

Breterton, F., Clinch, P. & Ferreira, S. (2008). Happiness, geography and the environment. *Ecological Economics, 65,* 386–396.

Brickman, P., Coates, D. & Brackett, M. A. (2007). Lottery winners and accident victims: Is happiness relative? *Journal of Personality and Social Psychology, 36*(8), pp. 917–927.

Brockert, Siegfried (2002). *Verführung zum Glück. Anleitung für ein Leben, das sich zu leben lohnt.* Landsberg – München: mvg im Verlag Moderne Industrie.

Brooks, R. & Goldstein, S. (2003). *The Power of Resilience. Achieving Balance, Confidence, and Personal Strength in Your Life.* New York: McGraw-Hill, Contemporary Books.

Brüggemann, Herrmann (1997). *Liebe Dein Leben.* 11. Auflage. München: Herder Verlag

Bryant, F. B., Smart, C. M. & King, S. P. (2005*). Using the past to enhance the present: Boosting happiness through positive reminiscence. Journal of Happiness Studies, 6,* 227–260.

Bucher, Anton A. (2001). *Was Kinder glücklich macht. Historische, psychologische und empirische Annäherung an Kindheitsglück.* Weinheim: Juventa.

Bucher, Anton A. (2018). *Psychologie des Glücks. Ein Handbuch.* 2. Auflage. Weinheim: Beltz Verlag.

Bühler, Charlotte (1970). Vorstellungen vom Glück in unterschiedlichen Altersstufen. *Psychologische Beiträge, 12,* 173–185.

Calaprice, Alice (1997). *Einstein sagt. Zitate Einfälle Gedanken.* München/Zürich: Piper Verlag.

Carter, C. Sue & Getz, Lowell L. (1993). Monogamie bei der Präriewühlmaus. *Spektrum der Wissenschaft 8/*1993, 62.

Cavalli-Sforza, Luca & Francesco (2000). *Vom Glück auf Erden. Antworten auf die Frage nach dem Guten Leben.* Reinbek bei Hamburg: Rowohlt.

Campbell, A. (1981). *The sense of well-being in America: Recent patterns and trends.* New York: McGraw-Hill.

Cantor, N. & Sanderson, C. A. (1999). Life task participation and wellbeing. In D. Kahneman, E. Diener & N. Schwarz (Eds) (2003). *Well-being. The foundation of hedonic psychology* (pp. 230–243). New York: Russell Sage Foundation Publications.

Copra, Deepak (2023). *Das Leben in Fülle.* München: Irisiana Verlag.

Clark, Lee Anna & Watson, David (1988). Mood and The Mundane: Relation Between Daily Life and Self-Reported Mood. *Journal of Personality and Social Psychology, 54,* 296–308.

Cooper, Kenneth H. (1970). *Bewegungstraining. Praktische Anleitung zur Steigerung der Leistungsfähigkeit.* Frankfurt a. M.: Fischer Taschenbuch.

Cooper, H., Okamura, L., & Gurka, V. (1992). Social activity and subjective well-being. *Personality and Individual Differences, 13*(5), 573–583.

Covey, S. R. (1989). *The 7 habits of highly effective people. Powerful lessons in personal change.* New York: A Fireside Book, Published by Simon & Schuster.

Crews, D. J. & Landers, D. M. (1987). A meta-analytic review of aerobic fitness and reactivity to psychosocial stressors. *Medicine and Science in Sports and Exercise, 19* (5, Suppl.), 114–120.

Csikszentmihalyi, M. (1985). *Das flow-Erlebnis. Jenseits von Angst und Langeweile: Im Tun aufgehen.* (10. Aufl. 2008). Stuttgart: Klett-Cotta.

Csikszentmihalyi, M. (1995). *Dem Sinn des Lebens eine Zukunft geben. Eine Psychologie für das 3. Jahrtausend.* Stuttgart: Klett-Cotta.

Csikszentmihalyi, M. (2001). *Lebe gut. Wie Sie das Beste aus Ihrem Leben machen.* München: Deutscher Taschenbuchverlag.

Csikszentmihalyi, M. (2017). *Flow: Das Geheimnis des Glücks.* 11. Auflage (Übersetzt von Alkyone Pernice). Stuttgart: Klett-Cotta.

da Vinci, Leonardo (1270). *Von der Malerei. Nach dem Codex Vaticanus* Baden Baden: Urbinas.

da Vinci, Leonardo (1883). Philosophical Maxims, Nr. 1176, in: Jean Paul Richter (Hrsg./Übers.) (2022), *The Literary Works of Leonardo da Vinci,* Bd. 2, Killeshandra/Irland: Legare Street Press.

Dalai Lama (2004). *Der Weg zum Glück. Sinn im Leben finden.* Freiburg i. Br.: Verlag Herder.

Dalai Lama (2007). *Die Weisheit des Verzeihens. Ein Wegweiser für unsere Zeit.* Köln: Bastei Lübbe Taschenbuch.

David, S. A.; Bowell, I. & Conley Ayers, A. (2014) (Eds.). *The Oxford handbook of happiness.* Oxford: Oxford University Press.

Davidson, R. J. & Irwin, W. (1999). The functional neuroanatomy and affective style. Trends *in Cognitive Science, 3,* 11–21.

de Mello, Anthony (1990). *Awareness. The Perils and Opportunities of Reality.* New York: Image Books. Doubleday.

de Mello, Anthony (2005). *Warum der Schäfer jedes Wetter liebt. Weisheitsgeschichten.* München: Herder Verlag.

de Vries, Manfred Kets (2002). *Das Geheimnis erfolgreicher Manager. Führen mit Charisma und emotionaler Intelligenz.* New York: Financial Times Prentice Hall.

Dell, Michael (2022). *Nett sein und trotzdem gewinnen: Mein Weg vom Gründer zum CEO.* München: Redline Verlag.

Diener, E., Horwitz, J. & Emmons, R. A. (1985). Happiness of the very wealthy. *Social Indicators Research, 16,* 263–274.

Diener, E., Wolsic, B. & Fujita, F. (1995). Physical attractiveness on subjective well-being. *Journal of Personality and Social Psychology, 69,* 120–129.

Diener, E. & Oishi, S. (2000). Money and happiness: Income and subjective well-being across nations. In E. Diener & E. M. Suh (Eds.) *Culture and subjective well-being* (pp. 185–218). Cambridge MA: MIT Press.

Diener, E. & Seligmann, M. E. P. (2004). Beyond money: Toward an economy of well-being. *Psychological Science in the public interest, 5,* 1–31.

DiGiuseppe, R. A., Miller, N. J. & Trexler, L. D. (1979). A review of rational-emotive psychotherapy outcome studies. In A. Ellis & J. M. Whiteley (Eds.), *Theoretical and empirical foundations of rational-emotive therapy* (pp. 218–235). Monterey, CA: Brooks/Cole.

DIMDI (Hrsg.) (2010): ICD-10-GM 2010. *Systematisches Verzeichnis. Internationale statistische Klassifikation der Krankheiten und verwandter Gesundheitsprobleme (ICD)* – German Modification – Bearbeitet von Dr. med. Bernd Graubner. Stand: 1. Oktober 2009. Stuttgart: Kohlhammer.

Ellis, A. (2000). *Training der Gefühle. Wie Sie sich hartnäckig weigern, unglücklich zu sein.* Landsberg am Lech: Verlag Moderne Industrie. (Erste Veröffentlichung in den USA 1988 unter dem Titel: *How to stubbornly refuse to make yourself miserable about anything – yes anything.*)

Ellison, C. G. & Levin, J. S. (1998). The religious-health connection: Evidence, theory, and future directions. *Health Education and Behavior, 25,* 700–720.

Emmons, R. A. (1986). Personal striving: An approach to personality and subjective well-being. *Journal of Personality and Social Psychology, 51,* 1058–1068.

Emmons, R. A. & Shelton, C. (2002). Gratitude and the science of positive psychology. In C. R. Snyder and S. J. Lopez (Eds.). *Handbook of positive psychology.* (pp. 459–471). New York, NY: Oxford University Press.

Emmons, R. A. & McCullough, M. E. (2003). Counting blessings versus burdens: A experimental investigation of gratitude and subjective well-being in daily life. *Journal of Personality and Social Psychology, 84,* 377–389.

Epiktet (1954). *Handbüchlein der Moral und Unterredungen.* Stuttgart: Kröner Verlag.

Epikur (1973). *Philosophie der Freude.* Stuttgart: Kröner Verlag.

Epikur (2011). *Über das Glück.* 5. Auflage. Zürich: Diogenes Verlag.

Erikson, E. (1973). *Identität und Lebenszyklus.* Berlin.: Suhrkamp.

Esterling, B. A.; Kiecolt-Glaser, J. K.; Bodnat, J. C. & Glaser, R. (1994). Chronic stress, social support, and persistent alteration in the natural killer cell response to cytokines in older adults. *Health Psychology, 13*, 291–298.

Feingold, A. (1995). Good looking people are not what we think. *Psychological Bulletin, 111*, 304–341.

Ferrer-i-Carbonell, A. (2004). Income and well-being: An empirical analysis of the comparison income effect. *Journal of Public Economics, 89*, 997–1091.

Ferrer-i-Carbonell, A. & Gowdy, J. M. (2007). Environmental degradation and happiness. *Ecological Economics, 60*, 509–516.

Ferry, Luc (2009). *Leben lernen: Die Weisheiten der Mythen.* München: Antje Kunstermann Verlag.

Fisher, Helen (2004). *Why we love. The Nature and Chemistry of Romantic Love.* New York: Holt Paperbacks.

Fischer, I. (2006). *Arbeitszufriedenheit. Konzepte und empirische Befunde.* 2. Auflage. Göttingen: Hogrefe.

Flammer, A. (1990). *Erfahrungen der eigenen Wirksamkeit. Einführung in die Psychologie der Kontrollüberzeugung.* Bern: Huber.

Fontane, Theodor (1899/2019). *Der Stechlin.* Götheborg: eClassica.

Fontane, Theodor (2019). *Die Poggenpuhls.* Berlin: Aufbau Taschenbuch.

Frankl, Viktor E. (2006). *... trotzdem Ja zum Leben sagen. Ein Psychologe erlebt das Konzentrationslager.* 26. Auflag. München: dtv Taschenbuch.

Frankl, Viktor E. (2006*). Der Mensch auf der Suche nach Sinn.* München: Verlag Hans Huber.

Frankl, Viktor E. (2021). *Man's Search For Meaning: The classic tribute to hope from the Holocaust.* München: London: Penguin Books.

Frankl, Viktor E. (2023). *Theorie und Therapie der Neurosen. Einführung in Logotherapie und Existenzanalyse.* 10. Auflage. München: Ernst Reinhardt Verlag.

Fredrickson, Barbara L. (2011). *Die Macht der guten Gefühle. Wie eine positive Haltung Ihr Leben dauerhaft verändert.* Frankfurt a. M.: Campus Verlag.

Freud, Sigmund (1975). *Studienausgabe.* Band II. Psychologie des Unbewussten. Frankfurt a. M.: Fischer Verlag

Freud, Sigmund (2005). *Die Zukunft einer Illusion.* Frankfurt a. M.: Fischer Verlag (Erstveröffentlichung 1927).

Freud, Sigmund (2009). *Das Unbehagen in der Kultur und andere kulturtheoretische Schriften.* Erste Veröffentlichung 1930. Frankfurt a. M.: Fischer Verlag.

Frey, B. S. & Stutzer, A. (2002). *Happiness and economics: How the economy and institutions affect human well-being.* Princeton: Princeton University Press.

Fromm, Erich (1956). *Die Kunst des Liebens.* Frankfurt a. M., Berlien, Wien: Ullstein Verlag.

Furnham A. & Cheng, H. (1997). Personality and Happiness. *Psychological Reports, 80*, 761–762.

Gawdat, Ma (2017). *Die Formel für Glück. Wie sie diese nutzen.* München: Redline Verlag.

Gide, André (1989). *Gesammelte Werke.* Band I: Stirb und werde. Stuttgart: DVA-Verlag.

Gilbert, Daniel (2008). *Ins Glück stolpern. Suche dein Glück nicht, dann findet es dich von selbst.* München: Goldmann.

Gilbert, Elizabeth (2022). *Eat, Pray, Love: Eine Frau auf der Suche nach allem quer durch Italien, Indien und Indonesien.* Frankfurt a. M.: Fischer Taschenbuch.

Göpel, Maja (2020). *Unsere Welt neu denken. Eine Einladung.* Berlin: Ullstein Verlag.

Gottschling, Sven (2018). *Leben bis zuletzt. Was wir für ein gutes Sterben tun können.* München: Fischer Taschenbuch.

Green, A. M. et al. (2003). Happy mood decreases self-focused attention. *British Journal of Social Psychology.*

Gurari, I., Hetts, J. J. & Dtrube, M. J. (2006). Beauty in the „I" of the beholder: Effects of idealized media portrayals on implicit self-image. *Basic and Applied Social Psychology, 28,* 273–282.

Gutman, Leslie Morrison & Vorhaus, John (2012): *Die Auswirkungen des Verhaltens und des Wohlbefindens von Schülern auf die Bildung traditionelle Ergebnisse.* London: Bildungsministerium.

Goodall, Jane (1968). *The Chimpanzees of Gombe. Patterns of Behavior.* Cambridge, Massachusetts, and London: The Belknap Press of Harvard University Press.

Goethe, Johann Wolfgang von (1981). *Die Leiden des jungen Werther.* 3. Auflage 1982. (Erstveröffentlichung: 1774.) Frankfurt a. M.: Insel Verlag.

Goethe, Johann Wolfgang von (2013). *Maximen und Reflexionen.* Berlin: Holzinger Verlag.

Goleman, D. (1997). *EQ. Emotionale Intelligenz.* München: dtv Taschenbuch.

Gottman, J. M. (2014). *Die 7 Geheimnisse der glücklichen Ehe.* 11. Auflage. Berlin: Ullstein.

Hagenauer, Gerda & Hascher, Tina (2018): *Emotionen in Schule und Hochschule.* Münster: Waxmann.

Harenberg, Bodo (2002*). Lexikon der Sprichwörter & Zitate.* 3. Auflage. Dortmund: Harenberg Kommunikation Verlags- und Medien GmbH & Co. GK.

Hascher, T. (2004). *Wohlbefinden in der Schule.* Münster: Waxmann.

Hascher, Tina & Hagenauer, Gerda (2010): Lernen: Genuss in der frühen Adoleszenz. *Bildung Forschung und Bewertung, 16,* 6, 495–516.

Hascher, Tina & Hagenauer, Gerda (2018). Die Bedeutung von Qualitätsfaktoren des Unterrichts und Lernemotionen für das Wohlbefinden in der Schule. In: Hagenauer, Gerda & Hascher, Tina (Hrsg.): *Emotionen und Emotionsregulation in Schule und Hochschule* (S. 103–120*).* Münster: Waxmann.

Havel, Václav (2018). *The Power of the Powerless.* London: Penguin Random House, UK. Vintage Classics.

Hawking, Stephen (2008). *Einsteins Traum. Expeditionen an die Grenzen der Raumzeit.* 9. Auflage. Reinbek bei Hamburg. Rowohlt Taschenbuch Verlag.

Hawking, Stephan (2010). *Eine kurze Geschichte der Zeit.* 5. Auflage. Berlin. Rororo Taschenbuch.

Heidenreich, Elke (2024). *Altern.* München: Carl Hanser Verlag.

Helliwell, J. F. (2003). How's life? Combining individual and national variables to explain subjective well-being. *Economical Modelling, 20,* 331–360.

Henderson, S., Argyle, M. & Furnham, A. (1984). *The assessment of positive life events.* Oxford, UK: University of Oxford, Department of Experimental Psychology.

Herrmann, Sebastian (2024). Glücklich verheiratet. *Süddeutsche Zeitung, Nr. 264,* vom 15.11. 2024, S. 14.

Hesse, Hermann (1972). *Das Glasperlenspiel: Versuche einer Lebensbeschreibung des Magister Ludi Joseph Knecht, samt Knechts hinterlassenen Schriften.* Berlin: Suhrkamp Verlag.

Hesse, Hermann (1974). *Der Steppenwolf.* Berlin: Suhrkamp Verlag.

Hesse, Hermann (2002). *Wer lieben kann ist glücklich.* 14. Auflage. Berlin: Insel Taschenbuch.

Hills, P.; Argyle, M. & Reeves, R. (2000). Individual differences in leisure satisfactions: An investigation of four theories of leisure motivation. *Personality and Individual Differences, 28,* 763–779.

Hiroto, D. S. (1974). Locus of control and learned helplessness. *Journal of Experimental Psychology, 102,* 187–193.

Holton, Gerald & Elkana, Yehuda (Hrsg.) (1982). *Albert Einstein Historical and Cultural Perspectives. The Centennial Symposium in Jerusalem.* Princeton: Princeton University Press.

Huffington, Ariana (2014). *Die Neuerfindung des Erfolgs: Weisheit, Staunen, Großzügigkeit – Was uns wirklich weiter bringt.* München: Riemann Verlag.

Hurrelmann, Klaus & Wolf, Hartmut (1986). *Schulerfolg und Schulversagen im Jugendalter: Fallanalysen von Bildungslaufbahnen.* Weinheim: Juventa.

Huxley, Aldous (1932). *Brave New World.* (Deutsch: Schöne neue Welt. (11. Auflage 2014). München: Fischer Taschenbuchverlag.

Huxley, Aldous (1945). *Religion and Time* (aka: Distractions 1), in Vedanta for the Western World, Hrsg. Cristopher Isherwood,

Huxley, Aldous (1970). *Die Pforten der Wahrnehmung. Himmel und Hölle: Erfahrungen mit Drogen.* München: Piper Verlag

JOB AG (2008). *Klima am Arbeitsplatz und Aufgaben sind die stärksten Einflussfaktoren der Arbeitszufriedenheit.* www.personaler-online.de/typo3/nicht-im-menue/personalnews/ (Stand: 9. 9. 2008).

Jung, Carl Gustav (1921) *Psychologische Typen,* Zürich: Rasch & Cie.

Jung, C. G. (1973). *Aion. Beiträge zur Symbolik des Selbst.* Olten, Freiburg i. Br.: Rascher Verlag.

Kankeleit, Otto (1958). *Das Unbewusste als Keimstätte des Schöpferischen. Selbstzeugnisse von Gelehrten, Dichtern und Künstlern.* München, Basel: Ernst Reinhardt Verlag.

Kant, Immanuel (1908). *Kritik der praktischen Vernunft.* In: Kants gesammelte Schriften, hrsg. von der Preußischen Akademie der Wissenschaft, Band V (5), Berlin.

Kant, Immanuel (2006). *Kritik der Urteilskraft.* Werksausgabe Band X, Herausgegeben von Wilhelm Weischedel, Berlin: Suhrkamp Taschenbuch.

Kellert, S. & Wilson, E. O. (1993). *The Biophilia hypothesis.* Washington, D. C.: Island Press.

Kenrick, D. T., Gutierres, S. & Goldberg, L. L. (1989). Influence of popular erotica on judgments of strangers and mates. *Journal of Experimental Social Psychology, 25,* 159–167.

Kessel, Martin (1960). *Gegengabe. Aphoristisches Kompendium für hellere Köpfe.* Neuwied: Luchterhand.

Knischek, Stefan (2008). *Lebensweisheiten berühmter Philosophen: 4000 Zitate von Aristoteles bis Wittgenstein.* Hannover: Humboldt Verlag

Koenig, H. G.; Pergament, K. L. & Nielsen, J. (1998). *Religious coping and health status in medically ill hospitalized older adults. Journal of Mental and Nervous Disease, 186,* 513–521.

Koenig, H. G.; McCullough, K. I. & Larson, D. B. (2001). *Handbook of Religion and Health.* Oxford: Oxford University Press.

Kross, E.; Verduyn, P.; Demiralp, E.; Park, J.; Lee, D. S.; Lin, N.; Shablack, H.; Jonides, J. & Ybarra, O. (2013). Facebook use predicts declines in subjective well-being in young adults. *PLoS One, 8*(8).

Krueger, R. F.; Hicks, B. M & McGue, M. (2001). Altruism and antisocial behavior: Independent tendencies, unique personality correlates, distinct etiologies. *Psychological Science, 12,* 397–402.

Kuhl, Julius (2001). *Motivation und Persönlichkeit. Interaktionen psychischer Systeme.* Göttingen: Hogrefe.

Kuhl, Julius (2015). *Spirituelle Intelligenz. Glaube zwischen Ich und Selbst.* 2., durchgesehene und erweiterte Auflage (Original 2005 erschienen unter dem Titel *Der kalte Krieg im Kopf. Wie Psychologie Naturwissenschaft und Religion verbindet).* Freiburg im Breisgau: Herder Verlag.

Kuhl, Julius & Strehlau, Alexander (2014). *Handlungspsychologische Grundlagen des Coaching. Anwendung der Theorie der Persönlichkeits-System-Interaktion (PSI).* Wiesbaden: Springer Fachmedien.

Langenscheidt, Paul (1927). *Lebenskunst. Aus drei Jahrtausenden Weltweisheit.* Berlin: P. Langenscheidt.

Langer, E. & Rodin, J. (1976). The effect of choice and enhanced personal responsibility for the aged: A field experiment in an institutional setting. *Journal of Personality and Social Psychology, 34,* 191–198.

Larsen, R. (1989). Is Feeling 'in Control' Related to Happiness in Daily Life? *Psychological Reports, 64*, 775–784.

Layard, R. (2005). *Happiness: Lessons form a new science.* New York: Penguin Books.

Le Bon, Gustave (1950/1961) *Psychologie der Massen.* Mit einer Einführung von Helmut Dingeldey. Stuttgart: Kröner Taschenbuch.

Lecomte, J. (1997). Le bien-e'tre au quotidien. *Sciences humaines, 75*, 26–29.

Lehr, U. (1985). Erfolgreiches Altwerden als Thema von Entwicklungsberatung. In J. Brandstädter & H. Gräser (Hrsg.), *Entwicklungsberatung unter den Aspekt der Lebensspanne.* (S. 150–173). Göttingen: Hogrefe.

Lewison, P. M. & Graf, M. (1973). Pleasant activities and depression. Journal of Consulting and Clinical Psychology, 41, 261–268.

Lu, L. & Argyle, M. (1993). TV watching, soap opera and happiness. *Kaohsiung Journal of Medical Science, 9*, 501–507.

Lyubomirsky, S. (2008). *Glücklich sein. Warum Sie es in der Hand haben, zufrieden zu leben.* Frankfurt a. M.: Campus.

Lyubomirsky, S. & Lepper, H. S. (1999). A measure of subjective happiness: Preliminary reliability and construct validation. *Social Indicators Research, 46*, 137–155.

Lyubomirsky, S., King, L. A. & Diener, E. (2005). The benefits of frequent positive effect: Does happiness lead to success? *Psychological Bulletin, 131*, 803–155.

Mandela, Nelson (2004). *Long Walk to Freedom. The Autobiography of Nelson Mandela.* Gekürzte Version von Coco Cachialia und Marc Suttner. London: Little, Brown & Co.

Marcuse, Ludwig (1964). *Aus den Papieren eines bejahrten Philosophie-Studenten.* München: Paul List Verlag.

Marcuse, Ludwig (1972). *Philosophie des Glücks von Hiob bis Freud.* Zürich: Diogenes Verlag.

Mannschatz, M. (2007). *Buddhas Anleitung zum Glücklichsein. Fünf Weisheiten, die Ihren Alltag verändern.* München: Gräfe und Unzer.

Martens, Jens-Uwe (2009). *Einstellungen erkennen, beeinflussen und nachhaltig verändern. Von der Kunst, das Leben aktiv zu gestalten.* Stuttgart: Kohlhammer Verlag.

Martens, Jens-Uwe (2010). *Schatzkiste für graue Tage. Wie man zum Gestalter seines eigenen Lebens wird. Mit Illustrationen von Don.* München: Buch&media Verlag.

Martens, Jens-Uwe (2012). *Im Herzen kennen wir das Zögern. Der Kleine Prinz als Begleiter durchs Leben.* Düsseldorf: Karl Rauch Verlag.

Martens, Jens-Uwe (2018). *Schatztruhe der Lebenserfahrung. Überraschende und lehrreiche Episoden aus einem bewegten Leben. Mit Fotographien von Jürgen Briem.* München: Buch&media Verlag.

Martens, Jens-Uwe & Begus, Birgit M. (2023). *Das Geheimnis seelischer Kraft. Wie Sie durch Resilienz Schicksalsschläge und Krisen überwinden.* Dritte Auflage Stuttgart: Kohlhammer Verlag.

Martens, Jens-Uwe & Kuhl, Julius (2023). *Die Kunst der Selbstmotivierung. Neuere Erkenntnisse der Motivationsforschung praktisch nutzen.* 7. erweiterte und aktualisierte Auflage. Stuttgart: Kohlhammer Verlag.

Martín-Fernaández, Jesús (2025). *Die Vermessung unserer Gefühle. Ein Neurochirurg erzählt von seiner Entdeckungsreise in die Tiefen des Gehirns.* München: Kösel Verlag.

Maslow, Abraham (2002). *Motivation und Persönlichkeit.* Reinbeck b. Hamburg: Rowohlt.

McCullough, M. E., Pargament, K. I. & Thoresen, C. E. (2000) (Eds.). *Forgiveness. Theory, research, and practice.* New York, London: Guilford Press.

McIntosh, D. N.; Silver, R. C. & Wortmann, C. B. (1993). *Religious's role in adjustment to negative life event: Coping with the loss of a child. Journal of Personality and Social Psychology,* 65, 812–821.

Memmi, A. (1996). *Anleitung zum Glücklichsein.* Hamburg: Europäische Verlagsgesellschaft.

Metzinger, Thomas (1999). *Willensfreiheit, transparente Selbstmodellierung und Anthropologiefolgenabschätzung* in *Beitrag der Geisteswissenschaften zu Innovationen.* Schriftenreihe des Fraunhofer-Instituts für Systemtechnik und Innovationsforschung, hrsg. v. Frieder Meyer-Krahmer und Siegfried Lange, Berlin: Physica Verlag.

Meyer, B. et al. (2007). Happiness and despair on the catwalk: Need satisfaction, wellbeing, and personality adjustment among fashion models. *The Journal of Positive Psychology,* 2, 2–17.

Mill, John Stuart (1869). *Grundsätze der politischen Ökonomie,* 3. Bd., 4. Buch, 3. deutsche Ausgabe Fues (Reisland), S. 60.

Miller, Alice (1990). *Abbruch der Schweigemauer. Die Wahrheit der Fakten.* Hamburg: Hoffmann und Campe.

Musil, Robert (2000). *Der Mann ohne Eigenschaften,* II. Aus dem Nachlass, Reinbek bei Hamburg: Rowohlt.

Myers, D. G. (2000). The funds, friends, and faith of happy people. American Psychologist, 55, 55–67.

Neff, K. D. (2003). The development and validation of a scale to measure self-compassion. *Self and Identity,* 2, 223–250.

Neff, K. D., Rude, S. S. & Kirkpatrick, K. L. (2007). An examination of self-compassion in relation to positive psychological functioning and personality traits. *Journal of Research in Personality,* 41, 908–916.

Neuhauser, Birgit (2022). *Resilienz. Krisen meistern mit innerer Stärke.* München: Grin Verlag.

Nietzsche, F. (2013). *Götzen-Dämmerung oder Wie man mit dem Hammer philosophiert.* (Erstveröffentlichung 1888). Berlin: Holzinger Verlag

Nietzsche, F. (2021). *Die fröhliche Wissenschaft.* (Erstveröffentlichung 1882) Hamburg: Nikol Verlag

Nomaguchi, K. & Milkie, M. (2003). Costs and Rewards of Children. The Effects of Becoming Parent on Adults' Lives. *Journal of Marriage and Family, 65*, 356–374.

Norem, J. K. (2001). *Die positive Kraft des negativen Denkens.* Bern, München, Wien: Scherz.

OECD (2017): *PISA 2015 Results (Band III): Wohlbefinden von Schülerinnen und Schülern.* Paris: OECD Publishing.

Oishi, S., Diener, E. & Lucas, R. E. (2007). The optimum level of well-being: Can people be too happy? *Perspectives on Psychological Science, 2*(4), 638–642.

O'Malley, M. N. & Andrews, L. (1983). The effects of mood and incentives on helping: Are there things money can't buy? *Motivation and Emotion, 7*, 179–189.

Packard, Vance (1957). *Die geheimen Verführer. Der Griff nach dem Unbewussten in jedermann.* Berlin: Ullstein Taschenbuch.

Palys, T. S. & Little, B. R. (1983). Perceived life satisfaction and the organization of personal project systems. *Journal of Personality and Social Psychology*, 44, 1221–1230.

Pargament, K. I. (1997). *The psychology of religion and coping. Theory, research, practice.* New York: Guilford Press.

Paul-Labrador, M., Polk, D., Dwyer, J. H., Valesques, I., Nidich, S., Rainforth, M., Schneider, R. & Merz, N. B. (2006). Effects of a randomized controlled trial of transcendental meditation on components of metabolic syndrome in subjects with coronary heart disease. *Archives of Internal Medicine*, 166, 1218–1224.

Pestalozzi, Johann Heinrich (2017). *Wie Gertrud ihre Kinder lehrt. (Pädagogische Methoden).* Vsetín, Tschechische Republik: e-artnow.

Peterson, C., Maier, S. F. & Seligmann, M. E. P. (1993). *Learned helplessness. A theory for the age of personal control.* New York: Oxford University Press.

Pew (2006, February13.). *Are we happy yet? Pew Research Center.* Übernommen von http://www.pewresearch.org.

Pillavin, J. (2003). Doing well by doing good: Benefits for benefactor. In C. Kenes & J. Haidt (Eds.), *Flourisching. Positive Psychology and the life well lived* (pp. 227–248). Washington, DC.: American Psychological Association.

Pollak, Kay (2019). *Durch Begegnungen wachsen. Für mehr Achtsamkeit und Nähe im Umgang mit Anderen.* Dritte Auflage. München: Bassermann Verlag. (Zitiert nach einer Ausgabe aus dem Südwest Verlag (o. J.).

Pollmann-Schult, M. (2013). Parenthood and life satisfaction in Germany. *Zeitschrift für Bevölkerungswissenschaft*, 38 (1), 85–108.

Pollmann-Schult, Matthias (2013): Elternschaft und Lebenszufriedenheit in Deutschland. In: *Comparative Population Studies – Zeitschrift für Bevölkerungswissenschaft, 38*(1), 59–84. DOI: 10.12765/CPoS-2013-05.

Precht, Richard David (2007). *Wer bin ich und wenn ja, wie viele? Eine philosophische Reise.* 39. Auflage. München; Goldmann Verlag.

Precht, Richard David (2012). *Die Kunst kein Egoist zu sein. Warum wir gerne gut sein wollen und was uns davon abhält.* Erste Taschenbuchausgabe. München: Goldmann Verlag

Quadbeck-Seeger, Hans-Jürgen (2013). *Aphorismen und Zitate über Natur und Wissenschaft.* Remscheid: WileyVCH Verlag

Reeve, C. (1999). *Immer noch ich. Mein zweites Leben.* München: Schneekluth.

Ricard, Matthieu (2009). *Glück.* München: Herbig

Ricard, Matthieu (2014). *A buddhist view of happiness.* In S. A.; David, I. Bowell, & A. Conley Ayers, (2013) (Eds.). *The Oxford handbook of happiness* (pp. 344–356). Oxford: Oxford University Press.

Rilke, Rainer Maria (2016). *Briefe an einen jungen Dichter.* Hoboken, New Jersey USA: Create-Space Independent Publishing Platform

Roberts, B. W., Caspi, A. & Moffitt, T. E. (2003). Work experiences and personality development in young adulthood. *Journal of Personality and Social Psychology, 84,* 582–593.

Rodin, J. (1986). Aging and Health: Effects of The Sense of Control. *Science, 223,* 1271–1276.

Rogers, Carl R. (2006). *Entwicklung der Persönlichkeit. Psychotherapie aus der Sicht eines Therapeuten.* (16. Aufl.). Stuttgart: Klett-Cotta.

Rubinstein, Arthur (2017). *Erinnerungen. Die frühen Jahre.* 2. Auflage. München: Fischer Taschenbuch.

Ruehlmann, L. S. & Wolchik, S. A. (1988). Personal goals and interpersonal support and hindrance as factors in psychological distress and well-being. *Journal of Personality and Social Psychology, 55,* 293–301.

Russell, Bertrand (1994). *Die Eroberung des Glücks. Neue Wege zu einer besseren Lebensgestaltung.* (Originaltitel: *The Conquest of Happiness.* Erstveröffentlichung 1930) Frankfurt a. M.: S. Fischer Verlag.

Sabry, Fouad (2023). *Economic Production: Mastering the Art of Production, Empowering Your Prosperity.* (Economic Science, Band 3) London: Perlego One Billion Knowledgeable.

Sack, K. (1996). *After 37 years in prison, inmate tastes freedom.* The New York Times, Ausgabe vom 11. Januar 1996.

Sagioglou, C. & Greitemeyer, T. (2014). Facebook's emotional consequences: Why Facebook causes a decrease in mood and why people still use it. *Computers In Human Behavior, 35,* 359–363.

Saint-Exupery, Antoine de (1978). *Die Stadt in der Wüste.* Gesammelte Schriften, Band 2, München: dtv, Dünndruckausgabe.

Scheich, G. (1997). *Positives Denken macht krank. Vom Schwindel mit gefährlichen Erfolgsversprechen.* Frankfurt a. M.: Eichborn.

Schmid, Wilhelm (2005). *Schönes Leben? Einführung in die Lebenskunst.* Berlin: Suhrkamp.

Schmid, Wilhelm (2006). *Die Fülle des Lebens. 100 Fragmente des Glücks.* Frankfurt a. M.: Insel Verlag.

Schmid, Wilhelm (2007). *Glück. Alles was Sie darüber wissen müssen, und warum es nicht das Wichtigste im Leben ist.* Frankfurt a. M.: Insel Verlag.

Schmid, Wilhelm (2015). *Gelassenheit. Was wir gewinnen, wenn wir älter werden.* 15. Auflage. Frankfurt a. M.; Insel Verlag.

Schmitz, Thorsten (2024). *Über Risiken und Nebenwirkungen. Meditation gilt als Allheilmittel gegen Stress, Konzentrationsschwäche, Burn-out. Manchmal kann die Technik jedoch das Gegenteil von dem bewirken, was sie soll: nicht heilen, sondern krank machen.* Suddeutsche Zeitung, Nr. 213, 14./15. September 2024, S. 11–13.

Schooler, J. W., Ariely, D. & Loewenstein, G. (2003). *The pursuit and assessment of happiness can be self-defeating.* In J. Brocas & J. D. Carrillo (Eds.) *The psychology of economic decision I: Rationality and wellbeing.* (pp. 41–70) New York: Oxford University Press

Schopenhauer, Arthur (1851). *Parerga und Paralipomena,* 2 Bde., Erster Band. Aphorismen zur Lebensweisheit. Kapitel 5: Paränesen und Maximen. Ausgabe von 1974. Stuttgart: Alfred Kröner Verlag.

Schopenhauer, Arthur (1919). *Schopenhauers sämtliche Werke* herausgegeben von Julius Frauenstädt. 2. Auflage Neue Ausgabe. Leipzig: Brockhaus.

Schopenhauer, Arthur (2019). *Aphorismen zur Lebensweisheit.* Hamburg: Nikol Verlag.

Schopenhauer, Arthur (2021). *Die Welt als Wille und Vorstellung.* Vollständige Ausgabe nach der dritten und beträchtlich vermehrten Auflage von 1859. Hamburg: Nikol Verlagsgesellschaft.

Schulz, R. & Decker, S. (1985). Long-term adjustment to physical disability: The role of social support, perceived control, and self-blame. *Journal of Personality and Social Psychology, 48,* 1162–1172.

Schwartz, C. E. & Sendor, M. (1999). *Helping others helps oneself: Responses shift effects in peer support.* Social Science and Medicine, 48, 1563–1575.

Schweizer, Albert (1933). *Aus meinem Leben und Denken.* Hamburg: Felix Meiner Verlag.

Seel, Martin (2004). Paradoxien der Erfüllung. In Neimann, Susan & Koß, Matthias *Zum Glück.* Berlin: Akademie Verlag.

Seelig, Carl (2005). (Hrsg.) *Albert Einstein: Mein Leben.* Ulm: Ullstein Verlag.

Seneca, Lucius Annaeus (2008). *Vom glücklichen Leben.* Herausgegeben und aus dem Lateinischen Übertragen von Heinz Bertold. Berlin: Insel Verlag.

Sharma, Robin (1997). *The Monk Who Sold His Ferrari. A Fable About Fulfilling Your Dreams and Reaching Your Destiny.* New York: HarperCollins Publishers.

Sharma, Robin (2014). *Discover your Destiny with the Monk who sold his Ferrary.* London: Harper Element

Solberg, E.G., Diener E. & Robinson M. A. (2003). *Why are materialist less satisfied?* In T. Kasser & A. D. Kanner (Eds.) *Psychology and consumer culture. The struggle for good life in a materialistic world* (pp. 29–48). Washington DC: American Psychological Association.

Solberg Nies, Lise u. Segerstrom, Suzanne C. (2011). *Positivfaktoren, Immunaktivität und Psychotherapie.* In: Schubert (2011), S. 137.

Spector, P. F. (1997). *Job satisfaction: Application, assessment, causes, and consequences.* Thousand Oaks: Sage.

Stevenson, Robert Louis (2002). *Eine Entschuldigung für Müßiggänger,* in: *Von der Kunst, glücklich zu sein,* übersetzt von Gisela Perlet, München: Deutscher Taschenbuchverlag (dtv).

Strietencron, Heinrich von (1994). Das Glück und die Schatten der Vergänglichkeit. Religiös-philosophische Konzeptualisierung von Glück im alten Indien. In A. Bellebaum (Hrsg.) *Vom guten Leben. Glücksvorstellungen in Hochkulturen (S. 153–178).* Berlin: Akademie Verlag.

Tedeschi, R. G. & Calhoun, L. G. (2004). Posttraumatic growth: Conceptual foundations and empirical evidence. *Psychological Inquiry, 15,* 1–18.

Thielen, Verena & Thiel, Katharina (2011). *Klassische Texte zum Glück.* Berlin: Parodos Verlag.

Thúkýdidés (2000), *Der Peloponnesische Krieg: Thukydides – historische Darstellung aus dem alten Griechenland.* Ditzingen: Reclam, Philipp, jun. GmbH, Verlag.

Tolstoi, Leo (1853). *Tagebücher 1847–1910 in einem Band.* München: Artemis & Winkler.

Tolstoi, Leo (2010). *Anna Karenina.* Köln: Anaconda Verlag.

Trivers, R (1971). The evolution of reciprocal altruism. *Quaterly Review of Biology, 46,* 35–57.

Havel, Václav. (1990). Die Macht der Ohnmächtigen. In: *Gesammelte Werke,* Band 1. Frankfurt am Main: Suhrkamp, 1990.

Waal, Frans de (1982). *Chimpanzee Politics: Power and Sex among Apes,* John Hopkins University Press. Deutsch (1983): *Unsere haarigen Vettern: Neueste Erfahrungen mit Schimpansen.* München: Harnack Verlag.

Waldinger, Robert and Schulz, Marc (2023). *The Good Live and how to Live it. Lessons from the World's Longest Study on Happiness.* London: Penguin Random House, UK.

Walser, Martin (2006). *Der Spaziergang.* Zürich: Diogenes Verlag.

Walser, Martin (2009). *Ein liebender Mann.* 2. Auflage. Hamburg: Rowohlt Verlag.

Watzlawick, Paul (1983). *Anleitung zum Unglücklichsein.* (23. Auflage 2012). München: Piper Verlag.

Warr, P. (2007). *Work, happiness and unhappiness.* London: Psychology Press.

Weber, C. (2013, 29. /30 Mai). *Niedlich bis vier. Kinder steigern meist nur vorübergehend das Glück der Eltern – wenn überhaupt. Aber vielleicht ist das gar nicht die entscheidende Frage.* Süddeutsche Zeitung, 122, 16.

Wedekind, Klaus; Seebeck, Thomas; Bettens, Florence & Paepke, Alexander J. (1995). *MHC-abhängige Partnerpräferenzen beim Menschen.* Bern: Tagungsband: Biologische Wissenschaften, Bd. 260, Nr. 1359 (22. Juni 1995), S. 245–249.

Werner, Emmy E. & Smith, R. S. (1992). *Overcoming the odds: High risk children from birth to adulthood.* Ithaca, NY: Cornell University Press.

Whiteley, P. (2004). *The art of happiness: Is volunteering the blue-print for bliss?* London: Economics and Social Research Council.

Wiener, Y.; Muczyk, J. P. & Gable, M. (1987). Relationship between work commitments and experience of personal well-being. *Psychological Reports, 60,* 459–466.

Wilde, Oskar (1893). *Lady Windermeres Fächer.* (Aktuelle deutsche Ausgabe: 2022) Altenmünster: Jazzybee Verlag.

Ziglar, Zig (1997). *Great Quotes from Zig Ziglar.* Franklin Lakes, NJ: The Career Press.

Ziglar, Zig (2007). *Better Than Good. Creating a Life You Can't Wait to Live.* New York: Penguin Books.

Anmerkungen

1   Dies ist ein Beispiel dafür, dass Glück nicht nur darin besteht, dass wir das bekommen, was wir uns wünschen, sondern unser Glück eine besondere Qualität erfährt, wenn uns etwas begegnet, mit dem wir nicht gerechnet haben. „Wir möchten nicht einfach das bekommen, was wir wollen, wir möchten von unserem Glück zu unserem Glück überrascht werden." (Seel, 2004, S. 238)

2   Es handelt sich um Ausschnitte aus der Fassung von 1785, übernommen aus dem Artikel in Wikipedia zum Thema „Ode an die Freude".

3   Arthur Rubinstein, 2017

4   Man nennt sie „Underprivileged People". Sie leben in Blechhütten ohne fließend Wasser und oft ohne Strom.

5   Hawking, 2010

6   Hawking, 2008, S. 170

7   Goethe, 1774

8   Zitiert nach Skupy, 1993, S. 397

9   Den „Todestrieb" (den Drang nach Tod und Zerstörung) hat Freud in seine klassische psychoanalytische Theorie 1912 eingeführt und in „Jenseits des Lustprinzips" näher ausgeführt. Er zeigt sich oft durch Verhaltensweisen wie Aggression, Wiederholungszwang und Selbstzerstörung.

10   Kant betont die Wichtigkeit der Vernunft als Grundlage für moralisches Handeln.

11   Bei Nietzsche wurde von den Ärzten „progressive Paralyse" diagnostiziert.

12   Seneca, aus „Briefe an Lucilius". (Das Weitergeben von Einsichten ist nicht nur ein Weg zum Glücklichsein, es ist auch eine therapeutische Maßnahme, die mir sehr geholfen hat. Davon mehr in diesem Buch.)

13   Die hier getroffene Auswahl der Krisen unserer Zeit ist subjektiv. Sie werden sicher eine etwas andere Sichtweise haben, andere Probleme im Vordergrund sehen oder die hier angedeutete Abhängigkeit der Krisen anders beurteilen. Für die folgenden Überlegungen spielt das keine wesentliche Rolle.

14   Aristoteles schreibt in seiner Nikomachischen Ethik: „Alle Menschen wollen glücklich sein."

15   Zitiert nach Thielen u. a., 2011, S. 45

16   Alain, 2020; Pseudonym für Émile-Auguste Chartier (1868–1951), französischer Denker und Schriftsteller

17	Robert Walser (1878–1956), deutschsprachiger Schweizer Schriftsteller, das Zitat stammt aus seinem Buch „Der Spaziergang" (2006).
18	Gemeint ist damit ein eigener Bereich im Gehirn. Später in diesem Buch dazu mehr.
19	Im Englischen gibt es dafür die Wörter luck = Glück im Sinne von Glück gehabt und happiness = Glück im Sinne von Glücklichsein. Wir gebrauchen das Wort „Glück" in diesem Buch nur im Sinne von „happiness".
20	Ferry, 2009, S. 183
21	Aristoteles, 2023, Buch I, Sektion 9
22	A. a. O.
23	Damals gab es den Wissenschaftsbereich „Psychologie" noch nicht.
24	Precht, 2012, S. 165: „Wenn wir von einem guten Leben reden, so reden wir eben nicht nur von einem *korrekten* Leben, sondern auch von einem *erfüllten* Leben."
25	Precht, 2012, S. 180f.
26	Heidenreich, 2024, S. 19
27	Langenscheidt, 1927, 240f.
28	Tarkington, 1869–1946, US-Amerikanischer Schriftsteller
29	Gide, 1989, S. 74; André Gide (1869–1951)
30	A. a. O.
31	Schopenhauer, 1851/1974, S. 134 (Text in den Klammern stammt von mir)
32	A. a. O., S. 137
33	Freud, 2009/1930, Kap. II, „Das Glück als Ziel menschlichen Strebens"; Sigmund Freund (1856–1939)
34	Ich komme auf dieses Phänomen bzw. die daraus abgeleitete PSI-Theorie von Julius Kuhl weiter unten zurück.
35	Diese Beobachtung habe ich ausführlicher erläutert in Martens, 2018, S. 22.
36	Der Fachbegriff lautet Reframing, in einen neuen Rahmen stellen.
37	Dell, 2022
38	Frankl (2006), zitiert nach Sharma, 2004
39	Das Zitat wird Albert Schweitzer (1875–1965) zugeschrieben. Deutsch-französischer Arzt, Philosoph, evangelischer Theologe, ausgezeichnet mit dem Friedensnobelpreis
40	Kessel, 1960, S. 199; Martin Kessel (1901–1990) war deutscher Schriftsteller.
41	Hermann Hesse (1877–1962) war deutsch-schweizerischer Schriftsteller und Dichter, im wurde der Nobelpreis für Literatur verliehen.
42	Das Zitat wird Hesse („Das Glasperlenspiel" 1972 oder „Der Steppenwolf" 1974) zugeschrieben. Die genaue Textstelle konnte nicht ermittelt werden.
43	Nietzsche, 2021, S. 338
44	Armstrong, 2001, S. 268
45	Myers, 2000

46 Liegt vielleicht darin der Grund, dass in Deutschland viele Menschen mit der Gegenwart unzufrieden sind? Sie haben nie die Not der Nachkriegszeit erlebt.

47 Kross u. a., 2013

48 Sagioglou & Greitemeyer, 2014

49 Chopra, (2023); Deepak Chopra ist ein indischer Arzt, Autor von Büchern über Spiritualität und Lebensführung

50 Christine Korsgaard, Philosophin an der Harvard Universität, zitiert nach Precht, 2012, S. 150

51 Watzlawick, 1983

52 Zitiert nach Skupy, 1993, S. 700

53 Eigentlich Charles Louis de Secondat, Baron de La Brède et de Montesquieu (1689–1755) war ein französischer Richter, Gelehrter, Historiker und politischer Philosoph, zitiert nach Skupy, 1993.

54 Dieses Zitat wird Desjardins zugeschrieben; Arnaud Desjardins (1925–2011) war einer der ersten Europäer, die die großen asiatischen Lehrer im Westen, vor allem in Frankreich bekannt machte.

55 Wenn Sie daran zweifeln, dann versuchen Sie einmal mit gesenktem Kopf und langsamen schürfenden Schritten durch das Zimmer zu gehen und dabei glücklich und fröhlich zu sein. Es wird Ihnen nicht gelingen.

56 Dass es auch anders geht, zeigt das Beispiel Bhutan, auf das ich weiter unten näher zu sprechen komme.

57 Einige Verhaltensforscher sind der Überzeugung, dass dieses Verhalten in unseren Genen festgelegt ist. Während der Evolution führte solches Verhalten zu mehr Nachkommen, das vor allem die Gefahren in der Umgebung im Vordergrund des Bewusstseins hatten.

58 Betz, 2011, S. 27

59 A. a. O., S. 29

60 Epiktet (55–135 n. Chr.) Handbüchlein der Moral, 1973, S. 7

61 Das Zitat wird Johann Wolfgang von Goethe, (1749–1832), Universalgelehrter und Dichter, zugeschrieben.

62 Oscar Wilde: Die Herzogin von Padua, 5. Akt

63 Matthieu Ricard; zitiert nach David u. a., 2014, S. 350

64 Precht, 2012, S. 206

65 Bon, 1950

66 Miller, 1990, S. 96; Alice Miller (1923–2010) war schweizerische Autorin und Kindheitsforscherin.

67 Originaltitel: "Get Even"

68 Zitiert nach Huffington, 2014, S. 125

69   Schopenhauer, 1851/1974, S. 8

70   Gelingt es Ihnen, sich zu freuen, wenn Sie heute keine Zahnschmerzen haben?

71   Auf sein Leben und die Resilienz, die er mit diesem Leben bewiesen hat, bin ich zusammen mit meiner Kollegin Birgit Begus in dem Buch „Das Geheimnis seelischer Kraft" (2023) näher eingegangen.

72   Der Spiegel, Nr. 34, 1999

73   Diese Geschichte wurde von dem mir erstmals veröffentlicht in meinem Buch „Schatztruhe der Lebenserfahrung" (2018), S. 59, einer Sammlung von vergleichbaren Lernerfahrungen.

74   Kuhl, 2015

75   de Mello, 2005; Anthony de Mello (1931–1987)

76   Precht, 2012, S. 343

77   Clark & Watson, 1988

78   Brickman, Coates & Brackett, 2007 sowie Diener, Horwitz & Emmersons, 1985

79   Amische alter Ordnung (es gibt inzwischen sehr viele Untergruppen) führen ein stark in der Landwirtschaft verwurzeltes Leben und sind bekannt dafür, dass sie bestimmte moderne Techniken, wie Handy oder Computer ablehnen und Neuerungen nur nach sorgfältiger Prüfung der Auswirkungen übernehmen.

80   Biswas-Diener, Vitterso & Diener, 2005

81   Lecomte, 1997

82   Bucher, 2009, S. XV

83   Diener u. a., 1985

84   Gilbert, 2008, S. 354

85   Layard, 2005; Diener & Seligmann, 2004; Frey & Stutzer, 2002

86   Precht, 2012, S. 345

87   Frey & Stutzer, 2002

88   Ahuvia & Izberk-Bilgin, 2014, S. 488

89   Solberg, Diener & Robinson, 2003, S. 43

90   Diener & Oishi, 2000

91   Oishi, Diener & Lucas, 2007

92   Jigme Khesar, König von Bhutan: „For Bhutan, Gross National Happiness is the bridge between the fundamental values of Kindness, Equality, and Humanity and the necessary pursuit of economic growth." (Für Bhutan ist das Bruttonationalglück die Brücke zwischen den Grundwerten Freundlichkeit, Gleichheit und Menschlichkeit und dem notwendigen Streben nach wirtschaftlichem Wachstum. Eigene Übersetzung) In: David u. a., 2014, S. VII

93   Siehe auch: Precht, 2012, S. 357

94   A. a. O.: S. 358

95   Mill, 1869, S. 60; zitiert nach Precht, 2012, S. 367

96   Frei übersetzt: Wenn du mir wichtig bist, dann teile ich (natürlich gerne) mit dir.

97   Nach der PSI-Theorie von Kuhl sind sie sogar kreativer. Siehe nächstes Kapitel.

98   Zur Schere zwischen Arm und Reich siehe auch: Göpel, 2020.

99   Martens & Kuhl (2023)

100   Kuhl, 2001 oder 2005 aber auch Martens & Kuhl, 2023

101   PSI-Theorie (Persönlichkeits-System-Interaktion) von Kuhl ist eine Theorie der willentlichen Handlungssteuerung

102   Kuhl & Strehlau, 2014, S. 3

103   Kuhl, 2001; oder auch Martens & Kuhl, 2023

104   Kuhl, 2015, S. 191

105   Kankeleit, 1958

106   Schon als Fünfzehnjähriger im Internat in London predigt ihm seine Mutter Johanna: „Du musst den Leuten ein wenig mehr entgegenkommen, als es deine Art ist. Zwei Monate auf der Stube und keinen Menschen gesehen, das ist nicht gut mein Sohn, das betrübt mich; der Mensch soll sich nicht isolieren". Zitiert nach Marcuse, 1964, S. 183

107   Übernommen aus Wikiquote. Letzte Aktualisierung 2. Juli 2022. Geschichte 0.https://beruhmte-zitate.de/zitate/126536-jacques-benigne-bossuet-gute-grundsatze-zum-extrem-gefuhrt-verderben-all/

108   Auf die Frage eines Schriftgelehrten in Jerusalem nach dem wichtigsten – ersten – Gebot antwortet Jesus (Mk 12,29 ff.): „Das erste ist: Höre, Israel, der Herr, unser Gott, ist der einzige Herr. Darum sollst du den Herrn, deinen Gott, lieben mit ganzem Herzen und ganzer Seele, mit all deinen Gedanken und all deiner Kraft. Als zweites kommt hinzu: Du sollst deinen Nächsten lieben wie dich selbst. Kein anderes Gebot ist größer als diese beiden."

109   Musil, 2000, (Band II aus dem Nachlass) S. 1317

110   Gilbert, 2022

111   Precht, 2012, S. 167

112   Metzinger, 1999 (Die Ergänzung in Klammern stammt von mir.)

113   Waal, 1982/1983

114   Precht, 2012, S. 184

115   Precht, 2012, S. 194

116   Kant, 1908, S. 161: „Zwei Dinge erfüllen das Gemüt mit immer neuer und zunehmender Bewunderung und Ehrfurcht, je öfter und anhaltender sich das Nachdenken damit beschäftigt: Der gestirnte Himmel über mir und das moralische Gesetz in mir."

117   Martín-Fernández, 2025, S. 29

118   Stevenson, 2002, S. 29; Robert Louis Stevenson (1850–1894) war schottischer Autor, u. a. von „Der seltsame Fall des Dr. Jeckel und Mr. Hyde" und „Die Schatzinsel".

1 19 Russel, 1994, S. 208; Bertrand Russell (1872–1970) war der dritte Earl Russell und unterrichtete an vielen berühmten Universitäten, u.a. der British School of Economics und Harvard.

1 20 Kuhl, 2001

1 21 Wilhelm von Humboldt (1767–1835)

1 22 Nietzsche, 2013

1 23 Friedrich Nietzsche (1844–1900)

1 24 Csikszentmihalyi, 2017, S. 14; Mihaly Csikszentmihalyi (1934–2021), US-Amerikaner, „Entdecker" des „Flow"

1 25 www.mpg.de/stress-wirkt-sich-auf-leistung-aus

1 26 das sogenannte Corticotropin Releasing Hormone, CRH

1 27 Baron de Montesquieu (1689–1755), französischer Schriftsteller und Philosoph, zitiert nach Skupy, 1993

1 28 Voltaire, 1761, Das Zitat stammt aus einem Brief von Voltaire an Abbé Trublet, datiert Ferney, 27. April 1761. Es lautet in Originalsprache: *Je me suis mis à être un peu gai, parce qu'on m'a dit que cela est bon pour la santé."* Voltaire, 1694–1778, französischer Philosoph und Schriftsteller.

1 29 Solberg Nies & Segerstrom, 2011, S. 160

1 30 da Vinci, 1883, S. 245

1 31 Hagenauer & Hascher, 2018

1 32 "Die Förderung des Wohlbefindens in der Schule ist zu einer wichtigen Priorität für die Bildungspolitik geworden." (OECD, 2017, S. 231)

1 33 Hascher & Hagenauer, 2010

1 34 Gutman & Vorhaus, 2012

1 35 Hascher & Hagenauer, 2010; Hascher & Hagenauer, 2018

1 36 Hurrelmann & Wolf, 1986

1 37 Britischer Filmemacher und Komponist

1 38 DIMDI, 2010

1 39 Pollak, 2019, S. 39

1 40 Übernommen aus Birkenbihl, 2001, S. 140f.

1 41 Fredrickson, 2011, S. 96

1 42 Verfasser unbekannt. Wird oft Albert Schweitzer zugeschrieben.

1 43 Fredrickson, 2011, S. 78ff

1 44 Was bei den meist männlichen Polizisten gleichbedeutend mit „flirten" ist.

1 45 Bormans, 2017, S. 173

1 46 Zitiert nach Skupy, 1993, wird sinngemäß Tacitus zugeschrieben ohne gesicherte Quellenangabe.

1 47 Zitiert nach Skupy, 1993, S. 623

148   Kuhl, 2001, S. 81

149   Julius Kuhl nennt diese Gruppe von Menschen „Lageorientierte" im Gegensatz zu den „Handlungsorientierten", die sich als Gestalter ihres Schicksals sehen. In diesem Buch werden sie „Opfer" oder „Erdulder" im Gegensatz zu den „Gestaltern" genannt.

150   Eine allgemeinverständliche Darstellung der Experimente findet man in: Martens & Kuhl, 2023, S. 81ff., aber auch Kuhl, 2001, S. 223f.

151   Das Zitat wird Abraham Lincoln (1809–1865), 16. Präsident der USA, zugerechnet.

152   Dieses Zitat wird Lincoln zugeschrieben, obwohl es dafür keinen Beleg gibt. Die erstbekannte Erwähnung taucht 1914 in der New-York-Zeitung *Syracuse Herald* auf. Dort zitiert der Kolumnist Dr. Frank Crane das Zitat in Anführungszeichen und verweist auf „Lincoln's saying"

153   Ziglar, 2007, Zig Ziglar (1926–2012) war sehr erfolgreicher US-amerikanischer Motivationsredner und Autor.

154   Goethe, 2013.

155   Perikles lebte im 5. Jahrhundert vor Christus und war ein Staatsmann in der griechischen Antike. Siehe: Thúkýdidés, 2000, Gefallenenrede des Perikles, Peloponnesischer Krieg, 2, 43, 4

156   Cavalli-Sforza & Cavalli-Sforza, 2000

157   Huxley, 1945, S. 109. Das Original lautet: „Happiness is not achieved by the conscious pursuit of happiness; it is generally the by-product of other activities."

158   Siehe auch die in dem Kapitel „Warum viele Menschen Glücklichsein vermeiden" aufgezählten unbewussten Hindernisse.

159   Fredrickson, 2011, S. 58

160   McCartney (2022), zitiert in BZ Berlin, Anekdoten zu McCartney 80. Geburtstag. Paul McCartney (geb. 1942) war Sänger und Bassist bei den Beatles. Er hat zusammen mit John Lennon die meisten Songs geschrieben wie „Yesterday" oder „Let it be". Das Zitat stammt aus einem Interview.

161   Margaret Storm Jameson (1891–1986), englische Schriftstellerin und Kritikerin

162   Benjamin Franklin (1706–1790), amerikanischer Verleger, Schriftsteller, Erfinder und Staatsmann. Das Zitat stammt aus einem Brief, veröffentlicht in „Poor Richard's Almanach", von 1732.

163   Schopenhauer, zitiert nach Marcuse, 1964, S. 61f.

164   Z. B.: Fredrickson, 2011, S. 56

165   Der erste medizinische Bericht erschien am 25. November 1848 von Dr. John Martyn Harlow im *Boston Medical and Surgical Journal*.

166   Neuere Forschung legen nahe, dass nicht nur der Präfrontale Cortex für Willenskraft und Disziplin zuständig, sondern dass ein ganzes Netzwerk im Gehirn für diese Phänomene

verantwortlich ist, das bei dem geschilderten Unfall von Gage beeinträchtigt wurde. S. Martín-Fernández, 2005, S. 28f.

167 Dieses Zitat wird Rilke zugeschrieben, lässt sich jedoch nicht in seinen veröffentlichten Werken belegen. Rainer Maria Rilke (1875–1926) war österreichischer Lyriker deutscher und französischer Sprache.

168 Bryant, Smart & King, 2005

169 Lyubomirsky, 2008, S. 210

170 Die Geschichte von der Maus Frederik, die für den Winter nicht nur Körner, sondern auch Farben sammelt, die ihm durch die dunkle Jahreszeit helfen, kann man als eine Metapher dieser Einsicht ansehen.

171 Robert Brault, amerikanischer Autor, dem dieses Zitat zugeschrieben wird.

172 Schooler, Ariely & Loewenstein, 2003

173 Kuhl, 2001

174 Schopenhauer, 2019, S. 18

175 Die Weltgesundheitsorganisation definiert sowohl Alkoholabhängigkeit wie auch Adipositas als Krankheiten.

176 Schopenhauer, 2019, S. 17

177 Mich persönlich haben die Versprechungen von Kenneth H. Cooper, 1970 überzeugt. Heute kann ich sagen, dass sich meine Erwartungen erfüllt haben.

178 Auf die Meditation komme ich weiter unten noch gesondert zurück.

179 Z. B.: Fredrickson, 2011

180 Achtsamkeit (englisch mindfulness) bezeichnet nach Wikipedia einen Zustand von Geistesgegenwart, in dem ein Mensch hellwach die gegenwärtige Verfasstheit seiner direkten Umwelt, seines Körpers und seines Gemüts erfährt, ohne von Gedankenströmen, Erinnerungen, Phantasien oder starken Emotionen abgelenkt zu sein, ohne darüber nachzudenken oder diese Wahrnehmungen zu bewerten.

181 Claude Monet (1840–1926), französischer Maler des Impressionismus. Das Zitat stammt aus einem Brief von 1889 an Gustave Geffroy.

182 Hosoda, Stone-Romero & Coats, 2003

183 André, 2005, S. 109f.

184 Diener, Wolsic & Fujita, 1995

185 Feingold, 1995

186 Meyer u. a., 2007

187 Gurari, Hetts & Dtrube, 2006

188 Kenrick, Gutierres & Goldberg, 1989

189 Zitiert nach Waldinger & Schulz, 2023, S. 250

190 Waldinger & Schulz, 2023

191 Werner & Smith, 1992; s. a. Berndt, 2014, S. 65

192 S. a. Martens & Begus, 2023, S. 27

193 Aristoteles, zitiert nach Waldinger & Schulz, 2023, S. 250

194 Martin Seligman, zitiert nach Psychologie heute 01 06, S. 23 (Text in den Klammern stammt von mir.)

195 Die Namen wurden verändert.

196 Epikur, 2011, S. 54

197 Tolstoi (2010)

198 André, 2005, S. 116f.

199 Z. B. Breterton, Clinch & Ferreira, 2008, S. 392; Nomaguchi & Milkie, 2003; Weber, 2013

200 Pollmann Schult, 2013, S. 59; zitiert nach Weber, 2013

201 Aus Klärchens Lied in „Egmont", Akt 3 von Johann Wolfgang von Goethe

202 Mich hat die Möglichkeit, ihr zu helfen, glücklich gemacht, ein Gefühl, das ich abgeschwächt nacherlebe, wenn ich diese Geschichte erzähle.

203 Kellert & Wilson, 1993

204 Ferrer-i-Carbonell & Gowdy, 2007

205 Dieses Zitat wird Saint-Exupery zugeschrieben. Es ist mir nicht gelungen, die Quelle zu finden.

206 Hesse, 2002

207 Precht, 2007, S. 127

208 Fromm, Erich, 1956, S. 13

209 George Sand (1804–1876) französischen Schriftstellerin, die neben Romanen auch zahlreiche gesellschaftskritische Beiträge veröffentlichte. Sie setzte sich durch ihre Lebensweise und mit ihren Werken für feministische und sozialkritische Ziele ein. Das Zitat stammt aus Briefen an Frédéric Chopin.

210 Freud, 1975

211 Packard, 1957

212 Henderson, Argyle & Furnham, 1984

213 Zitiert nach Argyle, 2001

214 Strietencron, 1994

215 A. a. O.

216 Ich beschreibe mein Schicksal im Detail in dem Buch: „Im Herzen kennen wir das Zögern" (Martens, 2012b).

217 Hier ist natürlich der eher keusche christliche Gott gemeint. Im Hinduismus, in dem die Sexualität als etwas Göttliches gesehen wird, ist es sicher kein Problem, seinen Partner mit einer Gottheit zu vergleichen.

218 Brüggemann, 1997

219 Covey, 1989, S. 79f. (Übersetzung von mir)

220 Lyubomirsky, 2008, S. 76

221 Gottman, 2014

222 Csikszentmihalyi, 2001, S. 147

223 Frankl, 2006, S. 80 (Der in Klammern gesetzte Einschub stammt von mir.): Viktor E. Frankl (1905–1997) war österreichischer Neurologe und Psychiater, Erfinder der „Logotherapie".

224 Fromm, 1956, S. 36

225 Fisher, 2004, S. 67ff.

226 Fisher, 2004, S. 53ff.

227 Die Wirkungsweise dieser Hormone ist sehr komplex und noch nicht zu 100 % erforscht. Es sind wahrscheinlich noch andere Hormone beteiligt, die alle miteinander in Interaktion stehen.

228 A. a. O.

229 Freud, 2009, Kap. 2

230 Wedekind u. a. (1995) haben herausgefunden, dass bei der Partnerwahl der Geruch eine wesentliche Rolle spielt. Wir bevorzugen unbewusst Partner, die andere Abwehrkräfte haben, als wir selbst und mit denen wir uns gut ergänzen, was die Abwehr von Bakterien und Viren betrifft. Die Präferenz der Frauen für bestimmte „Geruchstypen" ist allerdings von ihrem Zyklus abhängig.

231 Bei einem bedingten Reflex wird die angeborene Reaktion auf einen bestimmten Reiz auf einen beliebigen, neutralen Reiz übertragen, indem beide Reize gleichzeitig oder in kurzen Abständen wahrgenommen werden.

232 Interview mit dem Sexualpsychologen Dr. Christoph Joseph Ahlers im ZEIT magazin, Nr. 18 vom 5.4.2013

233 Bartels & Zeki (2000), S. 1102

234 Die Berg- und Präriewühlmäuse wurden häufig untersucht. Siehe u. a. Carter & Getz, 1993

235 Interessanterweise scheint es jedoch nicht die Menge an endogen ausgeschüttetem Oxytocin zu sein, welche das soziale Bindungsverhalten beeinflusst, sondern die spezifische Zunahme der Anzahl von Oxytocin-Rezeptoren im Gehirn.

236 Fisher, 2004, S. 74

237 Wie man seine Einstellung allgemein und die zum Partner insbesondere beeinflussen kann, darauf geht mein Buch „Einstellungen erkennen, beeinflussen und nachhaltig verändern" (Martens, 2009) ein.

238 Die Fähigkeit, durch innigen Hautkontakt Stress zu dämpfen und Wohlgefühl zu steigern, wohnt den meisten von uns inne und wird mit dem Moment nach der Geburt, in dem wir unserer Mutter auf den Bauch gelegt werden, auch neuronal etabliert.

239 Dieses Konzept des voll entwickelten Selbst findet man in der Psychologie bei verschiedenen Autoren:

– bei Carl Rogers (2006) als voll funktionierende Persönlichkeit,

– bei C. G. Jung (1973) in dem Begriff der Individuation,

– bei A. Maslow (2002) in der Selbstverwirklichung,

– bei E. Erikson (1973) in der gelingenden Identitätsentwicklung,

– bei G. W. Allport (1970) in der persönlichen Reifung und

– bei Julius Kuhl (2001) in dem Selbst des Extensionsgedächtnisses.

240   Hedonistisches und eudaimonistisches Wohlbefinden schließen sich nicht aus. Ch. S. Nave, R. A. Sherman und D. C. Funder (2007) konnten in einer umfangreichen Studie zeigen, dass beide Glückskonzepte hoch korrelieren (r = .68). „Dieses Ergebnis ist umso bemerkenswerter, als nicht nur mit subjektiven Selbsteinschätzungen gerechnet wurde, sondern auch mit den Urteilen von Freunden sowie psychologischen Experten. Beide nahmen jene Personen, die sich als glücklich ausgaben, als liebenswürdig, sozial und zufrieden war, aber auch beflügelt von hohen Aspirationen, durchsetzungsfähig, zielstrebig." (Bucher, 2009).

241   Huffington, 2014, S. 18

242   Dalai Lama, 2007, S. 137

243   Vielleicht wird man eines Tages entdecken, dass dabei so etwas Ähnliches wie Spiegelneuronen im Spiel waren.

244   Lyubomirsky, 2008, S. 143

245   Lyubomirsky, King & Diener, 2005

246   Dalai Lama, 2004, S. 125

247   Schwartz & Sendor, 1999

248   Im Kapitel mit der Überschrift: *Glück macht hilfsbereit.*

249   Lyubomirsky, King & Diener, 2005, S. 837

250   Georg & Brief, 1992

251   O'Malley & Andrews, 1983

252   Krueger, Hicks &McGue, 2001

253   Helliwell, 2003, S. 341

254   Hills, Argyle & Reeves, 2000

255   Whiteley, 2004

256   Borgonovi, 2008

257   Lyubomirsky, 2008, S. 144

258   Seligmann, 2005

259   Pillavin, 2003

260   Für gläubige Christen gibt es natürlich noch einen anderen Grund, warum „gute Taten" uns glücklich machen: Sie sind davon überzeugt, dass diese im Jenseits belohnt werden. Auf den Glauben als Weg zum Glück kommen wir zurück.

261   Esterling, Kiecolt-Glaser, Bodnat & Glaser, 1994

262 Russell, 1977

263 Fontane, 1899 bzw. 2019, Kap. 22. Theodor Fontane (1819–1898) war deutscher Schriftsteller, Journalist und Kritiker und bedeutender Vertreter des Realismus.

264 Bucher, 2001, S. 129f.

265 Emmons & McCullough, 2003

266 Emmons & Shelton, 2002

267 Bucher, 2009, S. 182

268 Mahatma Gandhi (1869–1948) war ein indischer Rechtsanwalt, Publizist, Asket und Pazifist. Er führte als geistiger und politischer Anführer Indien in die Unabhängigkeit.

269 Mandela, 2004

270 Siehe Wikipedia unter „Amy Biehl"

271 Thoresen, Harris & Luskin, 2000

272 Furnham & Cheng, 1997. Es wurde zwischen Verträglichkeit und Glück eine Korrelation von r = .38 gefunden.

273 z. B. McCullough, Pargament & Thoresen, 2000

274 Havel, 1990. Zitiert nach Gottschling 2018: Mythos 6. Václav Havel (1936–2011) war Menschenrechtler und Politiker. Nach der „Samtenen Revolution", an der er maßgeblich beteiligt war, war er von 1989 bis 1992 der letzte Staatspräsident der Tschechoslowakei und von 1993 bis 2003 der erste der Tschechischen Republik. Er ist einer der Wegbereiter der deutsch-tschechischen Aussöhnung.

275 Frankl, 2024, S. 143

276 Diese Geschichte wird vielfach in unterschiedlicher Form erzählt. Sie ist im Internet häufig zu finden z. B. auf der Seite: https://charlesbrueck.com/newsletter-57-ich-baue-an-einer-kathedrale/

277 Frankl, 2006

278 Bühler, 1970

279 Schmid, 2007, S. 46f.

280 Emmons, 1986; Palys & Little, 1983; Ruehlmann & Wolchik, 1988; Wiener, Muczyk & Gable, 1987

281 Dieses Zitat, das in der Literatur und im Internet immer wieder gefunden und Kant zugeschrieben wird, ist nach Recherchen von Gerald Krieghofer erst 60 Jahre nach seinem Tod entstanden. Siehe: https://falschzitate.blogspot.com/2018/04/alle-bucher-die-ich-gelesen-habe-haben.html

282 Zitiert nach Kuhl, 2005, S. 21

283 Zitiert nach Marcuse, 1972, S. 256

284 Lyubomirsky, 2008, S. 241ff.

285 Ellison & Levin, 1998

286 McIntosh, Silver & Wortmann, 1993

287 Koenig, McCullough & Larson, 2001, S. 118ff.

288 Der polnische Dichter Norwid führte aus: Um das zu sein, was man glücklich nennt, soll-te man 1) etwas haben, wovon man leben kann, 2. etwas, für das man leben kann, und 3) etwas, für das man sterben kann. C. Norwid, 1976, Zitiert nach Davis u. a. 2014

289 Pargament, 1997

290 Freud, 2005 bzw. 1927

291 Koenig, Pergament & Nielsen, 1998

292 Stiertencron, 1994, S. 156

293 A. a. O., S. 160

294 In der buddhistischen Spruchsammlung Dhammapada heißt es: „Sei nicht befreundet mit der Welt! Zerbrich alle Fesseln: die Dummheit ist eine Fessel, die Gier ist eine Fessel, der Aberglaube an das Individuum ist eine Fessel ...".

295 Lyubomisky, 2008, S. 253

296 Z. B.: Shapiro, Schwartz & Santerre, 2004

297 Paul-Labrador u. a., 2006

298 Schmitz, 2024

299 Andrew Carnegie, zitiert nach Sabry (2023). Andrew Carnegie (1835–1919) war US-ame-rikanischer, sehr erfolgreicher Unternehmer in der Stahlbranche.

300 Michelangelo, zitiert nach Quadbeck-Seeger (2013), S, 105. Michelangelo, eigentlich Mi-chelangiolo Buonarroti Simoni (1475–1564), war einer der bedeutendsten italienischen Bildhauer, Maler und Baumeister.

301 Aristoteles, 2023, VII, 14, S. 205

302 Schiller, zitiert nach Berger (1914), S. 570

303 Aristoteles, Politik (1998), IV, 11, zitiert nach Knischek (2008), S. 379

304 „The secret of happiness is: Find something more important than you are, and dedicate your life to it." (Übersetzung des Autors). Daniel Clement Dennett (1942–2024) war ein US-amerikanischer Philosoph. Er galt als einer der führenden Vertreter eines entschie-denen Naturalismus in der Philosophie des Geistes. Das Zitat wird ihm 2014 in einem TED Talk zugeschrieben.

305 Green u. a., 2003

306 Abbe, Tkach & Lyubomirsky, 2003, S. 394

307 Thomas von Aquin, aus Klein, 2004, S. 185

308 Bucher, 2001, S. 197f.

309 Lewison & Graf, 1973

310 Leo N. Tolstoi, Tagebücher, 1853, zitiert nach Harenberg, 2002, S. 487

311 André, 2005, S. 121

312 Das negative Stereotyp von Arbeit als Mühsal findet sich schon in der Bibel im Alten Testament, in dem davon die Rede ist, dass wir „im Schweiße deines Angesichts" unser

Brot verdienen (Gen 3:19), widerspricht aber weitgehend zumindest der heutigen Arbeitswelt.

313 Fischer, 2006

314 JOB AG, 2008

315 zitiert nach Bucher, 2001

316 Spector, 1997

317 Ferrer-i-Carbonell, 2004

318 Warr, 2007

319 Argyle, 2001, S. 93

320 Schmidt, 2007, S. 75

321 Hills, Argyle & Reevers, 2000

322 Memmi, 1996, S. 117

323 Statista (2022): „Durchschnittliche tägliche Fernsehdauer in Deutschland"

324 ARD/ZDF-Onlinestudie (2021): „Nutzungsverhalten von Smartphones"

325 Argyle, 2001, S. 119

326 Lu & Argyle

327 Przybylski, A. K., & Weinstein, N. (2019). Digital Screen Time Limits and Young Children's Psychological Well-Being: Evidence From a Population-Based Study.

328 Twenge, J. M., et al. (2018). Age, period, and cohort trends in mood disorder symptoms among US adolescents, 2010-2015.

329 Nakumura & Csikszentmihalyi, zitiert nach Ricard, 2009

330 Csikszentmihalyi, 1995, S. 252

331 Csikszentmihalyi, 1985, 1992, 1995, 2001

332 Lyubomirsky, 2008, S. 259

333 Winston Churchill, zur Begründung seiner guten körperlichen Verfassung auch in hohem Alter, zitiert nach Harenberg, 2002, S. 1130

334 Lyubomirsky, 2008, S. 258

335 Blumenthal et. al., 1999

336 Biddle & Mutrie, 1991

337 Crews & Landers, 1987

338 Crews & Landers, 1987, zitiert nach Argyle 2001, S. 115.

339 Frankl, 2006

340 Martens & Kuhl, 2023

341 Diese Geschichte habe ich auch in dem Buch Martens, 2010 veröffentlicht.

342 Roberts, Caspi & Moffitt, 2003

343 Geoffrey Gaberino war Schwimmer und gewann die Goldmedaille bei den Olympischen Spielen 1984 in Los Angeles.

344 Zitiert nach Calaprice, 1997, S. 216

345 Schopenhauer, 1919, Bd. II, S. 534

346 A. a. O., Bd. I, S. 336, s. a. S. 352, 355ff. und 360

347 A. a. O., S. 33

348 Schopenhauer, 2021

349 Precht, 2007, S. 16

350 Peter Vidmar war Goldmedaillengewinner im Turnen. Das Zitat stammt aus einem Interview.

351 Milarepa, tibetischer Meditationsmeister, 1052–1135; zitiert nach Mannschatz, 2007, S. 4

352 Goleman, 1997

353 Man spricht von „neuronaler Plastizität" und meint damit die Fähigkeit der Synapsen, Nervenzellen und ganzen Hirnarealen sich durch Nutzung zu verändern und dabei zu optimieren.

354 André, 2005, S. 145

355 Bemerkung von Albert Einstein in einem Interview, auf die Frage, was er anderen Forschern voraushat, warum er die Relativitätstheorie gefunden hat. Veröffentlicht in der Suddeutschen Zeitung SZ-Wissen vom 4. 12. 2004

356 Psychologie heute, Mai 2008, S. 9

357 Ortega y Gasset, zitiert nach Knischek, 2008, S. 367. José Ortega y Gasset spanischer Philosoph, Soziologe und Essayist 1883–1955

358 Kant, 2006, zitiert nach Harenberg, 2002, S. 720

359 Hugo von Hofmannsthal in einem 1902 verfassten Brief

360 Alain, 1928, S. 69

361 Brockert, 2002, S. 113

362 Larsen, 1989

363 Rodin, 1986

364 Schulz & Decker, 1985

365 Spector, 1997

366 Seligmann, 1975

367 Langer & Rodin, 1976

368 Flammer, 1990

369 Siehe Martens & Kuhl, 2023

370 Epikur, 1973, S. 42

371 Schmid, 2005, S. 7 (der Einschub in Klammern stammt von mir)

372 Frankl, 2006, S. 110f.

373 Johann Heinrich Pestalozzi, 2017, (1746–1827) war Reformer der Erziehung.

374 Hiroto, 1974

375 Siehe Seligmann, 2006, S. 29

376 A. a. O., S. 29

377 Hascher, 2004

378 Bucher, 2001

379 Schmid, 2006. Das sind, wie Sie sich vielleicht erinnern, alles Übungen, mit denen man den präfrontalen Cortex stärkt.

380 Bucher, 2001, S. 35

381 Sharma, 2014, S. 151

382 Schmid, 2005, S. 42

383 Cantor & Sanderson, 1999

384 Zitiert nach Lyubormirsky, 2008, S. 220

385 A. a. O., S. 221

386 Wilde, 1893

387 Davidson & Irwin, 1999

388 Heyse, zitiert nach Alberti, 1883, S. 251. Paul Heyse (1830–1914) war deutscher Schriftsteller erhielt 1910 den Literaturnobelpreis.

389 Auf die Bedeutung des Selbstbildes bin ich oben schon eingegangen.

390 André, 2005, S. 140

391 Harriett Brown in Psychologie heute, 9, 2013, S. 25

392 Neff, 2003

393 Neff, Rude & Kirkpatrick, 2007

394 Seligmann, 2006, S. 144ff.

395 Brett, 2013, S. 233

396 Zitiert nach Neuhauser, 2022, S. 1

397 Armstrong, 2001

398 Brooks & Goldstein, 2003; Mannschatz, 2007

399 Hiroto, 1974

400 Abele & Becker, 1991, S. 11

401 Sack, 1996

402 Armstrong, 2001

403 Die Rede kann man auf seiner Homepage nachlesen: https://chrisreevehomepage.com/sp-ohio_uni_address2003.html

404 Lyubomirsky, 2008, S. 165ff.

405 Siehe a. Trivers, 1971

406 Tedeschi & Calhoun, 2004, zitiert nach Gilbert, 2008, S. 252

407 Nietzsche, 1988, siehe Nietzsche, 2013, Aphorismus 8

408 de Vries, 2002, S. 40

409 Seit einigen Jahren spricht man auch von „innere Haltung" oder „mindset" (auch in deutschen Publikationen).

410 Zum Thema „Veränderung von Einstellungen siehe u. a. Martens, 2009

411 Über die Bedeutung und die Vorgänge bei der Bewertung von Wahrnehmungen s. Martens, 2009

412 Gilbert, 2008, S. 155

413 Ellis, 2000, S. 11

414 Als Coach arbeite ich bei meinen Klienten vor allem an der Veränderung ihrer Einstellungen, angelehnt an die „Kognitive Verhaltenstherapie".

415 Ellis, 2000, S. 11

416 A. a. O., S. 27

417 Zum Beispiel: DiGiuseppe, Miller & Trexler, 1979

418 Ellis, 2000, S. 146

419 Martens (2009) beschreibt 20 weitere, konkrete Regeln, mit denen man seine eigenen Einstellungen dauerhaft verändern kann.

420 Gilbert, 2008, S. 55

421 Alloy & Abramson, 1979

422 Taylor & Brown, 1988; siehe auch die Ausführungen zur „Gestaltergrundhaltung" in diesem Buch.

423 Z. B.: Scheich, 1997 oder Norem, 2001

424 Eine sich selbst erfüllende Prophezeiung („Selffulfilling Prophecy")

425 Schmid, 2006, S. 87

426 Cooper, Okamura & Gurka, 1992, zitiert nach Bucher, 2001, S. 163

427 Martens & Kuhl, 2023, S. 84

428 A. a. O., S. 181 (der Einschub in Klammern stammt von mir)

429 Memmi, 1996, S. 47

430 A. a. O., S. 49